Illusionen · Das Spiel mit dem Schein

198. Sonderausstellung des Historischen Museums der Stadt Wien

Hermesvilla im Lainzer Tiergarten

1. April 1995 bis 18. Februar 1996

ISBN 3-85202-117-0

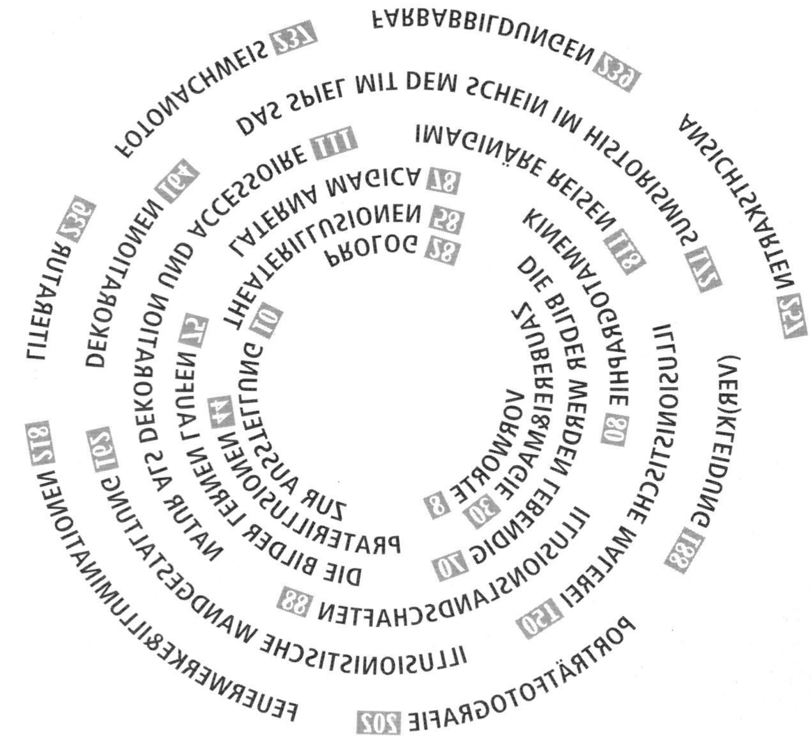

10 **Ursula Storch**
Illusionen - Das Spiel mit dem Schein. Zur Ausstellung

18 **Christoph Elmecker, Markus Reuter**
Bemerkungen zur Ausstellungsgestaltung

20 **Siegfried Mattl**
Die Entzauberung der Welt durch mechanische Seh-Apparate

33 **Gerda Barth**
Gaukler, Escamoteure, Magier

47 **Elke Doppler**
"Im Reiche des Wunderbaren" - Praterillusionen

60 **Vana Greisenegger-Georgila**
Welt-Metapher und gemeine physische Täuschung

80 **Elisabeth Büttner, Christian Dewald**
Eine wirklichkeitsgetreue Welt der Illusion. Notizen zur Frühgeschichte der Kinematographie

90 **Géza Hajós**
Illusion und Landschaft. Gärten und Parks im Wettstreit zwischen Natur und Kunst

120 **Ursula Storch**
Die Welt in Reichweite. Imaginäre Reisen im 19. Jahrhundert

152 **Hans Bisanz**
Verführungskünste. Über malerischen Illusionismus

174 **Sylvia Mattl-Wurm**
Historismus im Interieur: Illusionistische Zeitreise oder industrielle Allmächtigkeit

190 **Regina Karner**
Das Spiel mit den Formen oder Über die Veränderungen der weiblichen Silhouette

204 **Georg Diener**
Requisit und Charakter. Bemerkungen zur Porträtfotografie im 19. Jahrhundert

221 **Walter Öhlinger**
"Ein Meer von Licht strahle aus dieser Stadt". Feuerwerke und Illuminationen in Wien

VORWORTE 8
ZUR AUSSTELLUNG 10
PROLOG 28
ZAUBEREI&MAGIE 30
PRATERILLUSIONEN 44
THEATERILLUSIONEN 58
DIE BILDER WERDEN LEBENDIG 70
DIE BILDER LERNEN LAUFEN 75
LATERNA MAGICA 78
KINEMATOGRAPHIE 80
ILLUSIONSLANDSCHAFTEN 88
NATUR ALS DEKORATION UND ACCESSOIRE 111
IMAGINÄRE REISEN 118
ILLUSIONISTISCHE MALEREI 150
ILLUSIONISTISCHE WANDGESTALTUNG 162
DEKORATIONEN 164
DAS SPIEL MIT DEM SCHEIN IM HISTORISMUS 172
(VER)KLEIDUNG 188
PORTRÄTFOTOGRAFIE 202
FEUERWERKE&ILLUMINATIONEN 218
LITERATUR 236
FOTONACHWEIS 237
FARBABBILDUNGEN 239
ANSICHTSKARTEN 257

Ausstellungskonzept und Katalogredaktion
Dr. Ursula Storch

Wissenschaftliche Assistenz
Elke Doppler
Mag. Walter Öhlinger

Wissenschaftliche Mitarbeit
Dr. Regina Karner
Dr. Sylvia Mattl-Wurm
Dr. Reingard Witzmann

Ausstellungsgestaltung
Mag. Christoph Elmecker
Mag. Markus Reuter
Mitarbeiter im Atelier: Mag. Petra Bacher, Friederike Forcher

Kataloggraphik, Plakat und Folder
FINE LINE
Erich Monitzer mit
Christine Angerer
Markus Oswald, Herwig Bachmann

Restauratoren
Mag. Elisabeth Graff
Andrea Hanzal
Marguerite Ifsits
Mag. Christine Maringer
Viktoria Wagesreiter
Georg Weiß
Mag. Gertrud Wieser

Werkstätten
Georg Weiß
Erich Fahringer
Andreas Faigel
Robert Filip
Günter Fröhlich
Josef Gruberbauer
Matthias Hallas
Herbert Hawel
Christian Hobek
Helmut Mayer
Gerhard Schmolka
Karl Silli

Kanzlei
Monika Sostek
Regina Janek
Alexander Pazdernik

Verwaltung
AR Franz Novak
Helmut Selzer
Franz Sogeder
OAR Paul Strobl

Restauratoren außer Haus
Mag. Siegmund Daxner
Jean-Marie Khoss
J. Markovec Ges.m.b.H.
Mag. Caroline Montibeller
Mag. Barbara Riedl
Mercedes Wurmbrand

Am Aufbau beteiligte Firmen
Tischlerarbeiten: Fa. Höbinger & Co., 1230 Wien
Malerarbeiten: Fa. Göls GmbH, 3502 Krems
Tapeziererarbeiten: Fa. Lazelberger GmbH, 1020 Wien
Kunstspenglerarbeiten: Fa. Ludwig Kyral, 1150 Wien
Glaszuschnitte: Fa. Stiefelmeyer, 1030 Wien
Acrylglas: Fa. Lahner GmbH, 1230 Wien
Siebdruck: Fa. Rotter, 1150 Wien
Lichtsteuerungen: Fa. Toplak Stage Connection GmbH, 1170 Wien
Trompe l'oeil-Malerei: Mag. Raja Schwalm-Reichmann, 1020 Wien

Fotografische Arbeiten
Fotostudio Otto
Lichtbildstelle Alpenland

Litho und Druck
Agens-Werk Geyer + Reisser
1051 Wien, Arbeitergasse 1-7

Leihgeber

Amt der Niederösterreichischen Landesregierung,
Niederösterreichische Landesbibliothek, Wien

Bezirksmuseum Mariahilf, Wien

Bundesmobiliensammlungen, Ehemalige Hofsilber- und Tafelkammer, Ehemaliges Hofmobilien- und Materialdepot, Wien

Glasgalerie Michael Kovacek, Wien

MAK - Österreichisches Museum für angewandte Kunst, Wien

ÖSPAG Sanitärmuseum Laufen, Gmunden

Österreichisches TheaterMuseum, Wien

Salzburger Museum Carolino Augusteum, Salzburg

Technisches Museum Wien

Wiener Stadt- und Landesbibliothek

1.Wiener Zaubertheater

Dr. Kurt Zerzawy, Wien

Fotomaterial stellten zur Reproduktion zur Verfügung:

Bezirksmuseum Landstraße, Wien

Bezirksmuseum Neubau, Wien

Österreichische Nationalbibliothek - Bildarchiv, Wien

Photomuseum des Landes Oberösterreich, Bad Ischl

Für wertvolle Ratschläge und Hilfe danken wir

Sam Albert

Dr. Gerda Barth

Dir. Franz Böswarth

Mag. Georg Diener

Dr. Monika Faber

Dr. Vana Greisenegger-Georgila

Univ. Doz. Dr. Géza Hajós

AR Walter Haschke

Dir. Karl Hauer

Robert Kaldy-Karo

Mag. Anton Knoll

Charlotte König

Ing. Karl Koller

Dr. Manfred Lang

Dr. Siegfried Mattl

Dr. Eva B. Ottillinger

OSR Richard Petrizicek

Dr. Reinhard Pohanka

KR Kurt Römer

Dr. Nikolaus Schaffer

Michael Swatosch-Doré

Dr. Christian Witt-Dörring

Darüber hinaus danken wir der Firma GEWISTA für die kostenlose Plakatierung von 100 Ausstellungsplakaten und der Firma Schneider & Tischer, die uns eine Fotoausrüstung für den Eröffnungstag zur Verfügung stellte.

VORWORT

"Virtual Reality" ist eines der großen Schlagworte unserer Tage. Die medialen Fiktionen nehmen allmählich den Stellenwert der Realität ein, vermitteln den Menschen das Gefühl, sich mitten im Geschehen zu befinden. Kunst und Kommerz haben sich gleichermaßen dieses Phänomens angenommen, das mehr und mehr in unser Leben eingreift. Vor knapp zwei Jahren präsentierte die Kunsthalle in der Ausstellung "Binaera" die künstlerischen Möglichkeiten, die die neuen Technologien als Basis für Denkmodelle, Wahrnehmungsmuster, Simulationsvehikel mit philosophischem Background bieten. Im Sommer nächsten Jahres wird der erste "Virtual Reality Themepark" im Trocadero-Vergnügungskomplex am Piccadilly Circus in London eröffnet. Was die Besucher in ihrem wirklichen Leben aller Wahrscheinlichkeit nach kaum je erleben werden, hier soll es - fast - erlebbar gemacht werden. Die Träume des Menschen - ein Fall für Hi-Tech, für die nahezu perfekte Illusionsmaschine.

"Illusionen. Das Spiel mit dem Schein" - ist auch der Titel der Ausstellung in der Hermesvilla, die uns zeigt: Alles schon dagewesen, freilich mit den um einiges bescheideneren technischen Mitteln des 19. Jahrhunderts. Der Wunsch, der hinter den inszenierten Scheinwelten, den optischen Täuschungsmanövern steht, bleibt freilich der gleiche - den Boden der eigenen, oft genug von vielen Fremdfaktoren bestimmten Realität zu verlassen und in eine andere, in die Wunschwelt eines Erlebens einzutauchen, das Verzauberung, Staunen, Gruseln und Schönheit bietet, das der Phantasie die Tore zu neuen Dimensionen öffnet.
In der Hermesvilla begegnen wir all den Phänomenen des optischen Scheins, die den Transport der Illusionen vor rund hundert Jahren möglich gemacht haben: Festilluminationen und Feuerwerke zählen ebenso dazu wie die Kunst der Magie, das Theater mit seinen illusionistischen Dekorationen, optische Geräte mit ausgeklügelten Effekten, die zur Kinematographie überleiten, Reisepanoramen, Landschaftsmontagen, illusionistische Malereien oder Scheinarchitektur, wie sie auch in der Hermesvilla selbst zu finden sind.

Mag sein, daß bei manchen Exponaten heute eher die nostalgischen Reize überwiegen, trotzdem: sie üben auch heute noch auf den von Computerwelten geprägten Besucher den Reiz der "Illusion" aus, dem man nur allzugerne erliegt. Johann Nestroy hat einmal - freilich in anderen, recht grundsätzlichen Zusammenhängen des menschlichen Lebens - den Satz geprägt: "Das is wohl nur Chimäre, aber mich unterhalt't's."

Lassen also auch wir uns unterhalten, verzaubern, in die Welt des Scheins entführen. Es wäre traurig, dem Leben alle "Illusionen" zu nehmen.

Dr. Ursula Pasterk
Amtsführende Stadträtin für Kultur von Wien

VORWORT

"Und was hab ich zu hoffen? – Daß die Scena verändert werde", heißt es 1668 in der Festoper Il pomo d'oro von Francesco Sbarra, und meint mit "Scena" die Welt, zu deren Sinnbild die Bühne sich verdichtet hatte. Sbarra meint da aber auch, und dies vor allem, hoffendes Vertrauen in den Fortschritt abendländischen Geistes haben zu dürfen. Und überblickt man die Jahrhunderte danach, so will man gerne zustimmen: eine lange Gerade des Fortschritts läßt sich beschreiten. Doch dies ist Täuschung. Denn zornig und gründlich entlarvt Josep Fontana 1995 in "Europa im Spiegel" unsere Vorstellungen über den Verlauf der europäischen Geschichte als eine Galerie von Zerrspiegeln, in denen die Opfer, die Abtrünnigen, die Außenseiter, die Verlierer also als Trugbilder erscheinen, um uns die Illusion eines zum Guten zielgerichteten Wollens vorzutäuschen.

"Illusionen. Das Spiel mit dem Schein", künstliche Welten entfalten sich nun in der Hermesvilla. Die Ausstellung zeigt, wie besonders reich, dicht und vielfältig an Vorgetäuschtem, an Verzauberndem, an Raum und Zeit Aufhebendem das 19. Jahrhundert war.

Doch dieser Reichtum findet sich nicht nur im Spiel. Die "Scena" hatte sich tatsächlich verändert. "Der Traum ein Leben" und "die schuldbefreite Brust" gehörten allein der Bühne und nicht der Wirklichkeit an, war diese von Täuschungen doch gründlich verstellt. Und Täuschung war so auch der "heilige Frühling" der Secession, was folgte, war bitterer Tod nur.

Titanias Liebe zu ihrem eselsköpfigen Gefährten, auch in der Hermesvilla Bild gewordene Illusion des Lebens der österreichischen Kaiserin Elisabeth, war ein anmutiges, jedoch letztes Leuchten einer sterbenden Welt.

DANK

Die Hermesvilla, 1882 bis 1886 für Kaiserin Elisabeth nach Plänen von Carl Hasenauer errichtet, ist Bauwerk und Bild gewordene Illusion eines Monarchen, die geliebte Gemahlin an sich binden zu können. Was lag näher, als hier eine Ausstellung über Illusionen, zu einem der faszinierendsten Kapitel der Kulturgeschichte des 19. Jahrhunderts also, zu zeigen.

Frau Dr. Ursula Storch, eine der begabtesten, phantasievollsten und kenntnisreichsten Mitarbeiterinnen des Historischen Museums der Stadt Wien, habe ich mit dieser Aufgabe betraut. Neuerlich bewies sie in außerordentlicher Weise Können und Geschick, eine solche Aufgabe zu lösen. Ich danke Ihr sehr herzlich für diese Arbeit. Ihr zur Seite standen Herr Mag. Walter Öhlinger und Frau Elke Doppler, auch ihnen gilt mein Dank.

Für Architektur und Präsentation der Ausstellung habe ich den Herren Mag. Christoph Elmecker und Mag. Markus Reuter zu danken. Auch dieses Mal verstehen sie in überzeugender Weise, Ort und Inhalt der Ausstellung zu einem Erlebnis besonderer Art werden zu lassen.

Besonderes schuf Herr Erich Monitzer mit der Gestaltung von Katalog, Plakat und Faltprospekt, auch dafür danke ich gerne.

Es war keine Illusion, überzeugt zu sein, daß die mit der Arbeit an der Ausstellung Betrauten, das Spiel mit dem Schein auch darzustellen vermögen.

Günter Düriegl
Direktor der Museen der Stadt Wien

Ursula Storch

ILLUSIONEN - DAS SPIEL MIT DEM SCHEIN

Zur Ausstellung

Der Theaterhistoriker Richard Southern hat die Epoche um die Mitte des 19. Jahrhunderts als "Zeitalter der Illusion" bezeichnet.[1] Diese Etikettierung ist in der Tat in mehrfacher Hinsicht zutreffend. Auch wenn Illusionen, das Spiel mit dem Schein, künstlich geschaffene Wirklichkeiten und Ersatzwelten keine Erfindung des 19. Jahrhunderts waren, ist ihre Vielfalt und Dichte in dieser Zeit auffallend.
Die Ausstellung "Illusionen" möchte einen Einblick in das Spektrum dieser künstlichen Welten und absichtlich herbeigeführten Täuschungen geben, die als eigenes Kapitel innerhalb der Kulturgeschichte des 19. Jahrhunderts betrachtet werden können. Vereinzelt wird dabei der zeitliche Rahmen sowohl in die Vergangenheit, als auch in das 20. Jahrhundert herauf, gesprengt, um Entwicklungstendenzen und Kontinuitäten sichtbar zu machen. Der Veranstaltungsort der Ausstellung, die Hermesvilla im Lainzer Tiergarten, läßt vor allem hinsichtlich der historistischen Innenausstattung mehrfache Bezüge zum Thema Schein und Illusionen zu und wird somit in das Ausstellungsthema einbezogen.

Die Illusionierung von Natur und Leben hatte bereits in den komplizierten Automatenpuppen des ausgehenden 18. Jahrhunderts ihren Höhepunkt erreicht.[2] Der wiederholt praktizierte Versuch, völlig zweckfrei künstliches Leben zu erzeugen, ließ gleichsam die demiurgischen Machtphantasien der Menschen sichtbar werden. Im 19. Jahrhundert wurden dann mechanisch-optische Schaustellungen, bei denen einfachere **Automaten** und **Androiden** vorgeführt wurden, oft mit Vorstellungen der **Zauberei** und **Magie** kombiniert. Auch die beliebten Geistererscheinungen wurden in diesem Rahmen gezeigt. Zum Teil hielt man derartige Veranstaltungen im **Prater** ab, der, dem allgemeinen Sensationsbedürfnis[3] der Zeit entsprechend, Wiener Sammelpunkt verschiedenster illusionistischer Unterhaltungen war. Angefangen von der Dame ohne Unterleib, über einen Spaziergang am Meeresgrund, bis hin zu den aus Papiermaché angefertigten Eisschollen des von ausgestopften Tieren bewohnten "Nordpols" wurden hier die unglaublichsten Dinge geboten, die zwar bereits von manchen Zeitgenossen als recht dürftige, aber dennoch für die Menschen notwendige Illusion entlarvt wurden. So schreibt etwa Felix Salten über die täuschend echt in Wachs nachgebildeten Figuren im Präuscher'schen Panoptikum: "[...] es ist gerade im Panoptikum alles, was die Menge braucht. Jenes widerwärtige Gemisch, das als Surrogat des echten Lebens von allen genossen wird, und das alle verblödet. Die großen Männer in ihren Hausröcken oder in typischer Gala; die blutigen Verbrecher, ihre Einrichtung, ihre Mordwerkzeuge, ihre Schuhe, ihre Wäsche - alles mit der Genauigkeit sensationeller Zeitungsartikel [...]. Da stehen Goethe und Schiller in staubigen Röcken, Voltaire mit schmutzigem Jabot, Richard Wagner in hellen Beinkleidern, die auf der Mariahilferstraße gekauft wurden, Moltke und Bismarck in voller Uniform, blitzende Blechorden auf der mit Sägespänen gefüllten Brust, Prinz Eugen, Andreas Hofer und Radetzky - und die Leute stellen sich vor ihnen auf, schauen ihnen ins Gesicht; sie können sich einbilden, es sei ein bedeutender Moment, und sie ständen jetzt diesem oder jenem Helden gegenüber."[4]
Auch **Festilluminationen** und vor allem die alljährlichen **Feuerwerke** lockten zehntausende Neugierige in den Prater. Mit pyrotechnischen Mitteln und den auf dem sogenannten Feuerwerksgerüst montierten Dekorationen wurden Bilder und ganze Handlungsabläufe aus farbigem Feuer produziert. Die szenischen Feuerwerke der Familie Stuwer, deren Repertoire von Schlachten-

darstellungen bis zu Bearbeitungen literarischer Stoffe wie "Die Leiden des jungen Werther" reichte, waren legendär.

Das **Theater** wurde im Laufe des 19. Jahrhunderts zum Ort der Illusion schlechthin.[5] Der Anspruch des bürgerlichen Publikums auf historische Detailgenauigkeit bezüglich der Ausstattung zog zunehmend das Bestreben nach sich, Wirklichkeit auf der Bühne täuschend echt darzustellen. Dies wiederum ließ Spezialwerkstätten für Theaterausstattung entstehen, die serienmäßig Dekorationen herstellten, da es - im Sinne der Originaltreue - keine individuellen, sondern nur mehr jeweils die eine, "richtige" Ausstattungslösung gab.[6] Damit sollte die Illusion, gar nicht die Bühne zu betrachten, sondern ein Stück wahren Lebens, ein Stück Wirklichkeit vor sich zu haben, zur Perfektion gebracht werden.[7]

Illusionen und imaginäre Realitäten müssen immer als Reaktion, als Antwort auf Bestehendes angesehen werden.[8] Derartige Phänomene zu untersuchen, bedeutet nach Jurgis Baltrusaitis, sich mit "Verzerrungen des Sehens und Denkens"[9] auseinanderzusetzen. An sich bereits irritierende Veränderungen des 19. Jahrhunderts waren für derartige "Verzerrungen" ausschlaggebend: Die fortschreitende Technisierung, die industrielle Revolution und die Relativierung von Raum und Zeit drangen in alle Lebensbereiche ein und machten ganz allgemein neue Betrachtungsweisen notwendig. Auch die Wahrnehmung im engeren Sinn veränderte sich, da sich der Beobachter des 19. Jahrhunderts durch das moderne Leben in den Großstädten, durch den intensivierten visuellen Informationsfluß und ein allgemein gesteigertes Tempo zwangsläufig an die geänderten Bedingungen anpassen mußte.[10] Eine der schockierendsten Veränderungen der Wahrnehmungsweise brachte schließlich die Eisenbahn mit sich, die den Reisenden die schnelle Bewegung durch die Landschaft nicht mehr körperlich erfahren ließ, sondern im Blick aus dem Abteilfenster quasi die Kinosituation vorwegnahm.[11] Die Überfülle an Bildern, die zum Beispiel während so einer Eisenbahnreise an einem vorbeizog, erzeugte jedoch Lust auf mehr, weckte einen regelrechten Hunger nach Bildern, ja eine richtiggehende "Sehsucht" bei den Menschen des 19. Jahrhunderts.[12] Hand in Hand mit der wachsenden Bilderflut wurde die Wahrnehmung selbst Gegenstand der Forschung, und im Zuge wissenschaftlicher Untersuchungen, etwa über Nachbilder der Netzhaut, wurden **optische Geräte** wie das Stroboskop oder die Wundertrommel konstruiert,[13] die Voraussetzung für die spätere Erfindung der **Kinematographie** waren.

Parallel zur Veränderung der Wahrnehmung durch die Ausweitung des geographischen Horizonts[14] vollzog sich auch eine Veränderung des Bewußtseins: Die Kultur des 19. Jahrhunderts ließ sich erstmals als Weltkultur betrachten, die sowohl im Besitz aller Traditionen und Zeiten als auch aller Völker und Kulturen war.[15]

Schon im Vorfeld der allgemeinen Reiseerleichterung durch die Eisenbahn hatte ein breites Interesse für fremde Städte und Kontinente eingesetzt, das in den meisten Fällen allerdings nur durch **imaginäre Reisen** befriedigt werden konnte. Das am besten dafür geeignete Massenmedium war anfangs das Panorama, das dem reisehungrigen Publikum auf einem 360°-Rundgemälde London, Paris, Prag oder eine andere für die Betrachter in der Realität unerreichbare Stadt in illusionistischer Malweise und bei gezielt eingesetzter Beleuchtung vorführte. Neben den Panoramen waren es vor allem Dioramen - ihre spezielle Wirkung entstand durch Beleuchtungswechsel, die quasi einen Handlungsablauf in die Szene brachten -, sowie verschiedene

Kleinpanoramen (Zimmerpanoramen, Cosmoramen, optische Zimmerreisen, ...), die den Menschen des 19. Jahrhunderts Reiseillusionen ermöglichten.
Imaginäre Reisen konnte man aber zum Beispiel auch in dem Wiener Vergnügungsetablissement "Neues Elysium" unternehmen, dessen unterschiedlich eingerichtete Räumlichkeiten in den vierziger Jahren zu einer "Wanderung durch die vier Welttheile" einluden.
Auch der Prater war in mehrfacher Hinsicht ein Ort, an dem die Wiener sich eine Reise ersparten, indem sie "sich die Welt ins Haus holten", nicht zuletzt mit dem Unternehmen "Venedig in Wien", wo man unter anderem zwischen Nachbildungen venezianischer Bauten in Originalgröße mit einer Gondel durch das eigens angelegte Kanalsystem fahren konnte.
Als Ersatz für eine ganze Weltreise charakterisiert Werner Hoffmann im 19. Jahrhundert auch einen Besuch der Weltausstellung.[16] Darüber hinaus spricht er aber den Weltausstellungen auch noch eine andere Funktion zu:
"Der Bürger des 19. Jahrhunderts steht nicht minder andächtig vor den Errungenschaften seiner eigenen Zivilisation als vor den Sendboten ferner Kontinente. Sein Illusionsbedürfnis ist groß und nirgends findet er bessere, das heißt rascher genießbare Nahrung als in den Weltausstellungen. Ihre bunte, stilisierte Ersatzwelt läßt ihn für Stunden die Wirklichkeit vergessen, mit der ihn der profane Alltag umgibt."[17]
Reiseersatz und Flucht in eine Illusionswelt mögen also auch für die Wiener Motiv gewesen sein, die 1873 im Prater stattfindende Weltausstellung zu besuchen.
Hoffmann ortet in dieser Idee, Wirklichkeit aus der profanen Wirklichkeit herauszunehmen, von ihren Lebensbedingungen abzuziehen und zum Exponat zu präparieren, das gebrochene, eklektische Wirklichkeitsbewußtsein des Menschen im 19. Jahrhundert,[18] der sich letztlich auch mit einem kommerziell nüchternen Unternehmen wie einer Weltausstellung in eine destillierte Scheinwelt zurückzog:
"Die angestrebte Synopsis aller Rassen, Völker und Tätigkeitsbereiche zerfällt zur Zusammenhanglosigkeit. Die Wirklichkeitsdestillate errichten eine potemkinsche Ersatzwelt, die der wirklichen ihren Rang bestreitet, indem sie diese verhüllt und sich selbst für die echte ausgibt."[19]
Besonders gepflegt wurden auf den Weltausstellungen die Kontakte mit Ländern des Orients. Japan und China etwa waren schon auf der Pariser Weltausstellung 1867 vertreten gewesen. Die Wiener Weltausstellung nahm allerdings insofern eine Sonderstellung ein, als sich hier erstmals eine größere Zahl orientalischer und fernöstlicher Länder beteiligte.[20] **Orientalismus** und **Exotismus** wurden in der Folge modern, orientalische Malerei und Inneneinrichtung zogen in die europäischen Wohnungen ein und markierten damit gleichzeitig Öffnung gegenüber einer anderen Welt und Flucht vor dem Gewohnten.
Ende des 18. Jahrhunderts waren bereits exotische Elemente in Form der chinesischen Gartenkunst in Mitteleuropa bekannt geworden, die Anreger und Vorbild für die **"Landschaftsmontagen"** der englischen Gärten waren.[21] Über den Umweg des Exotischen hatte man die Natur wiederentdeckt. Im Gegensatz zu den französischen Parks, die in ihrer Verwirklichung des geometrisierenden Verstandes ein Abbild des absoluten Herrschaftsprinzips waren, war der englische Garten, in dem Natur mit künstlichen Mitteln "natürlich" gestaltet wurde, Symbol liberaler Ideen.[22] Schon Jean-Jacques Rousseau hatte die Entfremdung des Menschen von der Natur konstatiert. Der von ihm propagierte Weg zurück zur Natur schloß auch die aktive Gestaltung von

"Illusionslandschaften"[23] mit ein, wie man seiner "Nouvelle Héloise" entnehmen kann:
"Die Natur scheint ihre wahren Reize vor den Menschen verbergen zu wollen, die dafür zu wenig empfänglich sind und die sie zerstören, wenn sie Zugriff darauf haben: sie flieht die häufig begangenen Orte; auf den Gipfeln der Berge, in der Tiefe der Wälder, auf verlassenen Inseln entfaltet sie ihren rührendsten Zauber. Wer sie liebt und sie nicht so weit weg suchen gehen kann, muß ihr Gewalt antun, sie in gewisser Weise zwingen, bei ihm zu wohnen, und das alles läßt sich nicht ohne ein wenig Illusion machen."[24]
Um 1800 entstanden auch im Wiener Raum Gärten nach englischem Vorbild, zum Beispiel in Laxenburg, Neuwaldegg oder Schönau.[25]
Das Pittoreske der Gartenkunst übertrugen englische Künstler, vor allem Schriftsteller, noch im 18. Jahrhundert auf die Gestaltung ihrer Wohnräume, und bereiteten damit eine Ästhetik des Wohnens vor, die das Interieur des 19. Jahrhunderts auch auf dem europäischen Kontinent tiefgreifend prägen sollte.[26] Frei von stilistischen oder gesellschaftlichen Kriterien, unabhängig von ihrem Alter, Kunstwert oder der geographischen Provenienz der Einrichtungsgegenstände, trug man je nach Geschmack zusammen, was gefiel oder praktisch war. Egon Friedell meinte in diesen Interieurs aufgrund ihrer "lästigen Überstopfung, Überladung, Vollräumung [und] Übermöblierung" keine Wohnräume, "sondern Leihhäuser und Antiquitätenläden" zu sehen,[27] und charakterisierte ihre Bewohner folgendermaßen:
"Die Menschen der siebziger und achtziger Jahre hatten in gewisser Hinsicht etwas Rührendes: sie waren von einem gierigen Durst nach Realität erfüllt, hatten aber das Malheur, diese mit der Materie zu verwechseln, die nur die hohle und täuschende Emballage der Wirklichkeit ist. Sie lebten daher dauernd in einer armseligen und aufgebauschten Welt aus Holzwolle, Pappendeckel und Seidenpapier. In allen ihren Schöpfungen herrscht die Phantasie der putzenden Künste: des Tapezierers, Konditors, Stukkateurs, die Phantasie der kleinsten Kombinationen."[28]
Der Horror vacui,[29] die Angst vor der Leere war es, die der Dekoration den Einzug in die Wohnungen des 19. Jahrhunderts ermöglichte; als Vorbild dafür dienten Künstlerateliers wie das Hans Makarts. Das Unbehagen angesichts weißer Wände brachte neue Einsatzmöglichkeiten für **illusionistische Wandgestaltungen** und **Scheinarchitektur** mit sich. Die bereits mehrfach angesprochene Tendenz zur Flucht vor der Realität verstärkte den Asylcharakter der eigenen vier Wände, in denen man sich mit Surrogaten für die Außenwelt umgab, etwa mit realistisch gemalten Bildern mit Trompe l'oeil-Effekten und nahezu **fotografisch genauen Stilleben**, oder aber mit dreidimensionalen **Naturimitationen**,[30] was eine Parallele zu den **illusionistischen Fotokulissen** für die Atelierfotografie der Zeit erkennen läßt. Abgesehen von den privaten Interieurs dominierten **Dekorationen** auch Bereiche des öffentlichen Lebens wie Festveranstaltungen, Warenhäuser oder Gewerbeausstellungen, wo die zur Schau gestellten Produkte, bis zur Unkenntlichkeit verfremdet, in dekorativen Arrangements präsentiert wurden.
Aus der allgemeinen Unsicherheit und Orientierungslosigkeit in stilistischen Einrichtungsfragen resultierte - einmal mehr nach englischem Vorbild - eine Reformierung des Kunstgewerbes in Wien, die in den siebziger Jahren ihren Anfang nahm. Anfänglich wurden vor allem Möbel im Stil der deutschen Renaissance propagiert, nach und nach traten auch andere Neostile hinzu, woraus sich schließlich sogar eine Art Einrichtungskanon

entwickelte, der festlegte, welche Stilformen für welche Wohnfunktion am angemessensten wäre:[31] Für Speisezimmer und Herrensalons schien zum Beispiel der deutschen Renaissance nachempfundenes Mobiliar am besten geeignet, Schlaf- und Gästezimmer wurden oftmals im Stil Louis XIV. eingerichtet, und für Damensalons empfahl sich der Rokokostil.[32]
War für den Historismus einerseits der besagte Stilpluralismus kennzeichnend, der den Bewohner von Raum zu Raum sozusagen in die nähere oder fernere Vergangenheit versetzte und ihn damit eine Art **imaginäre "Zeitreise"** unternehmen ließ, so war andererseits auch der Hang zu **Materialimitationen** und **Verfremdungen** groß. Egon Friedell bezeichnete diese "Lust am Unechten" sogar als einen der Hauptzüge des Zeitalters,[33] und schilderte sie in unnachahmlicher Weise folgendermaßen:
"Jeder verwendete Stoff will mehr vorstellen, als er ist. Es ist die Ära des allgemeinen und prinzipiellen Materialschwindels. Getünchtes Blech maskiert sich als Marmor, Papiermaché als Rosenholz, Gips als schimmernder Alabaster, Glas als köstlicher Onyx. Die exotische Palme im Erker ist imprägniert oder aus Papier, das leckere Fruchtarrangement im Tafelaufsatz aus Wachs oder Seife. Die schwüle rosa Ampel über dem Bett ist ebenso Attrappe wie das trauliche Holzscheit im Kamin, denn beide werden niemals benützt; hingegen ist man gerne bereit, die Illusion des lustigen Herdfeuers durch rotes Stanniol zu steigern. Auf der Servante stehen tiefe Kupferschüsseln, mit denen nie gekocht, und mächtige Zinnhumpen, aus denen nie getrunken wird; an der Wand hängen trotzige Schwerter, die nie gekreuzt, und stolze Jagdtrophäen, die nie erbeutet wurden. Dient aber ein Requisit einer bestimmten Funktion, so darf diese um keinen Preis in seiner Form zum Ausdruck kommen. Eine prächtige Gutenbergbibel entpuppt sich als Nähnecessaire, ein geschnitzter Wandschrank als Orchestrion; das Buttermesser ist ein türkischer Dolch, der Aschenbecher ein preußischer Helm, der Schirmständer eine Ritterrüstung, das Thermometer eine Pistole. Das Barometer stellt eine Baßgeige dar, der Stiefelknecht einen Hirschkäfer, der Spucknapf eine Schildkröte, der Zigarrenabschneider den Eiffelturm. Der Bierkrug ist ein aufklappbarer Mönch, der bei jedem Zug guillotiniert wird, die Stehuhr das lehrreiche Modell einer Schnellzugslokomotive, der Braten wird mittels eines gläsernen Dackels gewürzt, der Salz niest, und der Likör aus einem Miniaturfäßchen gezapft, das ein niedlicher Terrakottaesel trägt."[34]
Die Momente der Maskierung und der "Zeitreise" finden wir auch in dem 1879 von Hans Makart anläßlich der Silbernen Hochzeit des Kaiserpaares veranstalteten Festzug vereinigt, der das Thema Arbeit, nach Berufsgruppen gegliedert und in die Dürerzeit entrückt, als gigantisches lebendes Gemälde darstellte. Werner Hoffmann interpretiert diese Unternehmung im Gegensatz zu den zeitgenössischen Kritikern nicht als Eintritt der Kunst in das Leben, sondern vielmehr als theatralische Verkleidung der Wirklichkeit und damit erneut als Manifestierung der allgemeinen Gegenwartsflucht, die er in Anachronismen, wie etwa der Teilnahme der Gruppe der Eisenbahn, verankert sieht.[35]
Das Thema **Verkleidung** hatte im Zusammenhang mit Maskenbällen, Faschings- und Künstlerfesten im 19. Jahrhundert auch als solches seine Bedeutung inmitten all der anderen Möglichkeiten, sich aus dem Alltag in eine Welt der Illusionen zurückzuziehen.
Während man mit Hilfe der Verkleidung eine andere Identität annehmen konnte, veränderte die Kleidung an sich, je nach den wechselnden Moden, das Idealbild des

menschlichen Körpers. Seine natürlichen Formen und Größenverhältnisse konnten nachgezeichnet oder verzerrt werden, sodaß sie harmonisch und natürlich, oder aber gekünstelt, im Extremfall abstoßend wirkten. In jedem Fall rief der Widerspruch zur natürlichen Körperform Spannung hervor.[36] Vor allem der Frauenkörper wurde, nicht allein im 19. Jahrhundert, von der Mode wiederholt in Formen gepreßt, die mit der tatsächlichen Körpersilhouette nicht mehr viel gemeinsam hatten. Zur Entstehung solcher **Körperillusionen** trugen neben der Kleidung Kosmetika und alle Arten von Prothesen bei. Schnürbrust, Mieder und Korsett erzeugten einmal die Wespen-, dann die Küraßtaille und verflachten oder aber hoben und betonten damit die Brüste; Krinoline, Tournure und Cul de Paris machten es unmöglich, sich die wahre Figur von den Hüften abwärts vorzustellen; Pagoden-, Puff- und Keulenärmel lösten einander ab, und die Höhe der Schuhabsätze wirkte sich nicht nur auf die Größe, sondern auch auf Körperhaltung und Gehweise aus. Wattierungen wurden an den verschiedensten Körperteilen - bei Damen und Herren - eingesetzt, und Perücken und Hutkreationen, zeitweise mit Fruchtkörben, Tieren, Schiffsmodellen oder sogar kleinen Cupidos aus Pappkarton geschmückt, rundeten diese Phantasiekörper ab.
"Der Körper als Kleiderpuppe entsprach einer bewußt auf die Öffentlichkeit abgestimmten Mode. Kleidungsstücke, die den Körper sichtbar werden ließen, die sich ihm anpaßten und seinen Bedürfnissen entgegenkamen, galten nur im Haus als angemessen."[37]
Mit dieser Bemerkung betont Richard Sennett, daß das Spiel mit den Körperillusionen bewußt in der Öffentlichkeit stattfand, und daß Mode selbstverständlich schon im 19. Jahrhundert Imagesache - und bereits damit vielfach Illusion - war. Daran hat sich bis heute nichts geändert. Wenn allerdings Vivienne Westwood und Chantal Thomass bei den Pariser Modeschauen im Herbst 1994 Mädchen mit Cul de Paris und Krinoline auf den Laufsteg schickten, ließen diese voluminösen Drahtgestänge keinerlei Illusion zu: Sie waren mit transparenten Stoffen bespannt.[38]

Abschließend noch ein paar Worte zum Ausstellungsort selbst, zur **Hermesvilla**, deren historistische Innenausstattung, wie eingangs erwähnt, ebenfalls mit dem Thema Illusionen korrespondiert.[39]
Am augenfälligsten ist dies sicherlich in den mit illusionistischer Wandmalerei und Scheinarchitektur ausgestalteten Räumen des Obergeschosses, wobei zweifelsohne das Schlafzimmer der Kaiserin Elisabeth einen besonderen Stellenwert einnimmt. (Die Malereien dieses Raums wurden nach einem Entwurf Hans Makarts unter anderen von Franz Matsch, Hugo Charlemont und den Brüdern Gustav und Ernst Klimt ausgeführt.)
Die für den Historismus typischen gestalterischen Merkmale des Stilpluralismus und der Materialillusionen manifestieren sich auch in der Hermesvilla: Die im Stil der deutschen Renaissance gestaltete Eingangshalle mit Schweizer Kabinettscheiben aus dem 17. Jahrhundert etwa führt direkt in den dem Spätbarock nachempfundenen Tilgnersaal; die ursprüngliche, nur mehr teilweise vorhandene Möblierung gehörte, je nach Raum, verschiedenen Stilepochen an und umfaßte auch fernöstliche und exotisch wirkende Einrichtungsgegenstände. Neben den als Rocaillegrotten gestalteten Wandbrunnen zum Einkühlen von Getränken sind im Tilgner-Saal die Dekorationen in Scagliola-Technik (Stuckmarmor) als Spiel mit dem Schein zu erwähnen. Eine besonders gelungene Materialillusion bietet auch das Arbeitszimmer des Kaisers im oberen Stockwerk: Der dunkle

Holzplafond ist eine Imitation aus Stuck.
Noch einmal zurück zum Schlafzimmer der Kaiserin, in dem Illusion und Desillusionierung Hand in Hand gehen: Die illusionistischen Wandmalereien des Raumes stellen Szenen aus William Shakespeares "Ein Sommernachtstraum", dem Lieblingsstück Elisabeths, dar. Die Feenkönigin Titania, die an einer Wand des Raumes mit ihrem eselsköpfigen Gefährten wiedergegeben ist, war der enttäuschten Kaiserin im Laufe der Jahre zur Identifikationsfigur geworden:[40]
"Das ist der Eselskopf unserer Illusionen, die wir unaufhörlich liebkosen. Ich habe in jedem Schlosse ein solches Bild: ich kann mich daran nicht sattsehen."[41]

1 zitiert nach: Richard Sennett: Verfall und Ende des öffentlichen Lebens. Die Tyrannei der Intimität. Frankfurt am Main 1986, S.228
2 Horst Bredekamp: Antikensehnsucht und Maschinenglauben. Die Geschichte der Kunstkammer und die Zukunft der Kunstgeschichte. Berlin 1993, S.14
3 vgl.: Walter Benjamin: Das Passagen-Werk. Hrsg. von Rolf Tiedemann. Frankfurt am Main 1983, Bd.1, S.114
4 Felix Salten: Wurstelprater. Wien, München, Zürich 1973, S.63
5 Richard Southern: Die sieben Zeitalter des Theaters. Gütersloh 1966, S.28
6 Vana Greisenegger-Georgila: Theater von der Stange. Wiener Ausstattungskunst in der zweiten Hälfte des 19.Jahrhunderts. Wien, Köln, Weimar 1994, S.16
7 R. Southern: Die sieben Zeitalter des Theaters. S.292; S.298
8 Jurgis Baltrusaitis: Imaginäre Realitäten: Fiktion und Illusion als produktive Kraft. Köln 1984, S.6
9 a.a.O., S.7
10 Jonathan Crary: Techniques of the Observer. On Vision and Modernity in the Nineteenth Century. Massachusetts 1990, S.9ff
11 Katalog Deutsches Filmmuseum Frankfurt am Main: Perspektiven. Zur Geschichte der filmischen Wahrnehmung. Dauerausstellung 1: Vom Guckkasten zum Cinématographe Lumière. Frankfurt am Main 1986, S.4
12 Marie-Louise von Plessen: Der gebannte Augenblick. Die Abbildung von Realität im Panorama des 19. Jahrhunderts. In: Sehsucht. Das Panorama als Massenunterhaltung des 19. Jahrhunderts. Katalog der Kunst- und Ausstellungshalle der Bundesrepublik Deutschland. Bonn 1993, S.13
13 J. Crary: Techniques of the Observer. S.98ff
14 Hans Christoph Buch: Die Nähe und die Ferne. Bausteine zu einer Poetik des kolonialen Blicks. Frankfurt am Main 1991, S.13
15 Jakob Burckhardt: Weltgeschichtliche Betrachtungen. Darmstadt 1956, S.50. Zitiert nach: Hannelore Schlaffer, Heinz Schlaffer: Studien zum ästhetischen Historismus. Frankfurt am Main 1975, S.13
16 Werner Hoffmann: Das Irdische Paradies. Motive und Ideen des 19. Jahrhunderts. München, 2. Auflage 1974, S.111
17 a.a.O., S.93
18 a.a.O., S.86
19 a.a.O., S.87
20 Jutta Pemsel: Die Wiener Weltausstellung von 1873. Wien 1989, S.46
21 J. Baltrusaitis: Imaginäre Realitäten. S.135ff; vgl.: W. Hoffmann: Das irdische Paradies. S.98
22 Ulrich Gaier: Garten als inszenierte Natur. In: Heinz-Dieter Weber (Hrsg.): Vom Wandel des neuzeitlichen Naturbegriffs. Konstanz 1989, S.140f
23 J. Baltrusaitis: Imaginäre Realitäten. S.114
24 zitiert nach: U. Gaier: Garten als inszenierte Natur. S.150
25 Gèza Hajós: Romantische Gärten der Aufklärung. Englische Landschaftskultur des 18. Jahrhunderts in und um Wien. Wien, Köln 1989
26 Eva B. Ottillinger: Das "künstlerische" Heim. Einrichten zwischen Reglement und Zufall. In: Interieurs. Wiener Künstlerwohnungen 1830 - 1930. Wien 1990, S.46
27 Egon Friedell: Kulturgeschichte der Neuzeit. Bd. 2, München, 3. Auflage 1980, S.1301
28 ebenda
29 vgl.: Dolf Sternberger: Panorama oder Ansichten vom 19. Jahrhundert. Frankfurt am Main 1974, S.166ff
30 Christoph Asendorf: Batterien der Lebenskraft. Zur Geschichte der Dinge und ihrer Wahrnehmung im 19. Jahrhundert. Gießen 1984, S.90f
31 E.B. Ottillinger: Das "künstlerische" Heim. S.52
32 Katalog der Internationalen Elektrischen Ausstellung in Wien 1883. Wien 1883, S.182ff
33 E. Friedell: Kulturgeschichte der Neuzeit. S.1302
34 a.a.O., S.1302f; zur Kritik an der Maskensucht des 19. Jahrhunderts siehe auch: W. Benjamin: Das Passagen-Werk. S.493; S.513
35 W. Hoffmann: Das Irdische Paradies. S.107
36 Susanne Breuss: "...formt man uns in einem Jahr zur Kugel, im nächsten zur Spindel". Körperideale und Kleidersilhouetten im 19. und 20. Jahrhundert. In: Kleider und Leute. Katalog zur Vorarlberger Landesausstellung 1991, S.45
37 R. Sennett: Verfall und Ende des öffentlichen Lebens. S.120
38 Photoillustrationen zu: Linda Koreska: Pariser Retro-Revue. In: Der Standard. 28. Oktober 1994, Album detail, S.4
39 unter Verwendung von: Susanne Walther: Hermesvilla. Wien 2. Auflage 1986
40 vgl.: Juliane Vogel: Elisabeth von Österreich. Momente aus dem Leben einer Kunstfigur. Wien 1992, S.192
41 Verena von der Heyden-Rynsch (Hrsg.): Elisabeth von Österreich. Tagebuchblätter von Constantin Christomanos nebst Beiträgen von E.M. Cioran und anderen. München 1983, S.70

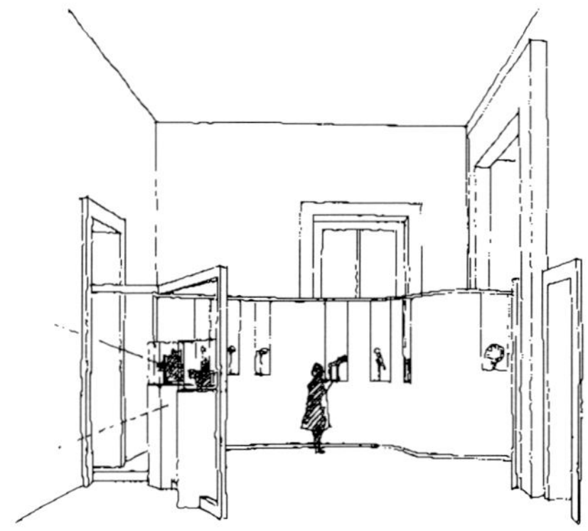

Christoph Elmecker & Markus Reuter

BEMERKUNGEN ZUR AUSSTELLUNGSGESTALTUNG

Das Spiel mit dem Schein, ergänzender Zusatz im Titel der Ausstellung, ist immer auch ein Effekt des Spiels mit dem Wirklichen.
Eine Wirklichkeit, die sich zum Ziel gesetzt hat, Illusionen zu erzeugen und dies auch mit außergewöhnlichem und erstaunlichem Raffinement bewirkte.
Gerade das 19. Jahrhundert hat in dem Bemühen, Nichtexistentes, Unerreichbares oder auch einfach Bewegtes zu simulieren, einen unglaublichen und stellenweise auch rührenden Einfallsreichtum besessen.
Dies gilt für die zahlreichen Erfindungen optischer Apparaturen, die mit bewegten Bildern die Filmtechnik vorwegnahmen, ebenso, wie auch für begehbare Scheinwelten, die den Täuschungswilligen in eine andere Welt oder eine andere Zeit entrückten.
Venedig konnte man im Prater besichtigen und in den Kellergewölben des Elysiums gleich die ganze Welt erkunden.
Vermutlich ist es auch kein Zufall, daß die Lust am Vortäuschen gerade im Zeitalter des Historismus zu ungeahnten Dimensionen aufstieg. Die Besessenheit der Architekten jener Epoche, vergangene Baustile bis ins kleinste Detail nachzuahmen und in neuen Verwendungszusammenhängen wieder erstehen zu lassen, zeugt auch heute noch davon.
Innerhalb dieses Spektrums an Erzeugung von Illusion und Hingabe an deren Wirkung, taucht das "Schweben" als beständiges und immer wiederkehrendes Thema auf. Sei es, daß Zauberer Gegenstände oder gar Personen schweben lassen, daß eine immer aufwendiger werdende Bühnentechnik so manchen Schauspieler entschweben läßt oder einfach das Abheben vom Boden, welches heute zwar keine Illusion mehr darstellt, aber im Zeitalter erster, intensiver Flugversuche den Erfindergeist bemühte.

Die Kontinuität der Faszination an diesem, fast schon eigenständigen Genre aus dem vielfältigen Reich gemachter Illusionen, war somit ein geeigneter Anlaß, es zu einem zentralen Bestandteil unserer Gestaltungsüberlegungen zu machen.
"Schwebende Bilder" sollen dem Betrachter eine Grundstimmung des Illusionären auch auf der Ebene der Präsentation dieser Ausstellung vermitteln.
Nicht wie üblich gerahmt und an die Wand gehängt, sondern in Passepartouts zwischen zwei großen Glasscheiben positioniert, erwecken Grafiken, Fotos, Dokumente und Ähnliches einen vor der Wand schwebenden Eindruck.
Unterstützt wird dieser Eindruck noch durch die von der Beleuchtung verursachten Schatten, welche die Distanzierung von dem vertrauten Hängeplatz an der Wand zusätzlich verstärken.
Die Glasscheiben, die von einem umlaufenden Rahmen zusammengehalten werden, bilden eine zweite unsichtbare vertikale Fläche, die unmittelbar vor der Wand oder frei im Raum steht. Freistehende Objekte werden ebenfalls auf gläsernen Podesten stehend vom Boden distanziert, sodaß auch hier die Illusion des Schwebens entsteht.
Dieses Gestaltungsmotiv bildet ein Kontinuum, welches durch nahezu alle Ausstellungsräume entwickelt wird.
Die Kombination aus zusammenhaltendem Rahmen, dem auch eine fokussierende Wirkung zukommt, und darin befindlicher Fläche aus Glas, erfährt nun, abhängig vom jeweiligen Raumthema, verschiedene formale und materielle Variationen.
Neben dem Glas ist es vor allem der Spiegel, seinerseits ein Material mit illusionistischer Wirkung, der zur Irritation und zum Erstaunen des Betrachters führen soll. Beim Raumthema "Zauberei und Magie", um dahinter

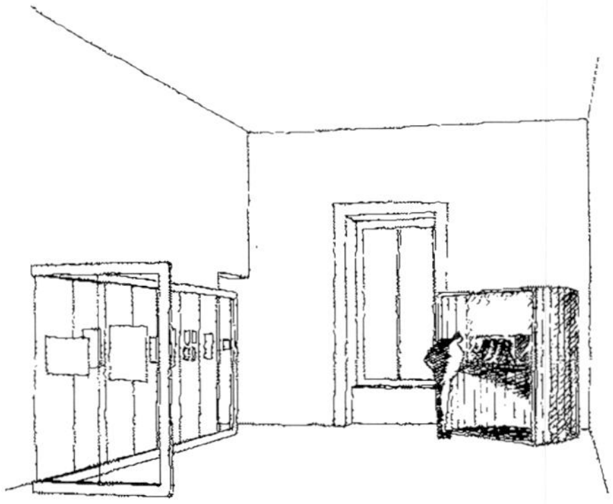

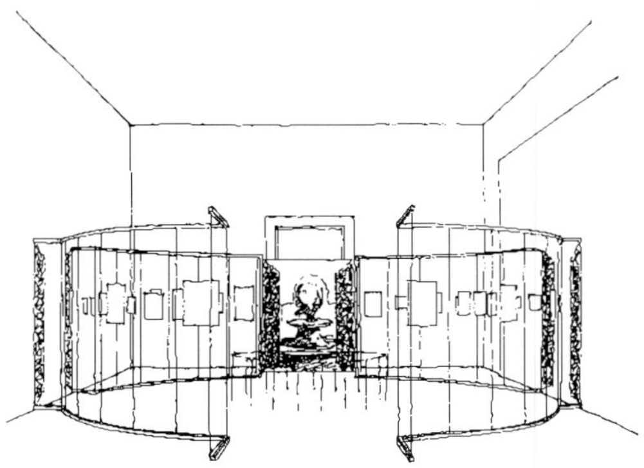

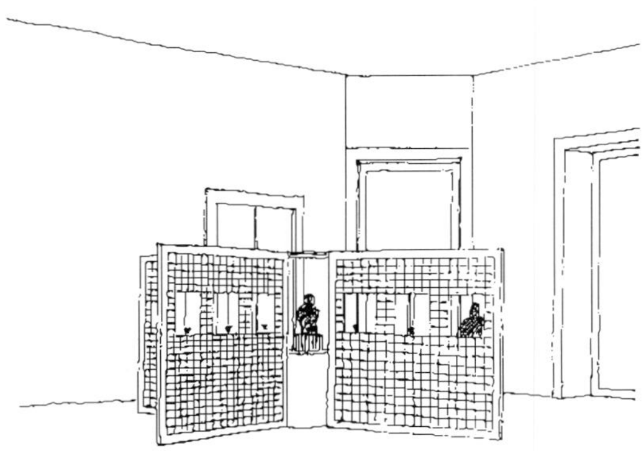

befindliche Vitrinen langsam auftauchen und verschwinden zu lassen, oder beim Abschnitt "Illusionistische Wandgestaltung", wo sich Grafiken mit Sujets zur Verwendung von Spiegeleffekten in der Architektur ihrerseits nur im Spiegel betrachten lassen.
Zusätzliche, auf spezielle Exponate und das jeweilige Thema abgestimmte Szenarien ergänzen dieses konzeptionelle Leitmotiv und bilden vereinzelte Kontrapunkte zu einem primären Gestaltungsprinzip.
Eingesetzt, um auf das Besondere zu verweisen und um das facettenreiche Spektrum des Ausstellungsthemas mit einer durchgängigen wie auch abwechslungsreichen Gestaltung zu begleiten.

Siegfried Mattl

DIE ENTZAUBERUNG DER WELT DURCH MECHANISCHE SEH-APPARATE

Ende des 19. Jahrhunderts machten die Wissenschaften eine folgenschwere Entdeckung: Die Welt, die uns umgibt, ist paradox. Sie ist zugleich kontinuierlich, ein Prozeß des Werdens und des Vergehens, und diskret, das heißt, sie vollzieht den Prozeß nicht anders denn in Sprüngen von Stufe zu Stufe. Was aber ist daran bemerkenswert, außer daß diese Tatsache dem gesunden Menschenverstand - die Natur macht keine Sprünge, hatte die klassische Physik knapp und eindringlich formuliert - widerspricht? Zunächst gibt zu denken, daß annähernd zur selben Zeit ganz unterschiedliche Wissensgebiete ohne notwendige Kenntnis voneinander auf dasselbe Phänomen stoßen, wenn sie es auch ganz verschieden formulieren und interpretieren. In der Physik ist es Max Planck, der durch seine Forschungen über die Wärmestrahlung zur Einsicht kommt, daß Energie nicht stetig, sondern nur in diskreten Energiequanten emittiert oder absorbiert werden kann.[1] Der französische Linguist Ferdinand de Saussure trifft eine wirkungsreiche Unterscheidung in „Langue" und „Parole" - wobei die "Langue" im Gegensatz zur gesprochenen Sprache auf nichts anderem beruhen soll als auf dem distinktiven Wert der einzelnen Zeichen.[2] Der Philosoph und spätere Nobelpreisträger für Literatur Henri Bergson wiederum kommt zum Schluß, daß die menschliche Erkenntnis der Welt dem kinematographischen Verfahren gleicht, das diskrete Einzelbilder in einem stetigen Ablauf prozessiert.[3] Doch diese Gleichzeitigkeit reichte nicht hin, um von den Zeitgenossen sogleich als Zäsur im Weltbild der Moderne verstanden zu werden. Bergson war ein Außenseiter, dessen Bedeutung für die Wissens- und Kultursoziologie erst in den 80er Jahren dieses Jahrhunderts angemessen registriert worden ist. Der Einfluß Saussures war - posthum - schon weitaus größer, sofern er einem der einflußreichsten Theoriensysteme, nämlich dem Strukturalismus, die Grundlagen geliefert hat. Die Naturwissenschaften waren zur Zeit der Planck'schen Problemformulierungen bereits soweit mathematisiert, daß sie von den Humanwissenschaften kaum mehr als Quelle gesicherter Weltmodelle in Anspruch genommen werden konnten. Erst als mit dem universellen digitalen programmgespeicherten Rechner das Verhältnis von diskreten und stetigen Elementen ins Zentrum eines neuen Kulturverständnisses gerückt ist, als die Übersetzung von Sprachen in elektrische Signale und die Rückwandlung von binären elektronischen Impulsen in Bilder der Wirklichkeit neue Deutungen über die Mensch-Natur-Beziehung verlangten, haben sich die um 1900 aufgestellten Theorien über den dualen Charakter der Welt als mögliche Grundlage für eine Philosophie des Informationszeitalters wieder ins Spiel gebracht: Unsere "natürliche" Wahrnehmung beruht ebenso wie die Operationen in einem digitalen Computer auf der "Verrechnung" von für sich bedeutungslosen Zeichen bzw. Signalen. Von der anderen Seite her, vom Beginn des 19. Jahrhunderts, haben diese Theorien keine integrative, sondern eine kritische Funktion. Sie zerstören nachhaltig die Auffassung, daß der menschliche Erkenntnisprozeß in Form der Beobachtung einer objektiv festgelegten Wirklichkeit durch ein registrierendes vernunftbegabtes Subjekt erfolgt. Was wir erkennen können, so hat die Physik schließlich die Entdeckung Max Plancks ausgewertet, hängt ab vom Modell und von der Beschreibung, innerhalb derer wir eine (naturwissenschaftliche) Beobachtung durchführen. Die strukturalistischen Wissenschaften nach Saussure haben erfolgreich demonstriert, daß sozialer Sinn nicht in "natürlichen Bedürfnissen" gesehen werden kann, sondern daß Aussagen über Gemeinschaften immer nur Aussagen über deren Systeme der Zeichen und Regeln sein können.

Henri Bergson hat logisch analysiert, daß sich die Realität im mathematischen Denken des Menschen über sich selbst täuscht, um dafür - durch den wachsenden Anteil der Technik - höhere Komplexität und dauerhafte Dynamik zu gewinnen. Kurz: Am Ende des 19. Jahrhunderts wird die Vorstellung unabweisbar, daß die Dissimulation, das Ausblenden von scheinbar unmittelbar einsichtigen Sachverhalten, keineswegs exklusive mit Trugbildern und Täuschungen gleichzusetzen ist, sondern Welterkenntnis überhaupt erst ermöglicht. "Wahrheit", so nehmen wir seitdem an, bezeichnet eine bestimmte Weise, in der Welt zu operieren, nicht aber eine objektive, von der menschlichen Vernunft aufschließbare Wesensart der Dinge hinter ihrer verzerrten mannigfaltigen Erscheinungsweise.

Bei Saussure wie bei Bergson oder bei den Nachfolgern Plancks wird dem Status und dem Ort des Beobachters eine entscheidende Stelle im Prozeß der Erkenntnis zugewiesen. Das war so formuliert neu, doch baute die Theorie auf einer Revolution der Vorstellungen vom Charakter des Sehens, des Wesens der Optik und der Psychologie der Erkenntnis auf. Der amerikanische Kunsthistoriker Jonathan Crary setzt diesen "Bruch" mit den 20er und 30er Jahren des 19. Jahrhunderts an und begründet ihn mit zwei neuartigen Phänomenen. Zum einen, so Crary, wird der Beobachter selbst zum Objekt der Beobachtung: die Psychologie beginnt - zunächst ganz auf das Auge konzentriert - die physiologischen Grundlagen und Vorgänge des Sehens zu erforschen, wie da sind die Nachbildwirkung, das Farbensehen und anderes mehr. Zum zweiten wird nun der Bewegung, sei es die Eigenbewegung des Beobachters oder seine Einbindung in ein Ensemble bewegter Objekte, besondere Aufmerksamkeit geschenkt: das war nun gerade ein Thema, das spekulativ in der Konfrontation der natürlichen Bewegungsabläufe mit künstlichen industriellen Rhythmen wie etwa dem Tempo der Eisenbahn zu ungeheuren Besorgnissen Anlaß gab.

Den Anstoß zur physiologischen Erforschung der Beobachtung hatte Goethe mit seiner Theorie der Netzhaut-Bilder geliefert. Für Goethe und die Physiologen, die ihm folgten, so berichtet Crary, gab es keine "optische Illusion", als die beispielsweise die Nachbildwirkung seit der Antike aufgefaßt worden ist - was immer das gesunde Auge erfahren konnte, galt jetzt als faktisch optisch wahr.[4] Eine solche Behauptung brauchte natürlich Beweise. Und die Beobachtung des Beobachters machte Anordnungen notwendig, die die menschliche Wahrnehmung selbst wie einen Gegenstand aufzufassen erlaubten. Das war der Moment, an dem neuartige Apparate ins Spiel gekommen sind: Sehapparate, präziser noch "Sehmaschinen", d.h. Geräte, die unabhängig vom Menschen Bilder produzieren oder registrieren konnten. Einige der damals erfundenen Geräte sind heute als Kinderspielzeug noch in Gebrauch, wie das Kaleidoskop oder das Thaumatrop, andere - wie das Phenakistoskop und das Zooskop - sind außer Mode gekommen oder haben, wie das Stroboskop in den Diskotheken, eine neue Aufgabe übernommen. Die spektakulären raumfüllenden Maschinen und Jahrmarktsattraktionen des 19. Jahrhunderts schließlich, das Panorama und dessen Abkömmling, das Diorama, sind nur mehr in Museen und an wenigen Orten zu bewundern. Auf die Unterschiede zwischen diesen Maschinen werden wir gleich zu sprechen kommen. Zuvor sei aber ihre gemeinsame Qualität rasch beschrieben. Die neuen Apparate sind nicht mehr Instrumente, die sich, wie das Mikroskop oder die Camera Obscura, zwischen das Auge und die Wirklichkeit stellen. Sie sind Maschinen, weil sie nach einer Art "Programm" Dinge, im konkreten Fall: Erscheinungen, produzieren, die kein reales Gegenüber haben. Was in und mit diesen Maschinen geschieht, auch wenn sie nur handtellergroß sind, wie das Thaumatrop, ist die Hervorbringung einer künstlichen Wirklichkeit. Und einer idealen Wirklichkeit dazu, denn die Wiederholbarkeit identischer Erscheinungen schafft auch die Voraussetzungen für die zuvor genannte Beobachtung des Beobachters, die nur in der Zeit erfolgen kann.

Am deutlichsten kommt der industrielle und wirklichkeitsstiftende Aspekt beim bescheidensten unter diesen Geräten, dem Kaleidoskop, zum Ausdruck. Das Kaleidoskop besteht aus gegeneinander geneigten Planspiegeln in einem Rohr. Am einen Ende des Rohres befinden sich zwischen zwei Glasscheiben färbige Glasstückchen, am anderen Ende ein Sehloch. Durch Erschütterung ordnen sich die Glasstücke immer wieder neu und geben verschiedene Bilder, oder aber man setzt mehrere Spiegel ein und gewinnt durch deren Stellungsänderung stets komplexere symmetrische Bilder. Sein Erfinder, Sir David Brewster, verfolgte mit dem Kaleidoskop die Absicht, durch Inversion oder Vervielfachung einfacher Formen auf mechanischem Wege künstlerische Muster zu erzeugen. Er verband damit die ästhetische Theorie seiner Zeit von der Symmetrie als Grundlage der Schönheit mit einer seriellen Produktionstechnik, die das Geheimnis des kapitalistischen Erfolges werden sollte. Baudelaire jedoch gewann dem Kaleidoskop mehr philosophische Dimensionen ab: Es war ihm das Modell, wie sich das bürgerliche Individuum des 19. Jahrhunderts aus seinen strengen Konventionen lösen und eine bewegliche Identität annehmen konnte, ohne sich zu verlieren. In seinem engeren Verwendungszweck, nämlich dem der Kunst-Produktion, deutet das Kaleidoskop aber ebensogut bereits das Ende der mimetischen Verfahren und das Kriterium der Verisimilitudine, der Natur-Ähnlichkeit als Maßstab für das Werk, an. Die Gegenüberstellung von Abbild und Wirklichkeit, die Voraussetzung gewesen war für die Unterscheidung von Wahrem und bloß Eingebildetem, begann zu schwinden.[5]

Das Phenakistoskop bedient sich der Nachbildwirkung auf der Netzhaut. Es bildet gemeinsam mit dem Thaumatrop, dem Zooskop und dem Stroboskop eine eigenständige Familie unter den Sehmaschinen.[6] Alle drei Geräte "überlisten" den Betrachter, indem sie die Trägheit des Auges nutzen und gleichsam wie in einem Überblendungseffekt scharf getrennte Einzelbilder als kontinuierlichen Bildwahrnehmungsfluß erscheinen lassen bzw. diesen Vorgang durch sequentielle Auslöschung des Nachbildes umzukehren in der Lage sind. Die Konstruktionen sind einfach: ein kreisförmiger Karton, von zwei seitlich applizierten Schnüren in Rotation um die eigene Achse gebracht, läßt für den Betrachter zwei Bilder in eines verschmelzen: soweit das Thaumatrop. Das Phenakistoskop besteht aus einem Holzgriff und einer Achse, auf der zwei Scheiben montiert sind. Durch die Sehschlitze der einen Achse betrachtet man die äußere Bahn der rotierenden zweiten Scheibe, die mit 8 oder 16 Bildern eines Handlungsablaufs bemalt ist. Bei richtiger Rotationsgeschwindigkeit ergänzt das Gehirn die Intervalle zwischen den Einzelbildern zu einem kontinuierlichen Ablauf. Die Wirkung ist groß und, kulturgeschichtlich gesehen, gewaltig: Erstmals wird Bewegung repräsentierbar, in der Folge – wenn wir die Chronophotographie als späten Nachfolger gelten lassen – sogar in sinnlich nicht mehr wahrnehmbaren Zeiteinheiten skalierbar. Das Panorama und seine Weiterentwicklung, das Diorama, um zur dritten Maschinengruppe zu kommen, haben in der Erinnerung überlebt als Zeugnisse des neuen Machtanspruchs, mit dem das rational-wissenschaftliche und alles erforschende bürgerliche Zeitalter seine Subjekte ausstattet. Die riesigen Rundgemälde zeigen Stadtansichten und Schlachten, ferne Länder und Meere, sie lassen auf imaginäre Weise die Distanzen verschwinden und die lokalen Unterschiede bedeutungslos bzw. pittoresk und kommerziell ausbeutbar erscheinen. Sie versetzen aber den Betrachter, der im Zentrum des Geschehens ist, durch optische Tricks in den Rausch eines Allessehers. Das panoramatische Gemälde hat keinen Rahmen, damit keine Begrenzung, keinen möglichen Anfang und kein Ende. Perspektivische Verkürzungen und die Dissimulation des begrenzten Gesichtsfeldes suggerieren absolute Kontrolle und Verfügbarkeit. Der Historiker und Philosoph Michel Foucault hat allerdings die Kehrseite dieses Sprachbildes vom "panoramatischen Blick" zu vermitteln verstanden. In der Gefängnisarchitektur des Überwachungsturms tritt das Panorama auf als Memento für die Insassen, jederzeit dem Blick des Wächters preisgegeben zu sein, ohne diesen Blick erwidern zu können. So genügt, auf die Gesellschaft als ganzes angewandt, die Illusion der ständigen Kontrolle der Individuen durch die staatlichen Institutionen, um politisch erwünschte Verhaltensweisen vorzuschreiben und als inneres Sittengesetz durchzusetzen.[7] Doch in Zusammenhang mit der neuen und physiologischen Psychologie des Beobachters, die wir für das 19. Jahrhundert konstatiert haben, ist der maschinelle Mechanismus der Dioramen von noch größerem Interesse. Daguerre, der berühmte Erfinder der Fotografie, hat in den frühen 1820er Jahren Rundanlagen gemalt, die nicht mehr durchwandert werden mußten, sondern die mit einer drehenden Plattform ausgestattet gewesen sind. In dieser Anordnung ist der Beobachter Teil der Maschinerie geworden, eine immobile organische Registratur eines optischen Universums in Bewegung. Die Illusion bezieht sich damit nicht mehr auf das Objekt der Betrachtung, auf die (künstlichen) Landschaften, Personen, Architekturen des Panoramas, sondern auf die vermeintliche Bewegung des Beobachters selbst.[8]

Mit den Sehmaschinen des frühen 19. Jahrhunderts gerät die starre Gegenübersetzung von Welt und Mensch, von Objekt und Subjekt ins Wanken. Jonathan Crary mißt Arthur Schopenhauer eine Schlüsselstellung zu bei der Überwindung des traditionellen Weltbildes, das zwar die Alternativen des Idealismus oder des Materialismus kannte, je nachdem, ob man die Welt für ein Ergebnis der geistigen Operationen hielt, oder das Denken als Ergebnis physikalischer Akte, aber beide für erfahrungsunabhängig hielt. Schopenhauer hingegen ging auf die Organisation der Wahrnehmung zurück und stellte heraus, daß alles, was erreichbar ist, die Beurteilung der Bilder von der Welt ist, so wie sie durch die Physiologie der Sinne erst erzeugt (und nicht bloß aus wahrnehmbaren Eigenschaften der Gegenstände und nach Vernunftsätzen synthetisiert) werden. Die Welt als Vor - Stellung.[9] Daß man dabei durchaus an Theater, Inszenierung, Kunst und Technik, vor allem an Technik denken darf, sollte aus dem Vorherigen begründbar sein. Schopenhauer gilt manchem als zumindest erster deutscher Philosoph, der das Vermögen der Sehmaschinen begriffen hat, Natur durch Kultur zu verdrängen und sich dabei des Menschen als Wahrnehmungszeugen zu bedienen: "Bei Schopenhauer ist der erhaben empfindende Mensch in erster Linie 'der persönlich gesicherte Zuschauer' erhabener Natur-'Auftritte'. Diese Auffassung verdankt Schopenhauer dem Besuch englischer Naturtheater, von denen er vor allem das Vauxhall bei London erwähnt. Das Vauxhall taucht auch in 'Die Welt als Wille und Vorstellung' auf. Es kennzeichnet den Übergang von den klassischen Illusionslandschaften der Literalkultur zu den Simulations- und Vergnügungsparks des optischen Zeitalters."[10]

Man muß nicht unbedingt die eben zitierte Engführung von Technik und Philosophie teilen, um Effekte der Bildtechnik auf das Wissensrepertoire Schopenhauers in Rechnung zu stellen. Schopenhauers Zeit ist eine Zeit rascher Erfindungsabfolgen in der Reproduktionstechnik. So des "Physionotrace" von Gilles Louis Chrétien aus 1786, das "erste Instrument, das ein Porträt in mehreren Exemplaren zu kopieren vermag".[11] Dann der Camera Lucida, eines viereckigen Glasstücks, dessen verschieden geneigte Flächen jeden anvisierten Gegenstand bei normaler Lichtumgebung seitenrichtig und verkleinert oder vergrößert auf Papier projizieren und den Umriß leicht nachziehen lassen.[12] Die fotochemischen Reaktionen von Silbersalzen und Chlorsilber auf Licht waren bereits von J.H. Schulze (1727) und K.W. Scheele (1777) beschrieben worden, ehe Thomas Wedgwood um 1800 erste fotografische Abdrücke in der Camera Obscura erzielte, indem er weißes Papier oder Leder mit einer Silbernitratlösung befeuchtet und dem über die Kameralinse projizierten Muster ausgesetzt hat.[13] Zu den herausragenden Reproduktionstechniken neuer, nämlich chemischer Art, die ohne handelndes Eingreifen des Menschen funktionieren, zählt Senefelders Erfindung der Lithographie 1789/90, die Joseph Nicéphor Niépce ab 1814 von Stein auf Papier zu übertragen versuchte. Niépce entdeckte dabei die "Heliogravur", in den 1820er Jahren sollte ihm in einer achtstündigen Belichtungszeit das erste mit einer Kamera hergestellte Foto gelingen.

Die Zeit von 1800 bis 1840 ist die Zeit der Erfindung einer neuen kulturellen Technik. Die Möglichkeiten der einzelnen Apparate und ihre Produkte weisen auf einen beginnenden Rückzug des Menschen aus dem, was man die "1. Welt" nennt, hin. Schopenhauers Zentralbegriff der "Vorstellung" läßt sich deshalb auch auf die Art interpretieren, daß technisch erzeugte Bilder vor die Welt gestellt werden. Die Aufmerksamkeit für die Produktion anstelle der Projektion von Bildern macht für Klaus Bartels aus Schopenhauer den ersten Philosophen der Fotografie, der Einlösung des "Weltauges": "Schopenhauer war der einzige deutsche Philosoph, der die Erfindung der Fotografie durch Daguerre für 'hundert Mal scharfsinniger' hielt als die Entdeckung des Planeten Neptun. Tatsächlich macht die neue Erfindung die Welt zu einer Vorstellung. Das Individuum schrumpft zum Anhängsel des Zentralauges."[14]

Die Sehmaschinen garantieren Wiederholbarkeit, Reproduzierbarkeit und Dauerhaftigkeit der Erscheinungen. Räderwerke und Schwungachsen bei den Dioramen und den Phenakistoskopen waren etwas durchaus "Materielles", Heliogravur und Fotografie schufen höchst wirkliche, sogar verkaufbare Gegenstände. Illusionen konnten nicht mehr als belangloses "Trugbild", als Irreleitung des Verstandes durch die Schattenbilder des Platon'schen Höhlengleichnisses behandelt werden. Illusionen, zumindest eine ganze Reihe von Vorspiegelungen, die man zuvor so bezeichnet hätte, wurden zu harter industrieller, sozialer und kommerzieller Realität. Dafür gibt es kaum ein schlagenderes Beispiel als den Film – künstlicher Sinn und sinnliche (d.i. anschauliche) Kunst zugleich. Film und Kino bringen ein Phänomen ins Leben, das nach allen Vernunftregeln unmöglich ist. Der Film ist diskontinuierlich – er besteht aus lauter einzelnen

Fotografien. Und er ist kontinuierlich – weil der Film diese Fotografien als einen einzigen Bewegungsablauf erscheinen läßt. Der eingangs genannte Henri Bergson hat uns dieses Paradox aus einer Isomorphie von kinematographischer Apparatur und erkennender Wahrnehmung zu verstehen gelehrt. Das Werk Bergsons gilt dem Nachweis, daß unser logisch-symbolisches Denken nur die Handlungen reflektiert, mit denen wir die Welt zu "festen" Körpern organisieren. Der eigene Leib kann sich dieser Illusionierung nicht entziehen, um so weniger als er gleichsam apparatehaft, als "kinematographische Illusion", an diesem Prozeß der Verräumlichung oder Geometrisierung teil hat: "Unsere Wahrnehmung", sagt Bergson, " ist darauf eingestellt, die fließende Kontinuität des Wirklichen in diskontinuierlichen Bildern zu verfestigen". Die dadurch hergestellten Zustände lassen sich dann als Sequenzen ordnen und die Abstände zwischen den Kadern dissimulieren, wodurch das intellektuelle Wahrnehmen analog den Prozessen beim Film abläuft: "Der Mechanismus unseres gewöhnlichen Denkens ist kinematographischen Wesens."[15]

Die Überführung von diskreten Einheiten in kontinuierliche Bewegung und ihr Gegensatz hatten schon Jules Marey und Eadweard Muybridge beschäftigt. Die Beziehungen zwischen dem französischen Mediziner E.J. Marey und dem amerikanischen Eisenbahningenieur Muybridge sind anekdotisch und zwingend zugleich. Marey hat in den 1860er Jahren Apparaturen entwickelt, die ihm die Aufzeichnung von organischen Bewegungen gestatteten. Er "mißt [...] den Pulsschlag des Menschen, ermittelt die Schrittfolge von Läufern und Pferden, registriert den Flügelschlag einer Taube und sogar die Muskeltätigkeit eines Frosches. All das sind Bewegungen, die sich dem menschlichen Auge entziehen."[16] Zur Registratur der subliminalen Bewegungen dient Marey eine pneumatische Vorrichtung, die mit einem Schreibgerät derart verbunden ist, daß sich die Bewegungsabläufe grafisch als Kurve abbilden lassen. Bei der Analyse des Bewegungscharakters von Pferden machte Marey nun die Entdekkung, daß sie im Galopp einen Moment lang mit allen vier Beinen von der Erde abheben, um das ganze Gewicht dann mit nur einem Fuß abzufangen. Dies wiederum hielt der amerikanische Eisenbahngroßaktionär und Pferdezüchter Leland Stanford für ausgeschlossen und setzte eine Wette aus, daß er auf fotografischem Wege Marey widerlegen werde. Stanford beauftragte damit den Eisenbahningenieur Muybridge: "Muybridge stellte längs der Pferderennbahn, die auf dem Stanfordschen Besitz lag, erst eine Reihe von 6, dann von 24, schließlich von 100 Fotoapparaten auf. Über die Rennbahn waren dünne Fäden gespannt, die das vorübergaloppierende Pferd wegriß und dabei die Fotoapparate auslöste." Die dadurch erzielten Reihenfotos widerlegten nicht, sondern bestätigten Mareys Thesen. Hinfort kooperierten Marey und Muybridge[17], wenn sie auch in verschiedene Richtungen weitergingen: Muybridge entwickelte in den 1880er Jahren eine Art frühes Kino, indem er seine Reihenfotos in rascher Abfolge auf eine Leinwand projizierte. Diese Synthese diskreter Bilder zu Bewegungsillusionen nannte er "Zoopraxograph". Marey griff den Gedanken auf, von der analogen graphischen zur diskreten fotografischen Bewegungsaufnahme überzugehen, aber anstatt dem Objekt die Steuerung der sequenziell angeordneten Einzelkameras zu überlassen, verlegte er die Bewegung in eine einzige Kamera. Die "Fotografische Flinte", eine wie ein Revolver konstruierte Kamera, arbeitete mit einer Belichtungszeit von 1/720 sec und 12 Einzelaufnahmen. Die "Chronophotographen", die ausschließlich zu wissenschaftlichen Zwecken benutzt

wurden, gestatteten so längstens eine Bewegungs-Aufnahme von 1 bis 2 Sekunden Dauer.
Mareys "Chronophotographie" und Muybridges "Zoopraxograph" bereiten den Kinofilm vor. Edison, der ab 1887 mit der Kinematographie experimentierte, berief sich unmittelbar auf die beiden Erfinder. Allerdings stellt der (praktikable) (Kino)film, den die Brüder Lumière 1895 präsentieren, einen technischen Verbund dar. Zur Chronophotographie muß erst noch der Stroboskopeffekt, die Lichtzerhackung durch eine rotierende Blende, kommen. Denn der Eindruck kontinuierlicher Bewegung entsteht erst durch die Abstimmung der Abspiel-Mechanik mit der Physiologie der Netzhaut, also durch die Nachbildwirkung, die wir schon beim Phenakistoskop kennengelernt haben. Werden Bilder mit einer Frequenz von 12 bis 15 Bildern in der Sekunde vorgeführt, so bleiben sie länger im Gehirn gespeichert, als sie zu sehen sind. Sie "verschmelzen" und erzeugen damit die Illusion von Bewegung.
In der Frühzeit der Filmproduktion drehte man mitunter mit Geschwindigkeiten von bis zu 48 Bildern pro Sekunde, um den bei geringem Tempo auftretenden Flimmer-Effekt auszuschalten. Der Einsatz einer Flügelblende bei der Projektion erwies sich schließlich als das günstigere Mittel, da 24 Bilder pro Sekunde gedreht werden, die Bildunterbrechung bei der Projektion jedoch eine Frequenz von 48 Bildern bewirkt.[18] Gegen diese technische Unterwanderung ist der menschliche Wahrnehmungsapparat machtlos, die menschlichen Sinne können keine Anhaltspunkte für die Struktur der Wirklichkeit mehr liefern.

Karl Marx hat dem Industriekapitalismus und seinem Regime der Technik immerhin zugute gehalten: wenn die Naturkräfte durch technische Verfahren ersetzt und in ihrer Wirkung übertroffen werden, verliert sich die Furcht, die von ihnen ausgeht, und damit Aberglauben und Magie. Trotz der enormen Fortschritte in der Mechanik, der Elektrizität oder der Chemie hat sich das gesellschaftliche Leben im 19. Jahrhundert in illusionistische Exzesse geflüchtet. Scheinarchitekturen, eklektizistische Interieurs, esoterische Zirkel, die Faszination paranormaler Phänomene sprechen von der Angst vor der Leere, die sich mit der Säkularisierung und dem Verfall der Symbolwelten älterer Gemeinschaften in der Industriegesellschaft auftut. Auch noch die Technik stellt Ressourcen zur Verfügung. Der Doppelbelichtungseffekt in der Fotografie wird eine unerschöpfliche Quelle für den "Nachweis" übersinnlicher Erscheinungen. All die Beschreibungen dazu sind richtig und wahr, bzw. auch richtig und wahr, jedenfalls bestimmen diese Vagheiten die Formen und den Eklektizismus des 19. Jahrhunderts: "Schon um 1850, der Zeit der Ersatzstoffe, wurden Gegenstände produziert, die einen engen Zusammenhang zwischen den neuen Techniken der Materialvertauschung mit einem entsprechenden Überbau, einem Denken in Ersatzstoffen herstellen. In verschiedenen Ausführungen wurde etwa eine Streichholzschachtel in Form eines Kreuzfahrergrabes angeboten. [...] Der Zweck des historischen Zitates liegt in der Verdrängung der industriellen Gegenwart, die nur in dieser dekorierten Form akzeptabel gemacht werden kann. Nietzsches spätere Kritik an der Lebensferne der Geschichtsschreibung stellt den Nutzen der Historie dem Nachteil der Entfernung von der Wirklichkeit gegenüber."[19] Unsere Zeit aber entdeckt eine zweite Ebene: Der Illusionismus des 19. Jahrhunderts ist ein noch beinahe unbewußtes Einbekennen, daß die Ordnung der Welt aus der Projektion von Mustern hervorgeht, die im neuronalen System des Menschen entstehen. Darin sieht ein Autor wie Paul Watzlawick eine verblüffende Parallele zwischen der heutigen konstruktivistischen Erkenntnistheorie und Schopenhauers Willensphilosophie. Das, was wir für die Welt halten und dem wir uns als Beobachter gegenüberstellen, ist nichts anderes, als die Illusionierung der eigenen Verstandesleistung als Ordnung der Natur.[20] Das führt auf eine neue Spur, zu jener von Illusionismus und Computerkultur. Mit der Verfügbarkeit von maschinell verarbeitbaren Methoden und Daten zur Beschreibung des Universums wird der Mangel aufgehoben, der bis dato die Illusionstechniken auf den Bau weniger teurer Prototypen eingeschränkt hat. Alle Illusions-Ökonomie bisher brauchte Sicherheit. Sicherheit durch Anlehnung an vermeintliche Erfahrung. Daher beruhte Illusion auf Imitation, auf Referenz, auf Abbildung. Auch noch das Kino, das sich am entschiedensten von jeder Überprüfbarkeit durch gelebte Erfahrung entfernen kann, muß mit erfahrungsgesättigten Figuren, Situationen und Mustern arbeiten. Mit der Aufzehrung der Raum- und Zeitökonomie durch die Digitalisierung fällt der Rest an "Natur", an Vorgefundenem weg und über bleibt das im System künstlicher Sprachen geschaffene Modell. Darauf basiert die Simulation, die sich eben als Passage zwischen zwei Kulturen zu entwickeln scheint. Wir machen uns ein Modell der Welt, und sehen, welche Manipulationen uns zum gefälligsten Ergebnis führen.

Illusionen sind heute kein Problem mehr. Im Gegenteil. Das Problem heißt: Wie können wir in einer völlig künstlichen Wirklichkeit leben, ohne "objektiven" Maßstab? Oder, wie es Jean Baudrillard inzwischen schon wieder fast klassisch ausgedrückt hat: "Es geht nicht mehr um die falsche Repräsentation der Realität, sondern darum, zu kaschieren, daß das Reale nicht mehr das Reale ist, um auf diese Weise das Realitätsprinzip zu retten."[21]

1 Vgl. Werner Heisenberg: Physik und Philosophie. Frankfurt am Main, Berlin 1990/1959, S.17
2 Ferdinand de Saussure: Grundfragen der allgemeinen Sprachwissenschaft. Berlin 1967/1916
3 Henri Bergson: Schöpferische Entwicklung. Jena 1912
4 Jonathan Crary: Techniques of the Observer. On Vision and Modernity in the Nineteenth Century. Cambridge/Mass., London 1990, S.97f
5 a. a. O., S.115f
6 a. a. O., S.105ff
7 Michel Foucault: Überwachen und Strafen. Frankfurt am Main, 1977
8 vgl. Crary: Techniques of the Observer. S.112f
9 a. a. O., S.73ff; Schopenhauer selbst sagte: "Der Grundfehler aller Systeme ist das Verkennen /der/ Wahrheit, daß der Intellekt und die Materie Korrelata sind, d.h. Eines nur für das Andere da ist, Beide mit einander stehen und fallen ...."; wir müssen allerdings nachstellen, daß die Welt als Vorstellung, so wie sie aus der wechselseitigen Beziehung von Intellekt und Materie hervorgeht, für Schopenhauer das Ergebnis der Tätigkeit einer ursprünglicheren Kraft ist, nämlich des Willens. Insofern bleibt bei aller Physiologie immer noch die Metaphysik im Spiel. Vgl. Arthur Schopenhauer: Die Welt als Wille und Vorstellung, Bd. 1, München 1911, S.18f
10 Klaus Bartels: Vom Erhabenen zur Simulation. Eine Technikgeschichte der Seele: Optische Medien bis 1900 (Guckkasten, Camera Obscura, Panorama, Fotografie); in: Jochen Hörsch/ Michael Wetzel (Hrsg.): Armaturen der Sinne. Literarische und technische Medien 1870 bis 1920. München 1990, S.37f
11 Das Physionotrace wirft eine durch Licht erzeugte Silhouette auf eine Glasplatte und zieht mit einer Radiernadel die Umrisse nach, ein Hebelwerk verbindet die Nadel mit dem Graphierwerkzeug; Hans-Jürgen Wolf: Geschichte der graphischen Verfahren. Dornstadt 1990, S.811
12 Sehsucht. Das Panorama als Massenunterhaltung des 19. Jahrhunderts. Bonn, 1993, S.113; Franz Maria Feldhaus: Die Technik der Vorzeit, der geschichtlichen Zeit und der Naturvölker. München 1965, S.550
13 Wolf: Geschichte der graphischen Verfahren. S. 813f
14 Bartels: Vom Erhabenen zur Simulation. S.38
15 Bergson: Entwicklung. S.306ff, S.309
16 Günther Burrichter: Marey und die Folgen für Kunst und Küche; in: absolut modern sein. Zwischen Fahrrad und Fließband. Cultur technique in Frankreich 1889 - 1937. Berlin 1986, S.95
17 vgl. Louis Gastine: La Chronophotographie sur plaque fixe et sur pellicule mobile, Paris 1892, S.13
18 James Monaco: Film verstehen. Kunst, Technik, Sprache, Geschichte und Theorie des Films. Reinbek bei Hamburg 1980, S. 85f
19 Christoph Asendorf: Batterien der Lebenskraft. Zur Geschichte der Dinge und ihrer Wahrnehmung im 19. Jahrhundert. Gießen 1984, S.92
20 Paul Watzlawick: Schopenhauer und die Thesen des modernen Konstruktivismus; in: Volker Spierling (Hrsg.): Schopenhauer im Denken der Gegenwart. München, Zürich 1987, S.314
21 Jean Baudrillard: Agonie des Realen. Berlin 1978, S.25

Die Illusionierung von Natur und Leben erreichte bereits in den kunstvollen Automaten des 18. Jahrhunderts einen ihrer Höhepunkte. Der zweckfreie Versuch, künstliches Leben herzustellen, ließ demiurgische Machtphantasien der Menschen sichtbar werden: der Mensch als gottähnliches Wesen, das durch eigene Kraft aus toter Materie "Lebendiges" schafft.
Im 19. Jahrhundert wurden mechanisch-optische Schaustellungen mit einfacheren Automaten und Androiden oft im Rahmen von Vorstellungen der Zauberei und Magie vorgeführt.

"Die allesschreibende Wundermaschine", 1760

Friedrich von Knaus

Messing, Eisen, Holz, H: 180, B: 107, T: 98

Wien, Technisches Museum, Inv. Nr. 14.069

Die "allesschreibende Wundermaschine", wie ihr Schöpfer, der Hofmechaniker Friedrich von Knaus, sein mechanisches Kunstwerk selbst nannte, war eines der meistbewunderten Schaustücke des Wiener Physikalischen Hofkabinetts. Eine Figur, die über einer Weltkugel auf einer Wolke sitzt, schreibt mit Tinte und Feder jeden gewünschten Text.

Das Schreiben der Buchstaben wird durch ein Federwerk und durch Schablonen im Inneren der Kugel angetrieben bzw. gesteuert. Diese Schablonen sind Kurvenscheiben mit jeweils drei Kurvenzügen. Ein Kurvenzug steuert die horizontale Bewegung der Hand, einer die vertikale, und einer führt sie vom und zum Papier. Jede Schablone entspricht einem Buchstaben. Die Schablonen, also die gewünschten Buchstaben, können durch Drücken einer Tastatur aktiviert werden. Man kann aber auch eine Steuerwalze einsetzen, in die an den Stellen der gewählten Buchstaben Stifte eingesteckt werden. So ist es der Figur möglich, auch längere Texte vollautomatisch zu schreiben. Ein zweites Federwerk dient der Versorgung der Schreibfeder mit Tinte: Nach jedem vierten Buchstaben verläßt die Hand das Papier, nähert sich dem Tintenfaß, das Tintenfaß hebt sich zur Hand, und die Feder taucht ein.

Dieses bedeutende Werk spätbarocker Mechanik wurde bei Fürstenbesuchen, so auch beim Besuch des Papstes Pius VI. 1782, immer wieder vorgeführt. Auf dem Weg über die Sammlungen des Polytechnischen Instituts, der heutigen Technischen Universität, kam es ins Technische Museum, wo 1929 abhanden gekommene Teile ergänzt wurden.

"Tschuggmall's Automaten", Plakat, 1850

Druck, 32,2 x 18,6

WStLB, Sign. D 64.522

Zauberei und Magie

1.9
Auftritt Kratky-Baschiks mit zwei "Geistererscheinungen", um 1880

Gerda Barth

GAUKLER, ESCAMOTEURE, MAGIER

Seit eh und je haben Taschenspieler, Magier oder Illusionisten, wie immer man sie auch nennen mag, die Menschen im wahrsten Sinne des Wortes bezaubert. Mögen auch die Showelemente im Laufe der Zeit geändert worden sein, sind doch viele Nummern so alt wie die unterhaltende Magie selbst und nur behutsam dem Geschmack der Zeit angepaßt worden. Die unbegreiflichen Tricks, noch vor wenigen Jahrzehnten einem relativ begrenzten Zuschauerkreis zugänglich, haben durch Einsatz moderner Massenmedien seltsamerweise nichts von ihrem Zauber eingebüßt, im Gegenteil, die modernen Hexer haben es verstanden, sich die Technik nutzbar zu machen; seien es die durch Satellitentelevision weltweit ausgestrahlten verblüffenden Illusionen amerikanischer Magier, die Raubtiere oder sogar die Freiheitsstatue vor den Augen des staunenden Fernsehpublikums verschwinden lassen, seien es die für den Laien unerklärlichen Tricks der Tisch- oder Mikromagie, die heute ebenfalls in breitester Öffentlichkeit vor der Fernsehkamera ausgeführt werden. Großartige Ausstattungsshows, die mit aufwendigen Bühnendekorationen arbeiten, haben seit dem Mittelalter nichts von ihrer Faszination verloren, aber in der ersten Hälfte des 19. Jahrhunderts erhielt die Magie ganz neue Impulse durch den Franzosen Houdin, der die unterhaltende Magie auf ihre grundlegenden Elemente reduzierte und im Abendanzug auftrat. Er faszinierte sein Publikum lediglich durch seine Changierkunst. Damit wurde die moderne "Salonmagie" begründet, zu deren hervorragendsten Vertretern im vorigen Jahrhundert die Wiener Döbler und Hofzinser zählten. Derartige Proben extremer Fingerfertigkeit halten die staunenden oder skeptischen Zuschauer bis heute in Atem.

Manche jener Nummern, die von den modernen Illusionisten bis zur Perfektion vervollkommnet gezeigt werden, sind uralt – wie zum Beispiel das Spiel mit drei Bechern und drei Würfeln oder Muskatnüssen und die verschiedensten Kartenkunststücke – andere wurden differenziert oder sind überhaupt verschwunden, weil sich der moderne aufgeschlossene Betrachter durch allzu einfache Tricks nicht mehr täuschen läßt. Auch jene Unzahl von Tricks, die faktisch als Scherzfragen aufzufassen sind, werden nicht mehr gezeigt: "Aus einer Haselnuß einen Knoten zu machen": Man öffnet eine frische Haselnuß und macht aus den innen befindlichen Fädchen einen Knoten – voilà.

In den Beständen der Wiener Stadt- und Landesbibliothek befinden sich einige Zauberbücher, die Aufschluß darüber geben, mit welchen Kunststücken die Menschen des 18. und 19. Jahrhunderts unterhalten wurden. Selbstverständlich waren diese Bücher nicht für berufsmäßige Taschenspieler bestimmt, wenn auch ein sehr großer Teil der in den Büchern enthaltenen Possen und Tricks sicher auch von den Berufsmagiern gezeigt wurde. Amateurkünstler produzierten sich im Freundeskreis oder auch vor Standespersonen, um diese zu unterhalten und vielleicht eine Belohnung zu bekommen. Der Zuschauerkreis dürfte dabei in etwa der gleiche gewesen sein wie bei manchen Vorstellungen der reisenden Zauberer, denn diese konnten ja zur Belustigung von Privatgesellschaften engagiert werden, wobei die Anmeldung nur einige Stunden vorher erfolgen mußte. Der berühmte Philadelphia, der sich 1774 in Wien aufhielt, verlangte pro Person einen Gulden Eintrittsgeld und ließ sich nur sehen, wenn sich mindestens 40 Personen dazu bereit fanden; aus Zeitungsmeldungen läßt sich entnehmen, daß dieser Betrag nicht immer garantiert werden konnte und er daher nicht regelmäßig auftrat. Wenn seine Leistungen als

Eskamoteur nicht ungeteiltes Lob fanden, blieb doch seine Meisterschaft, in einem Spiegel oder Wolkendampf Gesichter auftauchen zu lassen, unbestritten. "Der bekannte Jacob Philadelphia ist noch zu Wien, und hat zu Schloßhof das Glück gehabt, vor Ihro k.k. Majestät, dann dem Hr. Herzog und der Frau Herzogin von Sachsen-Teschen seine Kunststücke zu allerhöchstem Wohlgefallen vorzustellen, wofür er die Gnade des Handkusses erhalten und nebst einer goldenen Medaille und Gnadenkette reichlichst beschenkt wurde." (Erlanger Real-Zeitung 1774, S.478).

Die Aufmerksamkeit konnte allerdings manchmal auch zum zweischneidigen Schwert werden. Später wurde Philadelphia von der türkischen Gesandtschaft in Wien engagiert; die Türken waren von seinem Können überaus beeindruckt, besonderes Erstaunen erregte er, als er in einem Spiegel den verstorbenen Mufti erscheinen ließ. Daraufhin wurde er eingeladen, auf Kosten der Türken mit nach Konstantinopel zu gehen und seine Kunst dort zu zeigen. Er lehnte jedoch ab, denn er war schon zwei Jahre vorher dort gewesen, "und eben dieser nun verstorbene Mufti zwang ihn, einige seiner besten Stücke, die er sonst für Hexerey erklären wollte, zu entdecken, und nahm ihm auch einen künstlich abgerichteten Staar." (Erlanger Real-Zeitung 1774, S.502)

Bei der Untersuchung der verschiedenen Kunststücke in den Zauberbüchern wollen wir alle jene außer acht lassen, die zu naiv sind und auch mit Magie nichts zu tun haben, wie zum Beispiel zwanzig Frösche unbemerkt in einem Zimmer springen zu lassen, damit sich die Anwesenden verwundern oder entsetzen. Weiters: Sich unsichtbar machen – ein Faß wird an verschiedenen Stellen durchlöchert, der Künstler setzt sich hinein und kann nun alles ringsum sehen und hören, ohne selbst gesehen zu werden. Auch derbe Possen bleiben unerwähnt, wie das Schwärzen der Gesichter, zum Beispiel von Tanzenden, indem man unbemerkt Vitriolpulver in die Taschentücher streut, sodaß die Menschen durch das Abwischen mit den so präparierten Tüchern schwarze Gesichter bekommen. Die Frage, "Ohne Kalender zu wissen, ob der Mond im Abnehmen oder Zunehmen seye", kann heute jedes Kind beantworten und ist daher kein Thema für Zauberkünstler: "Wenn man sich gegen den Mond stellet, und derselbe auf der Seite zur rechten Hand einen hohlen Einschnitt hat, so ist er im Abnehmen, hat er solchen aber auf der Seite der linken Hand, so ist er im Zunehmen, und ist er ganz rund, so ist er voll."

Das Kunststück, "Wie man ein Hemd ausziehen könne, ohne ein Kleidungsstück abzulegen", dürfte zu den Hits der Zeit gezählt haben, es findet sich in den gängigen Zauberbüchern ebenso, wie in der Sammlung von 108 Taschenspielereien, die der bekannte Wiener Döbler mit dem ebenso berühmten Bosco herausgab. Weiters finden sich in den Büchern verschiedene Effekte, die auf recht komplizierten chemischen Mischungen beruhen oder nur mittels schwer zu bewerkstelligender Geräte vorgeführt werden können. Einige andere Tricks wiederum lassen sich nur nach zum Teil recht tiefgreifenden baulichen Veränderungen der betreffenden Räumlichkeiten zeigen, zum Beispiel der sprechende Kopf oder zwei korrespondierende Statuen, deren Wirkung auf unterirdisch geführten Schalltrichtern bestand, die oft in einen anderen Raum mündeten, von wo aus Geräusche übertragen wurden.

Die ursprünglichen "Spiele aus der Gaukeltasche" waren relativ einfacher Art, der Taschenspieler trug die von ihm benötigten Hilfsmittel in einer Tasche bei sich, die aus einer vorgebundenen Schürze gebildet wurde, der

"Gaukeltasche". Für manche Kunststücke allerdings brauchte man die Tasche nicht, zum Beispiel für die "wandernden Schellen": Dazu waren drei kleine Schellen nötig, eine davon wurde in den linken Ärmel gesteckt, die anderen in die beiden Hände genommen und dem Publikum gezeigt. Unbemerkt nahm der Zauberer nun beide Schellen in die rechte Hand und ließ sich von Leuten aus dem Zuschauerkreis die Arme halten. Um die Spannung zu erhöhen, schüttelte er die Hände und fragte die Zuschauer, die die Schellen hören konnten, ob sie sicher wären, daß er in jeder Hand eine Schelle hielte. Auf deren bejahende Antwort öffnete er nun die Hände und zeigte, daß die linke leer war.
Bei einem anderen Trick mußte man vor einem mit einem Tuch bedeckten Tisch sitzen; der "unsichtbare Stein" wurde den Leuten gezeigt, dann unbemerkt aus der verdeckten Hand in den Schoß fallen gelassen und, während der Künstler auf die sich öffnende Hand blies, indem er sie in die Höhe warf, eingesteckt.
Der "wandernde Ring" wiederum erforderte große Geschicklichkeit im Changieren der Gegenstände. Der Taschenspieler trug an der linken Hand einen Ring, von dem er behauptete, er werde ihn an die rechte Hand wandern lassen. Er zeigte den Ring, ließ ihn unbemerkt los, sodaß er durch den daran befestigten Faden mittels einer Uhrfeder in den Ärmel gezogen wurde, gleichzeitig nahm er geschickt einen ganz gleich aussehenden Ring aus dem Rock und steckte ihn an die rechte Hand.
Auf reiner Fingerfertigkeit beruhte auch der Trick, ein Band zu zerreißen und durch Blasen wieder ganz zu machen. Zwei gleiche Stücke Band mußten bereit sein und das zerrissene rechtzeitig gegen das andere ausgetauscht werden, wobei der Eskamoteur durch allerhand Ablenkungsmanöver die Aufmerksamkeit der Zuschauer in eine andere Richtung lenkte. Schnelligkeit beim Austauschen der Gegenstände entschied auch über das Gelingen, wenn ein buntes Band aus dem Mund gezogen werden sollte; rasch und unbemerkt mußte der Taschenspieler die vorbereiteten Bandrollen zwischen die Zähne nehmen.

Zum Repertoire des Gauklers des 18. Jahrhunderts gehörte ferner das Tragen von Feuer auf der bloßen Hand – laut Anleitung sollte dies ohne Verletzung möglich sein, wenn man vorher die Hand mit einer Mischung aus Eidotter, Gummi und Kraftmehl behandelt hatte. Außerdem konnte er ohne Schaden zu nehmen ein brennendes Licht essen, wenn dieses aus einem großen Apfel geschnitten und mit einem Docht aus einem Stückchen Nußkern versehen war, der wie ein Talglicht angezündet werden konnte. Zu den Täuschungen mit Feuer gehörte auch das Anzünden eines Tuches, das dennoch nicht verbrannte, weil man es vorher naß gemacht und in starken Branntwein getunkt hatte. So verbrannte nur der Alkohol, das Tuch blieb ganz.
Großen Schreck jagte den Zuschauern, besonders den Damen, das vermeintliche Durchstoßen des Kopfes mit einem Messer oder einem anderen spitzen Gegenstand ein, ebenso das Abschneiden der Nase. Durch Fingerfertigkeit und besonders dafür konstruierte Instrumente wußte der Changeur den Eindruck der Echtheit solcher Operationen hervorzurufen.
Zu den Standardnummern der Zauberunterhaltungen des 18. und 19. Jahrhunderts zählten die verschiedensten Varianten des Vernichtens und Wiedererschaffens von Gegenständen, wie das Zerstoßen von Uhren und Ringen oder das Zerreißen und Verbrennen von Tüchern und Schals, wonach der geschickte Eskamoteur dem überraschten Publikum die unversehrten Gegenstände präsentierte. Diese Tricks beherrschte der bekannte

Produktion von Geistererscheinungen

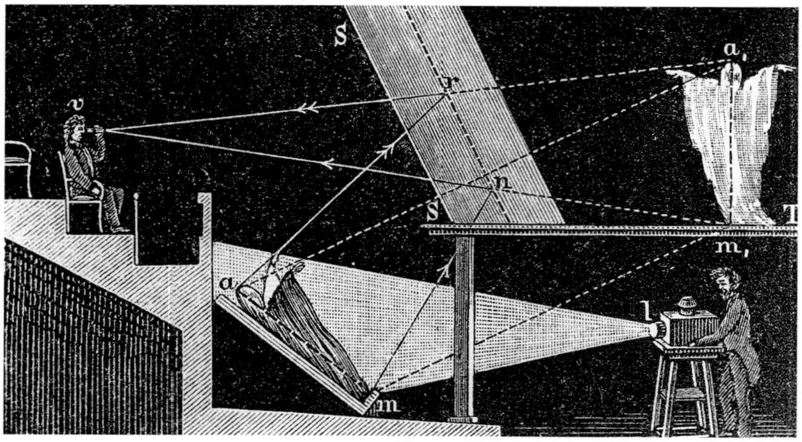

Bartolomeo Bosco bis zur Perfektion. Großes Erstaunen erregte er stets mit jener Nummer, in der er zwei Tauben köpfte und mit verwechselten Köpfen wiederbelebte, ein Meisterstück der Changierkunst, aber auch ein Beweis dafür, daß die Nerven der Zuschauer in der "Guten alten Zeit" noch anders beschaffen waren: Tricks bei denen Tiere zu Schaden kommen könnten, geschweige denn auf offener Bühne getötet werden, sind uns auch in Form der Anleitung im Zauberbuch ein Greuel. Die Vorstellung, die Magier hätten diese Nummern täglich zum Gaudium des Publikums vorgeführt, ist uns genauso ungeheuerlich und fremd wie die Tatsache, daß ganze Familien im Hetztheater der grausen Prozedur der Tierhetze zusahen und sogar Spaß daran hatten.

Zur Ehrenrettung der Wiener sei festgestellt, daß auf Grund der Kritiken geschlossen werden darf, das hiesige Publikum habe den weitaus größten Gefallen an harmlosen Gags, wie das Changieren mit Silbertalern und Kartenkunststücken gefunden. Großen Beifall fand auch eine andere Darbietung Boscos, in der er durch einen Gewährsmann aus dem Publikum mit besonders präparierten Kugeln auf sich schießen ließ und dabei vorgab, diese aus der Luft aufzufangen.
Die naive Freude des Publikums an gespenstischen und geisterhaften Vorkommnissen nutzte ein Verfahren, die Gesichter der Anwesenden wie Totenköpfe aussehen zu lassen: Eine Schüssel wurde mit Branntwein gefüllt, Salz und eventuell Schwefelpulver wurden hineingemischt, ein Docht aus Flachs in die Mixtur getaucht und angezündet. Diese Vorliebe für Geistererscheinungen machten sich viele reisende Artisten zunutze; die meisten Illusionisten boten in ihrem Programm magische und physikalische Experimente: Beinamen wie "Professor der erheiternden Physik" oder "Professor der ergötzenden Physik" wiesen das Publikum auf die zu erwartenden Genüsse hin. Geradezu berühmt waren die "Geistererscheinungen" des Leipziger Kaffeehausbesitzers Georg Schröpfer, der Bilder auf Rauchwolken projizierte und damit die Erscheinung Verstorbener vortäuschte. Die makabre Ausstattung des dafür eingerichteten Raumes, erschreckende Geräusche und leichtes Elektrisieren der Zuschauer mittels einer Elektrisiermaschine erhöhten die Wirkung der Vorstellung beträchtlich.

Im 18. und 19. Jahrhundert gab es unter den Magiern viele, die sich den Ansprüchen des Publikums anpaßten und neben Zaubertricks physikalische Nummern ins Programm nahmen. Der Beruf eines "Physikus" ist also von dem eines "Eskamoteurs" der damaligen Zeit nicht

Phylidors natürliche Geistererscheinungen.

Heute Mitwoch den 13. April 1791. wird der
Physikus Phylidor
die Ehre haben unter anderen vielen auffallenden und sehr unterhaltenden Experimenten,
auch die mit so lauten Beyfall aufgenommene

Schröpferische Geister Erscheinung

zu produzieren, und lebt der zuversichtlichsten Hofnung, daß diese so lebhafte und täuschende Darstellung die Erwartung seiner unschätzbaren Zuschauer gänzlich übertreffen wird.

Um den Beweis seiner unbegränzten Hochachtung und Dankbarkeit für den bisherigen ungetheilten Beyfall mit welchen er von den edeln Bewohnern Wiens theilhaft wurde, thätig an Tag zu legen, wird auch er diese Woche hindurch in seinem physikalischen Kabinet diese so lebhafte und täuschende Schröpferische Erscheinung inzwischen die bereits allhier bewürkten sogenannten Geister Erscheinungen zeigen, in der Hofnung, daß Kenner und Liebhaber seinen Bemühungen werden Gerechtigkeit widerfahren lassen, und sich dadurch gänzlich überzeigen, wie manche Menschen vor einiger Zeit auf die betrüglichste Art getäuscht worden sind.

In jeder Vorstellung wird er sich besonders angelegen seyn lassen, durch die mannigfaltige und täuschende Ausführung der neuesten Experimenten die Erwartung der unschätzbaren Zuschauer zu übertreffen. Non verbis, sed operibus, probantur artes.

Die Eintrittspreise sind im ersten Rang . . . . 40 kr.
Im zweyten . . . . 20 kr.
Für einen abgesonderten Platz aber, der besonders in voraus bestellt und gesperrt werden kann, zahlt die Person . . . . 1 fl.

Der Schauplatz oder das Kabinet ist im kleinen Lopreßtischen Hause am Kärntnerthor über dem Kaffeehause Nro. 1190. von der Bastey hinein, allwo auch die gesperrten Plätze und Eintrittbillets vor jede Vorstellung abzulangen und die Privatvorstellungen täglich zu machen sind.

Der Anfang ist pracise um 7 Uhr und dauert 1½ Stunde.

1.1
Plakat für eine Vorstellung des "Physikus" Phylidor, 1791

unbedingt zu trennen.
Der reisende Physikus Phylidor, der sich im März 1790 bis April 1791 in Wien aufhielt, betonte immer wieder, er sei lediglich bestrebt, das Publikum vor Betrug zu schützen und durch seine Illusionen zur Aufklärung und Belehrung beizutragen, doch konnten sich die meisten Zuschauer seine Tricks nicht erklären. Phylidor hatte anscheinend die Gabe, nicht nur naive Zuschauer in einen angenehmen Gruselzustand zu versetzen, er fesselte auch kritische Besucher durch seine technischen Kenntnisse und durch die dadurch zustande kommenden verblüffenden Illusionen.

Im Mai 1825 kam Conus, Magier und Professor für erheiternde Physik aus Paris, nach Wien und gab hier im landständischen Saal unter dem Titel "Unterhaltendes physikalisches Cabinet" optische und physikalische Vorstellungen. Dieses topographisch-mechanische und physikalisch-optische Kunstkabinett bot neben "einer Art Panoramen" physikalische Experimente, Zauberkunststücke und "mahlerisch-mechanisches Theater". Perspektivische Zeichnung, effektvolle Beleuchtung, amphitheatralische Anordnung mit Seitenwänden und Versatzstücken sowie die bewegliche Staffage halfen mit, den Eindruck eines Großpanoramas zu erwecken. Trotzdem gefielen den Wienern Conus' magische Tricks am besten, besonders die Kartenkunststücke, weiters sein Kugelspiel und das Changieren mit Silbertalern. Der fast ein halbes Jahrhundert später von dem berühmten Wiener Magier Döbler in unbegreiflicher Perfektion vorgeführte Trick "Eskamotieren eines Eis in einen Menschen" gehörte ebenfalls zu seinem Programm. Der Künstler gab auch Privatunterricht.
Der bekannte Wiener Magier Ludwig Döbler unterhielt sein Publikum ebenfalls nicht nur mit unbegreiflichen Zauberkunststücken, er zeigte, dem Geschmack der Zeit entsprechend, auch Nebelbilder und, 1847, Illusionen mit dem Phantaskop, einem echten Vorläufer des Filmes, übrigens eine Erfindung des Wiener Artillerieoffiziers Franz Freiherr v. Uchatius, Lehrer der Physik im Bombardierkorps. Dieser Apparat verband das Prinzip der Laterna magica mit dem des Stroboskops oder Lebensrades, 1832 erfunden von Simon Stampfer, Professor am Wiener Polytechnikum.
Trotz dieser Zugeständnisse an die Technik wurde Döbler durch seine Illusionen unsterblich: Das Anzünden hunderter Kerzen durch einen Pistolenschuß und die zur Legende gewordene Nummer "Floras Blumenspende", wobei unter dem Motto "Noch ein Sträußchen!" den Damen aus einem scheinbar unerschöpflichen Vorrat Blumen überreicht wurden. Wie viele spektakuläre Tricks wurde diese Nummer auch von anderen Taschenspielern, z. B. dem Wiener Ignaz Umlauf, gezeigt.

Einen wichtigen Platz im Rahmen der "Spiele aus der Gaukeltasche" nahmen die Zahlenrätsel ein. Hier gibt es mehrere Verfahren, eines der einfacheren ist folgendes: Jemand besitzt eine bestimmte Anzahl von Geldstücken: der Taschenspieler läßt ihn deren Anzahl mit drei multiplizieren, dann durch zwei dividieren (falls das nicht ohne Bruch gehen sollte, muß man vorher eins dazuzählen, es aber dem Künstler mitteilen). Schließlich wird noch einmal mit drei multipliziert und durch neun dividiert. Der Kandidat sagt nun dem Magier wie oft neun enthalten war, dieser verdoppelt diese Zahl (falls einmal eins dazugezählt worden war, zählt er nun ebenfalls eins dazu) und hat die Anzahl der Geldstücke. Zum Beispiel hat jemand sieben Geldstücke:
$7 \times 3 = 21 (+1) : 2 = 11 \times 3 = 33 : 9 = 3.\ 3 \times 2 = 6 + 1 = 7$
Oder: Ein Freund denkt sich eine Zahl, z. B. 16. Die Zahl

wird verdoppelt (=32), eine vom Eskamoteur genannte beliebige Zahl, z. B. 12, addiert (=44), dann halbiert man (=22) und zieht die zuerst gedachte Zahl ab (=6). Diese Zahl ist nun genau die Hälfte jener, die der Taschenspieler vorhin genannt hatte.

Eines der hübschesten Stücke aber war sicherlich die Verwandlung von weißen Rosen in rote und umgekehrt. Der Wiener Zauberkünstler Hofzinser wurde mit dieser Nummer sehr bewundert; laut Anleitung der Zauberbücher mußte man nur eine rote Rose über Schwefeldampf halten, dann wurde sie weiß. Eine weiße Rose hingegen wurde rot, wenn sie mit Salmiakdampf in Berührung kam. Hofzinser gilt übrigens als einer der besten Vertreter der Kartenkunststücke überhaupt.
Der hochgebildete Beamte – er war Doktor der Philosophie – befaßte sich zur Entspannung mit Magie, die er fast fanatisch betrieb. Da er Beamter war, mußte seine Frau einen Salon eröffnen, wo Vorstellungen unter dem Titel "Eine Stunde der Täuschung" gegeben wurden. Damals feierte er mit dem handverlesenen, niveauvollen Publikum seine größten Triumphe. Der Rückschritt begann, als der 58-jährige den Dienst quittierte und sich ganz der Zauberei widmete. Dies war für ihn offenbar ein falscher Weg, die rauschenden Erfolge blieben aus, der finanzielle Ruin ging mit dem beruflichen Mißerfolg Hand in Hand. Er starb schließlich verbittert, und seine Frau mußte nach seiner Anordnung all seine Apparate und Notizen vernichten. Trotzdem konnte Ottokar Fischer ein Buch über die berühmten Kartenkunststücke veröffentlichen, und die Erinnerung an seine Soireen, in der Zuschauer aus den besten Gesellschaftsschichten die Zaubertricks Hofzinsers enthusiastisch feierten, lebte weiter fort.
Sein Berufskollege Ludwig Döbler war in seiner Karriere glücklicher. Rasch bekannt und beliebt werdend, erwarb er sich auf seinen ausgedehnten Auslandsgastspielen neben einem ansehnlichen Vermögen hohe Auszeichnungen. Von Friedrich Wilhelm III. erhielt er den Titel eines Hofkünstlers, der Papst verlieh ihm den Orden vom Goldenen Sporn. In Wien feierte ihn sein begeistertes Publikum, das er nie enttäuschte, und machte seine Glanznummer "Noch ein Sträußchen ..." zum geflügelten Wort.

Vorstellungen der Zauberei und Magie waren auch im 19. Jahrhundert die illusionistischen Ereignisse schlechthin. Oft wurden sie mit der Vorführung physikalischer Phänomene, mit mechanisch-optischen Schaustellungen oder mit den überaus beliebten Produktionen von Geistererscheinungen kombiniert.

1.2

1.1

"Phylidors natürliche Geistererscheinung", Plakat, 1791

Druck, 44 x 35,8

WStLB, Sign. D 64.522

"Heute Mitwoch den 13. April 1791. wird der Physikus Phylidor die Ehre haben unter anderen vielen auffallenden und sehr unterhaltenden Experimenten, auch die mit so lauten Beyfall aufgenommene Schröpferische Geister Erscheinung zu produzieren, [...] in der Hofnung, daß Kenner und Liebhaber seinen Bemühungen werden Gerechtigkeit widerfahren lassen, und sich dadurch gänzlich überzeigen, wie manche Menschen vor einiger Zeit auf betrüglichste Art getäuscht worden sind."

Abbildung im Textteil

1.2

"Magisches Theater im Musik-Vereinssaale unter den Tuchlauben", Plakat, um 1800

J. B. Wallishauser

Druck, 38,1 x 23,3

Bez. li. u.: "Druck von J.B. Wallishausser."

WStLB, Sign. D 64.522

"Grosse fantastische Soirée des Professors Levieux Galeuchet, genannt der Zauberer aus der Levante. [...] Programm: Improvisation von Kaffe, Milch und Zucker, die kabalistische Wäscherin, das magische Paraplui, Kanonenkugeln, Spielballen und Kristallkugeln, das zerrissene Kaninchen oder die lebendige Multiplikation, die Uhr und der unsichtbare Kurier, die Teufelsküche, die chinesischen Ringe, die Hellseherei oder der Somnambule, die Stockuhr in der Luft, der magische Koffer oder das unschädliche Feuer, die elektrischen Erschütterungen, die Zeichenmappe oder die vier Elemente."

1.3

"Geistererscheinung und künstlicher Hexentanz, nebst einer neuen Schattenmaschine", Plakat, um 1800

Druck, 34,2 x 22

WStLB, Sign. D 64.522

"Eine ungewöhnliche Finsternis die in dem ganzen Gemache verbreitet ist, wird plötzlich durch diese künstliche Erscheinung unterbrochen. Die Deutlichkeit und Reinigkeit der Farben, die man in diesen Vorstellungen entdeckt: ist für das Aug ein sehr angenehmes Blendwerk. Diese Ilusionen wechseln immer mit Schattenvorstellungen ab, die sowohl in Ansehung der Zeichnung der Figuren, als auch der Dekorationen sich auszeichnen werden."

1.4

1.6

1.4

"Ignaz Umlauf [...] Kunst-Vorstellung aus dem Gebiethe der scheinbaren Zauberey", Plakat, um 1800

Druck, 44,2 x 26,7

WStLB, Sign. D 64 522

"Program: 1. Die bezauberte Frucht, ein Experiment der Botanik. 2. Der Ring auf Reisen, oder: Die magnetischen Kupfer. 3. Die magischen Kästchen, oder: Der Wunderstein. 4. Präsentirt der Künstler die Gedanken eines jeden Zuschauers in allen Sprachen, [...]"

1.5

"Theatre Pittoresque und unterhaltendes physikalisches Cabinett", Plakat, 1828

Druck, 37 x 22,3

WStLB, Sign. D 64.522

"Herr Conus aus Paris, Professor der Physik, Director und Eigenthümer des von Pierre erfundenen mechanisch-pitoresken Theaters, hat die Ehre, die sieben und siebzigste Vorstellung in einem eigens hierzu errichteten Gebäude, nähmlich auf der Bastey beym Roththurm-Thore, [...] zu geben. Dieselbe besteht aus der Escamotirung oder die Verwandlung eines Eyes in einen lebenden Menschen. Dann aus ganz neuen physikalischen Experimenten. Die pittoresken Stücke sind heute: 1. Die Hauptstadt Prag. 2. Die Insel Sanct-Helena. 3. Ein großer Wald."

1.6

Kratky-Baschik als Mundharmonikavirtuose, um 1865

Fotoreproduktion nach: Fotografie auf Karton, 9,3 x 5,8 (10,5 x 6,2)

Beschr. u. (eigenhändig): "Kratky-Baschik", auf der Rückseite: "K. Baschik, der Inhaber des einstenss sehr bekannten Zaubertheaters im Prater [...]", sowie (eigenhändig): "Zur freundlichen Erinnerung an Kratky=Baschik gewidmet seinem Freunde Louis v. Selar. / Panesova den 7/6. 65."

HM, Inv. Nr. 172.482

Anton Kratky, vermutlich 1810 in der Nähe von Pilsen geboren, trat in jungen Jahren in ganz Europa als Mundharmonikavirtuose auf. In den fünfziger Jahren von einem Zauberkünstler engagiert, entwickelte er aus dem dabei erlernten Können ein aus Zauberkunststücken, Musiknummern und physikalischen Experimenten zusammengestelltes Programm, mit dem er unter dem Namen Professor Kratky-Baschik unter großem Beifall in vielen europäischen Städten gastierte. Seine Darbietungen in den Leopoldstädter Sperl-Sälen, im Dianasaal und im Rudolfsheimer Varieté-Theater begeisterten das Wiener Publikum, sodaß er sich hier zunächst auf der Feuerwerkswiese im Prater, später am Parkring, dann in der Ausstellungsstraße fixe Auftrittsstätten einrichtete. 1874 gestaltete er ein Pratergebäude zu einem großen Zaubertheater um, in dem er neben seinem eigenen Programm internationale Stars der Magie präsentierte und das er bis zu seinem Tod 1889 leitete.

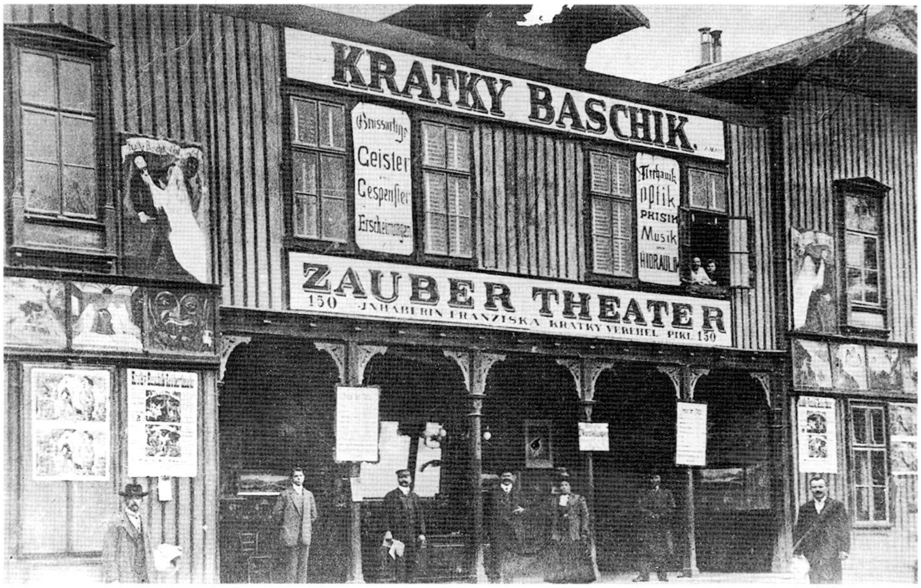

1.7

Theater für Zauberei

des Professor

Kratky-Baschik,

Parkring, verlängerte Johannesgasse Nr. 22, gegenüber der Auffahrt des Cursalons.

Täglich, Abends 7 Uhr:

GROSSE VORSTELLUNG

auf dem Gebiete der Magie, Physik, Electricität und Musik, nebst grossartigen Geister- und Gespenster-Erscheinungen.

I. Abtheilung.

Zauber-Produktionen.

Wunder der Elektricität.

Concert-Vorträge auf der Phis-Harmonika.

Darstellung der sichtbaren Elektricität oder der Geisler'schen Röhren, vermittelst des Rhumkorf'schen Riesen-Apparates.

II. Abtheilung.

Großartige Geister- und Gespenster-Erscheinungen.

Zauber-Pantomimen mit Tableaux und Feuerwerk.

Geister, Kobolde, Hexen, Gnomen und Feen.

An Sonntagen zwei Vorstellungen: Anfang der ersten Vorstellung um 4 Uhr Nachmittags, und der zweiten um 7 Uhr Abends.

Extra-Vorstellungen für höhere Lehranstalten und Institute werden durch die betreffenden Vorstände besonders bekannt gegeben.

Jedwede Aenderung wird durch das Fremdenblatt zur Kenntniß des P. T. Publikums gegeben.

Preise der Plätze: Ein Cerclesitz 1 fl. 50 kr., Sperrsitz 1 fl., Parterresitz 60 kr., Galleriesitz 40 kr., Parterre 50 kr., Gallerie 20 kr.

Kinder unter 12 Jahren zahlen auf allen Sitzplätzen und im Parterre die Hälfte.

Billete zu den Sitzen sind am Tage zu haben: in der Tabak-Trafik, Herrengasse Nr. 6, Liechtenstein'sche Palais; im Foyer des Zauber-Theaters und Abends an der Cassa.

Die Vorstellungen finden nicht wie bisher im Gartenbausaale, sondern in dem eigens errichteten Zauber-Theater vis-à-vis der Auffahrt des Cursalons statt.

1.8

1.7

Das Zaubertheater Kratky-Baschiks im Prater, um 1880

Fotoreproduktion nach: Postkarte, 8,9 x 13,9

HM, Inv. Nr. 172.481

1.8

Werbeblatt für das Zaubertheater Kratky-Baschiks, um 1868

Druck (beidseitig) mit Xylographie, 25,6 x 20,4

Bez. auf der Rückseite, re. u.: "Druck v. Hirschfeld, Leopoldstadt, Czerningasse Nr. 10. - Z. R. St. G."

HM, Sammlung Pemmer Nr. 16/150/22

"I. Abtheilung. Zauber-Produktionen. Wunder der Electricität. Concert-Vorträge auf der Phis-Harmonika. Darstellung der sichtbaren Elektricität oder der Geisler'schen Röhren, vermittelst des Rhumkorf'schen Apparates. II. Abtheilung. Großartige Geister- und Gespenster-Erscheinungen. Zauber-Pantomimen mit Tableaux und Feuerwerk. Geister, Kobolde, Hexen, Gnomen und Feen."

1.9

Auftritt Kratky-Baschiks mit zwei "Geistererscheinungen", um 1880

Fotoreproduktion

HM, Inv. Nr. 172 925

Im vielfältigen Programmangebot Kratky-Baschiks waren seine "Geistererscheinungen" besonders publikumswirksam. Mittels Hohlspiegel, einfacher Theatermaschinen, Laterna magica und großer Glasplatten hervorgerufen, verfehlten sie ihre Wirkung auch vor dem kritisch gewordenen Publikum des 19. Jahrhunderts, das die Täuschung natürlich durchschaute, nicht. In der dargestellten Szene, vermutlich aus der Zauber-Pantomime "Das Lebensende eines Trinkers", ist neben Kratky-Baschik sein Neffe und Nachfolger Matthias Kratky zu sehen.

Abbildung am Kapitelanfang

1.10

"Geistererscheinungen", um 1850

Verlag Trentsensky

Kolorierte Lithographie, 21,3 x 36,2

Beschr.: "Theater Costumes No 134"

Wien, Österreichisches TheaterMuseum, Inv. Nr. GTG4, I.N.282.074

1.11

Programmzettel des Zaubertheaters Kratky-Baschiks mit der Ankündigung eines Gastspiels von O. F. Marteau (Ottokar Fischer), um 1880/90

Druck, 29,7 x 23,2

HM, Sammlung Pemmer Nr. 16/150/11

"Zum Schlusse einer jeden Vorstellung die Original-Geister- und Gespenster-Erscheinungen. Schluss-Tableau: Die 3fache Riesen-Wunder-Fontainé in wunderbarem Farbenschmuck und electrischen Lichtèffecten."

1.12

"Grosse magisch-physikalische Vorstellung des Directors H. Mellini" Plakat um 1880/90

J. Weiner

Druck, 56,7 x 17,5

Bez. u.: "Verlag von H. Mellini.- Druck von J. Weiner, [...]"

WStLB, Sign. D 64.522

1.13

Plakat des Zauberkünstlers Franz Hugos, um 1900

Chromolithographie, 68 x 48

Wien, Erstes Wiener Zaubertheater

Schaurige Zaubertricks, wie diese als Höhepunkt einer Show angekündigte Köpfungsszene, hatten früher viele Zauberkünstler im Programm.

1.14

Schwebende Jungfrau
Plakat für Zauberkünstler, um 1915

Adolph Friedländer

Reproduktion, 68,3 x 45,8

Bez. li. u.: "Lith. Adolph Friedländer Hamburg"

Beschr. englisch, deutsch, französisch, finnisch: "In der Luft schwebende Dame. Ein Lagerplakat für Zauberkünstler, gedruckt in den 1910ern von Adolph Friedländer, Hamburg."

HM, Inv. Nr. 175.504

Abbildung im Farbteil

1.15

"Le coupeur des têtes"
Plakat des Zauberkünstlers Harold, 1940/50

Druck

Wien, Erstes Wiener Zaubertheater

1.16

Jakobsstab (Zauberstab), um 1800

Holz, gedrechselt, L: 35

Wien, Erstes Wiener Zaubertheater

Der sehr einfache Zauberstab dürfte von umherziehenden Gauklern verwendet worden sein.

1.17

Kartenstern, um 1880

Metall, H: 50, Dm. (Stellfläche): 18

Wien, Erstes Wiener Zaubertheater

Dieser um 1880 von einem Wiener Mechaniker gefertigte Kartenstern wurde mehrmals restauriert und verändert. Er war noch bis in die fünfziger Jahre des 20. Jahrhunderts bei einem Zauberkünstler in Verwendung.

1.18

Becherspiel, um 1880

Drei Becher aus Blech mit Messingverzierungen, H: 14, Korkbälle und Zauberstab

Wien, Erstes Wiener Zaubertheater

1.19

Bauchrednerkopf, vor 1900

Firma "Zauberklingl"

Rohling ohne Haare und Farbe auf Ständer, H: 40

Wien, Erstes Wiener Zaubertheater

Die bekannte Wiener Zaubergerätehandlung Zauberklingl produzierte nur zwei bis drei Prototypen dieses Bauchrednerkopfes.

1.20

Spiel- und Zauberkarten, um 1900

Druck

Drei Pakete

Wien, Dr. Kurt Zerzawy

Sehr viele solcher Kartensätze mit diagonal gedruckten Karten für kleine Zauberkunststücke fand man auch in den Zauberkästen des 19. Jahrhunderts.

1.21

Kugelstativ, um 1900

Messing, vernickelt, H: 44

Wien, Erstes Wiener Zaubertheater

Das Kugelstativ diente zum Fang von Kugeln aus der Luft.

1.22

Tintenpokal, um 1930

Messing, vernickelt, Glas, Stoff, Mechanik im Fußteil, H: 24

Wien, Erstes Wiener Zaubertheater

Bei diesem Tintenpokal verwandelt sich die Tinte in Wasser, in dem zwei Goldfische schwimmen.

1.23

Erscheinungspagode, um 1930

Holz, H: 40, B: 59, T: 19

Wien, Erstes Wiener Zaubertheater

Diese vermutlich von Okito gefertigte Pagode stammt aus dem Besitz von Charly Eperny. Dieser präsentierte sie auf einem alten Zaubertisch aus Holz. In der Pagode befindet sich eine kleine Drehbühne, die Gegenstände erscheinen bzw. verschwinden läßt.

1.24

Zauberkasten, Mitte des 19. Jahrhunderts

Originalkassette aus Karton und Holz, mit aufgeklebter kolorierter Kreidelithographie und zwölf Zaubergeräten aus gelblackiertem Holz, Eisen, Stoff, Karton und Papier, B: 40,8, T: 22,5, H: 9,3

Beschr. li. u. deutsch, englisch, französisch: "Der Zauberer"

HM, Inv. Nr. 110.393/1-13

Abbildung im Farbteil

1.25

Zauberkasten (unvollständig), Ende des 19. Jahrhunderts

Originalkassette aus Holz mit Messingbeschlägen und vier Zauber- und Scherzartikeln aus Stoff und Blech,

B: 16,1, T: 10,5, H: 6,7

HM, Inv. Nr. 108.664

Praterillusionen

2.1.1.
"Dame ohne Unterleib", um 1890
Aus der Sicht des Zuschauers

2.1.2.
"Dame ohne Unterleib", um 1890
Hinter dem Vorhang

Elke Doppler

"IM REICHE DES WUNDERBAREN" - PRATERILLUSIONEN

"Im Reiche des Wunderbaren" nannte sich die 1873 eröffnete Praterhütte Nr. 74. Die Schießhütte mit Schaustellungsbetrieb zeigte unter anderem ein Flohtheater, die "lebend schwebende Braut", die "Dame ohne Unterleib", den durchlöcherten Menschen, ein Marionettentheater, Panoramen, Nebelbilder, dressierte Hunde, Katzen und Ziegen und die Figur "Goldspinne".[1]
Die Vorführungen entsprachen dem Programm anderer charakteristischer Praterbuden dieser Art. Auf der Bühne vor den beiden Pratergasthäusern "Zum guten Hirten" und "Zu den drei Mohren" wurden zwischen 1850 und 1873 unter anderem folgende Schaustellungen gezeigt: "Jonigkeits Panorama, mechanisches Theater und Wurstel, Bräuers Nebelbilder, Hengges Panorama, die Neuseeländerfamilie, die Eskamoteure Wenzel Müller und Johann Titzler und Horowitz' Schaubude mit Mißgeburten."[2]
In Karl Pretschers Schaugeschäft gab es ab 1884 "'mechanisch-optische Tableaux', Riesenkinder, ein Flohtheater, die optische Darstellung Magnetta, die verhexte Kutsche, das verhexte Zimmer, die Illusion 'Entstehung des Weibes aus dem Nichts', den Ausbrecherkönig Tom Jack, den Hellseher Schäfer-Cumberland (Direktor Karl Juhasz), den Kettensprenger Rasso und die tätowierten Mädchen Alwanda und Creola" zu sehen.[3]
In Braccos "Mechanischem Museum" konnte das Publikum ab 1873 unter anderem eine Schlagkraft- und Elektrisiermaschine, ein Kunst- und Wachsfigurenkabinett, eine Briefschreibmaschine, die Zwillinge Tocci, Nebelbilder, die Mnemotechnikerin Selma Kreuzberg und Taucherproduktionen bewundern.[4] Und die Apollo-Schau verblüffte ab 1873 mit folgenden Darbietungen: Wachsfiguren, ein "Kunstkabinett mit Präsentenverteilung", eine optische Täuschung, die "Dreiköpfige Dame", mechanisch bewegliche Kunstwerke, der Taucher Johann Köck, das mechanisch-elektrische Bett, der Riese Willi Wood, Bernhards Hunde- und Affentheater, das Riesenkind Luise Opitz. [5]
Das verbindende Element dieses heterogenen Programmangebots erschließt sich aus der Funktion des Ortes: Die Schaubuden dienten zur Befriedigung der Schaulust. Optisch-illusionistische Darbietungen, Tricks und Zaubereien hatten dabei einen wesentlichen Platz inne. Der Schaulust entsprachen aber auch die Vorführungen nicht der Norm entsprechender Menschen oder Tiere - die sogenannten Abnormitäten - , oder das Zeigen von Vertretern unbekannter "exotischer" Völker, Artisten, Athleten oder neuartiger Maschinen. Das Publikum wollte überrascht, erstaunt und begeistert werden und es war begierig, Ungewohntes, Unerklärliches, Sensationelles und Fremdes zu sehen. "Illusionen und Abnormitäten" nannte deshalb Markus Feld seine 1913 neu eingerichtete Schaubude im Wiener Wurstelprater.[6]
Dazu abschließend noch ein Beispiel, das gleichzeitig einen wesentlichen Unterschied verdeutlicht: Besonders beliebt war gegen Ende des 19. Jahrhunderts die sogenannte "Dame ohne Unterleib". Mit Hilfe eines illusionistischen Tricks konnte das Publikum nur ihren scheinbar auf einem Trapez balancierenden Rumpf sehen. Ebenso großen Erfolg hatte auch der Rumpfmensch Nikolai Kobelkoff, der tatsächlich keine Arme und Beine hatte. Überwog im ersten Fall wohl das "harmlose" Vergnügen an der gelungenen optischen Illusion, sprach Kobelkoff auch Sensationslust und Voyeurismus an.

Die Schaubuden des Wurstelpraters waren bedeutende Schauplätze optischer Illusion. Wie die oben zitierten Programme zeigen, war die Vielfalt der Methoden der Täuschung groß. Man zeigte einfache optische Tricks -

2.4
Schaubude "Im Reiche des Wunderbaren"

wie die erwähnte "Dame ohne Unterleib", deren für das Publikum sichtbarer Oberkörper durch ein Loch in der Wand von dem vor den Zuschauern verborgenen Unterkörper hinter der Wand getrennt wurde, oder den Flohzirkus.
Weiters gab es mit Hilfe optischer Geräte oder Tricks vorgeführte Zaubereien, wie etwa die mit der Laterna magica erzeugten Nebelbilder, "Die Entstehung des Weibes aus dem Nichts" oder "Die schwebende Jungfrau". [7] Die Hütte "k.k. Prater Nr. 34" von Carl Schaaf zeigte 1889 "Daphne die Tochter des Gottes der Ströme in dem Moment dargestellt, wie sie von Apollo verfolgt, ihren Vater um Hilfe bittet und von diesem in einen Lorbeerbaum verwandelt wird." und versicherte dem Publikum: "Der Effect dieses Schaustücks ist derart überraschend, dass es das Beste in diesem Genre genannt werden kann." Im "Transformations-Theater" sah man zwischen 1901 und 1903 Illusionen wie: "Das Verschwinden einer Person auf offener Bühne vor den Augen des Publikums."
Als besondere Attraktionen galten schließlich die Vorführungen aktueller optisch-illusionistischer Erfindungen wie Panoramen, Dioramen und Stereoskopautomaten. Als "Zusammenfassung" des Programmangebots sei nochmals der vollständige Fassadentext der Praterhütte Nr. 74 zitiert: "Im Reiche des Wunderbaren. Optisches Theater. Erscheinungen aus dem Olymp. Das Neueste der Weltereignisse."

Natürlich beschränkten sich die Phänomene der Illusion nicht auf die Schaustellungen des Volkspraters. Deshalb soll nun auf weitere Phänomene der Sinnestäuschung eingegangen werden.
Wachsfigurenkabinette waren im Prater sehr beliebt und hatten sich dort schon früh etabliert. Bereits 1827 besaß ein Freiherr von Dubsky ein solches Kabinett. Um 1850 gab es ein Panopticum mit aus Gips gefertigten Figuren. Das berühmteste Wachsfigurenkabinett war jenes von Hermann Präuscher, der sich 1871 mit seiner ca. 2.000 Exponate umfassenden Sammlung im Prater niederließ.[8] Sein Panopticum bot eine bunte Vielfalt von Sehenswürdigkeiten und auch Kuriositäten: berühmte Männer, Schwerverbrecher, Alltagsszenen, mythologische Figuren, Märchenszenarios. Dazu ein kurzer Auszug aus der Begleitbroschüre: "29: Ein Indianerhäuptling, 30: Tintoretto, 31: Die Schrecken Sibiriens. Eine Szene aus den Bergwerken Sibiriens, 32: "Herrgott, noch zwei Stunden!" (Ein fettleibiger Tourist auf Bergtour), 33: Alter schützt vor Torheit nicht! (Mechanisches Kunstwerk, höchst komisch!), 34: Theodor Körner, 35: Die Wahrsagerin, 36: Schneewittchen, 37: "Der kranke Dackel", 38: "Schutzengel", 39: Cora Pearl, berüchtigte Kurtisane des zweiten französischen Kaiserreiches."[9]
Der illusionistische Charakter der Wachsfigurenkabinette liegt in deren Versuch der Vortäuschung von Wirklichkeit durch perfekte Naturnachahmung. Durch das Streben nach größtmöglicher Wirklichkeitsnähe wird ein hoher Grad an optischer Realität erreicht. Diese Annäherung an die Wirklichkeit und das Vermögen, diese erreichen zu können, faszinierte die Betrachter. Darüberhinaus ermöglichte das Panopticum das aufregende Gefühl des hautnahen Erlebens von Berühmten und Verbrechern, von großer weiter Welt und von längst Vergangenem. Und es war natürlich auch Ort der Belehrung und Information.

Eine andere Gruppe von Illusionen, die ich "Erlebnis-illusionen" nenne, beschränkte sich nicht darauf, dem Betrachter eine perfekte optische Täuschung vor Auge zu führen, sondern ließ das Publikum eine inszenierte

2.11
"Gruß vom Eismeer" aus dem Wiener Prater

Illusion miterleben. Mit optischen Hilfsmitteln bzw. gekonnten Arrangements wurde die Existenz einer anderen Wirklichkeit suggeriert, in die die Besucher versetzt werden sollten. Das Publikum, das um die Täuschung wußte, ließ sich gern auf die Erlebnisse ein, war fasziniert vom Getäuscht-Werden und honorierte die illusionistische Überzeugungskraft des Gebotenen.

1897 und 98 zeigte Karl Hagenbeck im Vivarium seine Schau: "Das Eismeer und seine Thierwelt", bei der Eisbären, Seelöwen, Seehunde, ein Walroß und Seevögel vor der großartigen Kulisse eines Eismeer-Panoramas präsentiert wurden. Der Führer betont die Naturtreue und den hohen Täuschungseffekt: "Das Eismeer und seine Thierwelt steht vor den Blicken des Beschauers. Packeisflächen, Eisberge, ein riesiger Eisbogen, dazwischen offene Wasserlöcher bilden ein hochnordisches Landschaftsbild von so überraschender Treue, dass man beim ersten Blick ganz darauf vergisst, dass man eine Imitation, eine Kunstdarstellung vor sich hat und sich wirklich in eine arctische Gegend versetzt wähnt."[10] Das Spiel mit der scheinbaren Realität ging so weit, daß man Ansichtskarten vom Eismeer schicken konnte, um den Grad der Identifikation noch zu verstärken.

In "Josef S.M. Herzog's Etablissement für Jagd- und Scheibenschiessen" verhalf ein Jagddiorama zur Illusion eines naturgetreuen Jagderlebnisses.[11] Der Besitzer lobt die Bewegung seiner Tiere "in passender Dekoration und natürlichem Sturz beim Treffer" und versichert: "[...] und bietet einzig diese Anlage die Reize der natürlichen Jagd." Felix Salten entwirft in seinen Streifzügen durch den Wurstelprater das Bild eines typischen Praterschützen und interpretiert die Sehnsucht nach einer anderen Welt sozialkritisch: Der Wurstelprater als Ort, der das Volk mittels Surrogaten mit den ihm auferlegten Beschränkungen versöhnt:
"Hierher kommen die anderen, die nur auf Bildern eine Jagd gesehen, die vom "edlen Waidwerk" nur lesen, die nur träumen können von "Hochwild" und von "Beute", von "Waidmannsheil" und "Halali". Diese Buden sind ihr Revier. Da nehmen sie das Gewehr zur Hand und zielen nach Hirschen aus Pappendeckel, nach Adlern aus Blech, nach Bären aus Holz, sind Jäger für kurze Minuten, haben Glück oder Pech und freuen sich, daß sie es auch könnten, wenn's ihnen nur beschieden wäre. Sie sind stolz auf ihre Talente und lächeln versöhnt über die Glücklichen, die draußen im Forst mit Pulver und Blei knallen dürfen."[12]
Bei den letztgenannten Beispielen ließen Dioramen und Panoramen vor den Augen des Betrachters die perfekt nachgeahmte Natur entstehen. Der Besucher begab sich nicht tatsächlich in diese neue Wirklichkeit, sondern das Gefühl, diese zu erleben, entsprang wesentlich der durch die optisch-illusionistischen Mittel angeregten Phantasie. Der Grad der Wirklichkeitsnähe war für das Funktionieren dieses Effektes entscheidend.

In der "Märchenstadt Liliput", die 1910 - und später noch 1934, 1935 und 1937 - im Areal von "Venedig in Wien" errichtet wurde[13], strebte man nicht Wirklichkeitstreue, sondern die Illusion einer Märchenstadt an. Nach dem Vorbild eines ähnlichen Projektes im Bois de Boulogne bei Paris errichtete man ein Städtchen, das von Liliputanern bewohnt war. "Aber während dort die Idee nur durch ihre Eigenart wirken musste, tritt hier noch die schaffende Hand des Künstlers hinzu, der das Reale mit dem Zauber märchenhafter Schönheit verwebt."[14] Die Praterbesucher gingen durch das Miniaturstädtchen und ließen sich vom märchenhaften Reiz

"bezaubern". Der Führer durch die Stadt der Zwerge verspricht: "Nicht nur den Kleinen wird ein in "Liliput" fröhlich verbrachter Tag unvergesslich bleiben, auch die Erwachsenen werden mit einer Empfindung scheiden, als hätten sie einen Blick in eine andere bunte phantastische Welt getan!"[15]
In der Stadt der Zwerge erregte wiederum eine optische Illusion großes Aufsehen: Das "Alabastra-Theater", bei dem mit Hilfe eines Kinematographen kleine alabasterfarbene Figürchen in plastisch-täuschender Form auf die Bühne projiziert wurden. Das Begleitheft berichtet enthusiastisch: "Es handelt sich hier um eine ebenso reizvolle wie täuschende Illusion". "Es ist eine Darbietung entzückender Art, eine feenhafte optische Täuschung".[16] Und die "Neue Freie Presse" berichtet vom Alabastra-Theater, das "[...] Miniaturfiguren in plastisch greifbarer Form und überaus zierlichen Bewegungen tanzend und singend auf die Bühne zaubert, ein Anblick, der die volle Illusion des wirklichen Lebens und allgemeine Bewunderung hervorrief." [17]

Die Erfindung des Filmes - denn das Alabastratheater war nichts anderes als eine Kinovorführung - wurde von den Menschen ihrer illusionistischen Wirkung wegen bewundert. Illusion wieder im Sinne täuschend echter Mimesis, jedoch geht der Film durch seine Möglichkeiten, Bewegung zu zeigen, weit über die Nachahmung des schon Bestehenden hinaus. Er "erschafft" Lebendiges neu und erfüllt demiurgische Sehnsüchte des Menschen. Jedenfalls ist der Film ein Medium optischer Illusion, das durch seinen narrativen Charakter - der Film läßt Geschichten erleben - und durch die technische Weiterentwicklung des Mediums sehr schnell auch zur überzeugenden Erlebnisillusion wurde.
Im Prater wurden technische Neuerungen immer sehr schnell aufgegriffen und zum Vergnügen des Publikums spielerisch umgewandelt.[18] Die Methoden, Illusionen zu erzeugen, veränderten sich den Trends und dem Wissen der Zeit entsprechend. Sinhuber bezeichnet den Prater sogar als "Experimentierfeld technischer Neuerungen".[19]

1898 wurde mit der Grottenbahn "Zum Walfisch" die erste "elektrisch betriebene Grottenbahn Europas" eröffnet.[20] In kleinen Eisenbahnwagen fuhren die Besucher auf 600 Meter Schienenlänge an 18 verschieden ausgestatteten Grotten vorbei, die Märchenbilder, Naturereignisse, Opernszenerien und auch optische Illusionen zeigten. Das Programmheft preist die sogenannte "Verwandlungsgrotte" an: " Ein Wunderwerk mechanischer Kunst. Vor den Augen des erstaunten Zuschauers verwandelt sich ein blühendes Frühlingsbild in eine starre, eisige Winterlandschaft"[21]. Ein illusionistischer Trick, bei dem mit Hilfe einer Doppel-Laterna magica-Projektion ein fließender Übergang vom ersten zum zweiten Bild geschaffen wird, der vom Auge als allmähliche Verwandlung wahrgenommen wird. Vor der Grotte Nr. 15 erlebten die Besucher die "Eruption des Monte Pele".
Elias Canetti berichtet in seinem autobiographischen Werk "Die gerettete Zunge" von dem ungeheuren Eindruck, den ein ähnliches Schauspiel - das "Erdbeben von Messina" - auf ihn machte, als er mit seinem Kindermädchen Fanny und seinen kleineren Geschwistern die Grottenbahn besuchte: "In diesem Moment sprang ich hoch, Fanny, angesteckt von meiner Angst, hielt mich hinten fest: da donnerte es schrecklich, es wurde finster, ein fürchterliches Winseln und Pfeifen war zu hören, der Boden rüttelte, wir wurden geschüttelt, es donnerte wieder, es blitzte laut: alle Häuser von Messina standen hell in Flammen."[22] Erst als Canetti

später sah, daß der Prater nicht ebenfalls zerstört war und noch genauso existierte wie zuvor, konnte er sich wieder beruhigen.
Die Inszenierung der Naturkatastrophe in der dunklen Grotte hatte für das Kind so viel Überzeugungskraft, daß es nicht mehr zwischen Realität und Fiktion zu unterscheiden vermochte und glaubte, es hätte tatsächlich den Untergang Messinas miterlebt. Im Unterschied dazu ist die Illusion des Erlebens bei den Erwachsenen wohl ein spielerisches "So tun als ob", die Begeisterung für die Illusion um ihrer selbst willen, ein Getäuscht-werden-Wollen, wenngleich man die Täuschung entlarvt.
Ein späteres Beispiel einer ähnlichen Grottenbahninszenierung, das zeigt, wie schnell man im Prater auf Aktuelles reagierte, ist der fiktive Rotundenbrand in der Arlberggrotte. Nach sieben Fotografien eines Augenzeugen des Brandes rekonstruierte man den genauen Ablauf des Ereignisses. 70 Sekunden dauerten Brand und Einsturz der Rotunde, 10 Sekunden ihr "Wiederaufbau". Detailliert wird in einem Artikel von technischen Details der Vorführung berichtet, etwa von den Schwierigkeiten, natürlich wirkenden Rauch zu erzeugen, oder von der Methode, die Illusion echter Flammen vorzutäuschen: "Rote Stoffflammen werden von unten beleuchtet und mit einem Ventilator in Bewegung gesetzt."[23]
Genauso wie die Grotten- waren auch die Geisterbahnen zur Evokation schaurig-schöner Erlebnisse geeignet. Bei der 1933 von Kommerzialrat Joe Lesti, Kommerzialrat Kadermann und Hugo Pilz errichteten Geisterbahn sollte bereits die dekorierte Fassade auf das gruselige Geschehen dahinter hinweisen und das im gleichen Jahr entstandene "Geisterschloß" war als Spukschloß verkleidet.[24] Um die Jahrhundertwende hatte man allgemein damit begonnen, die Erlebniswelt im Inneren der Praterhütten auch auf die Außenarchitektur zu übertragen. Aufwendige Dekorationen ließen die Illusion schon an der Fassade beginnen. Das Steinsalzbergwerk "Wieliczka" etwa verbarg sich hinter dem naturgetreuen Abbild eines Bergwerksaufganges. Durch diese "Verkleidung" konnte die Überzeugungskraft des Unternehmens gesteigert, und das Erleben des Bergwerksbesuchs intensiviert werden.[25]

Zu Beginn des zwanzigsten Jahrhunderts reagierte man im Prater auch auf die wachsende Mobilität des Menschen und die damit verbundene Entwicklung neuer Verkehrsmittel. Eine neue Generation von Praterunternehmungen bot, mit vergleichsweise hohem technischem Aufwand arbeitend, das Erlebnis von Reisen, von Fahrten mit den verschiedensten Transportmitteln an.
So gab es zum Beispiel die "Raketenfahrt zum Mond". Anders als bei ihrem Vorbild, einer von Leo Kronau 1903 im New Yorker Vergnügungspark Coney Island errichteten Reise zum Mond im Luftballon, versuchte man hier die Illusion eines echten Raketenfluges hervorzurufen.[26] Beim Abflug blickten die Passagiere auf Wien herab, dann durchflogen sie eine Wetterfront und sahen den Mond herannahen, auf dem sie schließlich landeten.

Um die Jahrhundertwende konstruierte Karl Juhasz für das Etablissement der Familie Kern eine "Fahrt zum Meeresgrund". In der mit Schaufelrädern und Rauchfang als Dampfschiff dekorierten Hütte reiste man in einer Taucherglocke zum Meeresgrund hinab.[27] Auch von hier konnten, ähnlich wie beim erwähnten Vivarium und zahlreichen anderen Unternehmungen, originelle Kartengrüße verschickt werden. In dem 1928 in ein Hydrodrom vewandelten ehemaligen Phönixpalast mieteten sich die Besucher Elektroboote und durften "um wenig Geld die Wonnen des Motorbootbesitzers auskosten".[28]

Neben der Flug-, Boots- und Tauchillusion durfte auch das Erlebnis einer Zugsfahrt nicht fehlen. Der nach 1919 errichtete "Zentralbahnhof" bot drei verschiedene Reiserouten - Wien-Konstantinopel, Wien-Nizza oder Wien-Paris - an. Die Ausstattung der Hütte bestand unter anderem aus einer Bahnhofshalle mit wechselnden Lichtsignalen, einem künstlichen Schaffner, Sirenensignalen und rüttelnden Zugswaggons.[29] Pemmer erwähnt in seiner Beschreibung des Zentralbahnhofs neben dessen beabsichtigter lehrhafter Wirkung wiederum den Aspekt der "sozialen" Illusion: "Diese Bahnfahrt entsprang derselben Idee, der auch das Autodrom, das Luftschiffkarussell und ähnliche Veranstaltungen ihre Entstehung verdanken, und die bezweckt, sozial schlechtgestellten Schichten wenigstens im Spiel die Illusion des Autobesitzes, der Reise im Luftschiff oder im Luxuszug zu verschaffen, auf eine Viertelstunde über die Misere des armseligen Daseins hinwegzutäuschen." [30]

Die Ausschließlichkeit dieser Interpretation wird zwar der Komplexität verschiedenster Motivationen und Wunschvorstellungen der Praterbesucher nicht gerecht. Die Sehnsucht nach dem spielerischen "Über-den-Alltag-hinweggetäuscht-Werden" ist aber meines Erachtens neben der Schaulust, der Begeisterung für das Neue und Sensationelle und der Lust auf Unerklärliches und Magisches ein wesentlicher Faktor zur Erklärung der Freude an Illusion und Täuschung. Daß diese Freude existierte, beweist die Vielfalt illusionistischer Phänomene im Prater.

1 Hans Pemmer, Nini Lackner, Günter Düriegl, Ludwig Sackmauer: Der Prater. Von den Anfängen bis zur Gegenwart. Wien, München 1974, S.212
2 a.a.O., S.274
3 a.a.O., S.288
4 a.a.O., S.284
5 a.a.O., S.289
6 a.a.O., S.244
7 Zur Zauberei vgl. den Katalogbeitrag von G. Barth
8 Stichwort "Panopticum" In: Ursula Storch: Das Pratermuseum, Wien 1993, S.50
9 "Führer durch's Panopticum von H. Präuscher's Erben", Wien o. Jahr, S.6-8
10 "Führer durch das Vivarium und Eismeer-Panorama" (HM, Sammlung Pemmer Nr. 21/17/8), S.21
11 Diorama: plastisch wirkendes Schaubild, bei dem Gegenstände vor einem gemalten oder fotografierten Hintergrund aufgestellt sind und teilweise in diesen übergehen.
12 Felix Salten: Wurstelprater, Wien 1911, S.70
13 Zu "Venedig in Wien" vgl. den Katalogbeitrag von Ursula Storch
14 "Liliput. Die Stadt der Zwerge. Venedig in Wien. K.k.Prater " (HM, Inv. Nr. 174.331)
15 ebenda
16 ebenda
17 ebenda
18 Pemmer, Lackner: Der Prater. S.44
19 Bartel F. Sinhuber: Zu Besuch im alten Prater. Wien, München 1993, S.145
20 Pemmer, Lackner: Der Prater. S.232
21 "Pilz' Elektrische Grottenbahn 'Zum Walfisch'" (HM, Sammlung Pemmer Nr. 16/129/6)
22 Zitiert nach: Bartel F. Sinhuber: Zu Besuch im alten Prater. S.148
23 "Im Prater steht wieder die Rotunde" in: Neues Prater Journal, 4.6.1938 (HM, Sammlung Pemmer Nr.16/84/13)
24 Pemmer, Lackner: Der Prater. S.291, S.213
25 a.a.O., S.277
26 a.a.O., S.274
27 a.a.O., S.276
28 a.a.O., S.242
29 a.a.O., S.213
30 ebenda

Der Wurstelprater entwickelte sich im Lauf des 19. Jahrhunderts zu einem regelrechten Sammelpunkt der verschiedensten illusionistischen Unterhaltungen - und ist es heute noch. Hier war man von Anfang an darauf spezialisiert, Sensationsgier und Illusionsbedürfnis der Menschen zu befriedigen und sie damit ihren Alltag vergessen zu machen.

2.1.1-2

"Dame ohne Unterleib", um 1890

2.1.1.

Aus der Sicht des Zuschauers

Fotoreproduktion nach: Fotografie auf Karton, 9,2 x 6 (10,8 x 7)

HM, Inv. Nr. 172.387

2.1.2.

Hinter dem Vorhang

Fotoreproduktion nach: Fotografie auf Karton, 9,1 x 6 (10,8 x 7)

HM, Inv. Nr. 172.388

Abbildungen am Kapitelanfang

2.2

"Die Calydonische Jagd", Plakat, um 1790

Druck, 25 x 31,5

WStLB, Sign. D 64.522

1788 hatte Carl Enslen bereits eine "aerostatische Jagd" im Prater veranstaltet, bei welcher Ballons in Form von Ebern und Hirschen, verfolgt von solchen in Jäger- und Hundegestalt in Richtung Kahlenberg davongeflogen waren. Die zwei Jahre später von Enslen auf dem Feuerwerksplatz angekündigte "calydonische Jagd" griff auf den mythologischen Stoff der gemeinsamen Erlegung eines Wildschweins von Atalanta und Meleager zurück: "[...] Alle diejenigen Figuren, die dabey vorkommen werden, sind in kolossalischer Größe, nach der besten Proportion bearbeitet, und mit den schönsten transparenten Farben gemahlt, so, daß sie in der Luft durch die Bescheinung der Sonne den schönsten Anblick gewähren werden [...]. Gleich nach 5 Uhr, mit dem ersten Kanonenschuß, nimmt das Experiment seinen Anfang mit dem ungeheuren Wildschwein [...]; sobald dieses in die Höhe steigt, setzen ihm viele Hunde in verschiedener Entfernung nach, um es zu verfolgen. Die verschiedenen Stellungen, Wendungen und Gruppirungen dieser Thiere werden dem Auge des Zuschauers das schönste Schauspiel darstellen. Sobald die Thiere in einiger Entfernung sind, wird sogleich der tapfere Held Meleager in römischer mit Gold gezierter Kleidung sich auf seinem schönen Pferde in die Luft schwingen, und dem Schwein nachsetzen, worauf dann mit Majestät die schöne Atalanta in einem römischen Wagen, mit zwey Hirschen und mit Köcher, Pfeil und Bogen versehen, nachfahren wird. Das Auffliegen dieser Figur, und die Pracht, mit welcher sich das Ganze ausnehmen wird, die Atalanta mit 2 Hirschen in der Luft fahrend zu sehen, wird jeden geehrtesten Zuschauer auf das angenehmste entzücken und überraschen, wodurch ich nicht zweifle von den verehrungswürdigen Einwohnern Wiens allgemeinen Beyfall und Zufriedenheit einzuärndten.[...]"

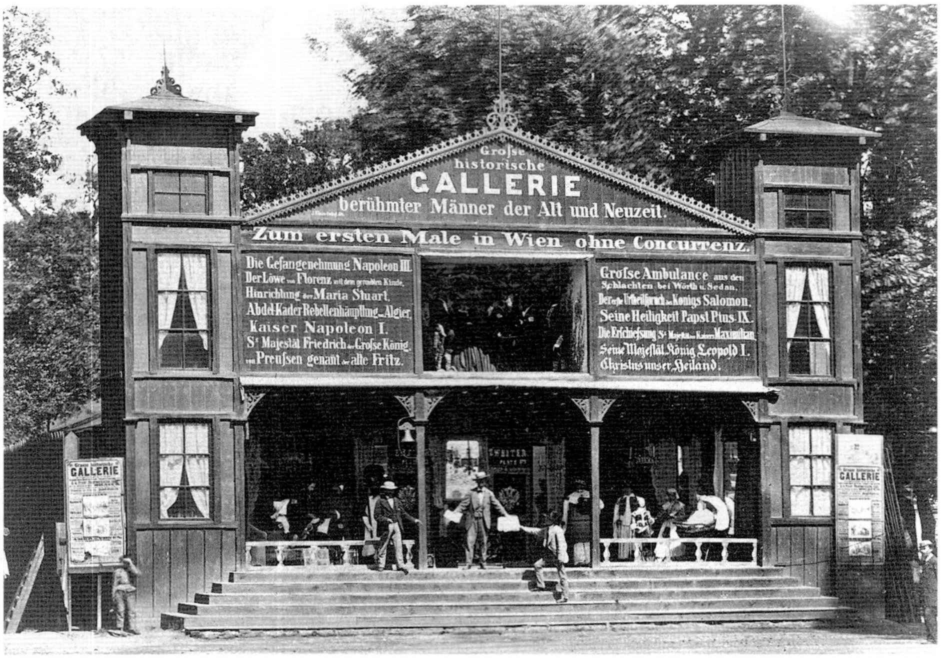

2.3

2.3

"Große historische Gallerie berühmter Männer der Alt und Neuzeit", um 1900

Fotoreproduktion nach: Fotografie auf Karton, 10 x 14,1 (15 x 20,2)

HM, Inv. Nr. 78.079/1241

Dieser in naturgetreuen Bildern nachgestellte Streifzug durch die Geschichte wurde laut Fassadenaufschrift "zum ersten Male in Wien ohne Concurrenz" gezeigt. Als besondere Sensationen wurden angekündigt: "Die Gefangennahme Napoleon III. / Der Löwe von Florenz mit dem geraubten Kinde / Hinrichtung der Maria Stuart / Abdel-Kader Rebellenhäuptling von Algier / Kaiser Napoleon I. / Se. Majestät Friedrich der Große König von Preußen genannt der alte Fritz / Große Ambulance aus den Schlachten bei Wörth u. Sedan / Der erste Urtheilspruch des Königs Salomon / Seine Heiligkeit Papst Pius IX / Die Erschießung Se. Majestät des Kaisers Maximilian / Seine Majestät König Leopold I. / Christus unser Heiland."

2.4

Schaubude "Im Reiche des Wunderbaren/Optisches Theater/Erscheinungen aus dem Olymp/und/Das Neueste der Weltereignisse"

Fotoreproduktion nach: Fotografie, 12,1 x 15,8

HM, Sammlung Pemmer Nr. 16/74/3

Abbildung im Textteil

2.5

"Darstellungen griechischer Sagen und Dichtungen aus dem classischen Alterthume von lebenden Damen ausgeführt", Werbezettel

Druck, 29,3 x 15,1

HM, Sammlung Pemmer Nr. 16/34/4

"I. Abtheilung: Klytia (die Sage von der Sonnenblume) das neueste und interessanteste Schaustück, genau nach der Sage dargestellt. II. Abtheilung: Daphne, die Tochter des Gottes der Ströme in dem Momente dargestellt, wie sie von Apollo verfolgt, ihren Vater um Hilfe bittet und von diesem in einen Lorbeerbaum verwandelt wird. Der Effect dieses Schaustückes ist derart überraschend, dass es das Beste in diesem Genre genannt werden kann. III. Abtheilung. "Iphigenia" Die Tochter des Königs Agamemnon von Griechenland, sollte der Göttin Artemis geopfert werden. Die griechische Sage erzählt, dass die Göttin Gefallen an der muthvollen Ergebenheit Iphigeniens fand, und diese desshalb auf wunderbare Weise vor den Augen der versammelten Griechen verschwinden liess, um sie in ihren Tempel auf Taurien als Priesterin einzusetzen. Um zahlreichen Besuch bittet hochachtungsvoll Carl Schaaf."

2.6

"Transformations-Theater. Galerie moderner Meister. Nach Original-Gemälden [...] Lebend von Damen dargestelllt", Werbezettel, 1900

Druck, 31,6 x 15,9

HM, Sammlung Pemmer Nr. 16/80/2

"Galerie moderner Meister. Nach Original-Gemälden von Kaulbach, L'Allemane, Vautier, Knaus, Grützner, Defregger u.a.m. Lebend von Damen dargestellt. [...] Verwandlungen aus der griechischen und indischen Mythologie, sowie der germanischen Edda. Diese wirklich höchst interessanten Darstellungen bieten dem Beschauer ein möglichst richtiges Bild, wie sich unsere classischen Vorfahrer die Götter vorstellten, und wird uns gleichzeitig durch diese Verwandlungen das Schwierigste ihrer Fantasie verwirklicht. Ausserdem kommen jedesmal aus nachstehenden Sensationsnummern abwechselnd zur Aufführung: Pygmalions lebende Steinbüste. Die Vergänglichkeit des Menschen an einer jungen Dame dargestellt. Das Verschwinden einer Person auf offener Bühne vor den Augen des Publikums. [...]"

2.7

"Amor in Tränen", um 1900

Wachsfigur aus Präuscher's Panoptikum

Wachs, Holz, Stroh, Glas, Haare, H: 46

HM, Inv. Nr. 169.956/1

Im "Führer durch's Panopticum von H. Präuscher's Erben" wird diese Wachsfigur gemeinsam mit fünf anderen Amor-Figuren unter dem Titel "Aus Dr. Amors Tagebuch" als Nummer 53 der allgemeinen Abteilung angeführt. Ein Vierzeiler erläutert die Situation:

"Ach, lieber Amor, weine nicht,
Wenn manchmal ein Pfeil dir bricht;
Bei dem die Liebe nicht einkehrt,
Der ist der Träne auch nicht wert."

2.8

2.8

Acht Wachsfiguren aus der "Großen internationalen Verbrechergalerie" in Präuscher's Panopticum, um 1932

Fotoreproduktion nach: Fotografie, 13,1 x 18

Bez. auf der Rückseite (Stempel): "Copyright Foto Hilscher Inhaber Rudolf Cermak [...]"

HM, Inv. Nr. 172.464

Der erläuternde Führer durch das Panopticum informiert Nummer für Nummer detailliert über die Untaten der ausgestellten Verbrecherfiguren:

"123. Der Motorführer Johann Prügel, der am 27. August 1905 das Dienstmädchen Berta Böhm ihrer Ersparnisse wegen ermordete und dann den Leichnam im Schönbrunner Vorgarten verborgen hatte; ganz Wien wurde durch diese grauenvolle Mordtat in Aufregung und Schrecken versetzt."

"127. Hugo Schenk, der Massenmörder aus Wien. Derselbe entführte im Vereine mit seinen Spießgesellen Karl Schenk und Karl Schlossarek junge Mädchen durch Vorspielungen, sie zu heiraten, mordeten sie alsdann an entlegenen Orten und beraubten sie ihrer Barschaft. Am 15. April 1884 wurden alle drei zum Tode verurteilt. Am 22. April wurde[n] Hugo Schenk und Karl Schlossarek durch den Scharfrichter Willenbacher in Wien hingerichtet, Karl Schenk zu lebenslänglicher Kerkerstrafe verurteilt."

"130. I. Johann Szimitz, am 27. Oktober 1859 zu Neusatz geboren, hatte den Kontoristen Hermann Grimme in Triest ermordet und beraubt, die Leiche des Opfers in einen Koffer gesperrt, neben dem er sechs Wochen schlief. Wurde 1888 in Pest hingerichtet."

"132. Friederike Zeller. Die Mörderin im Raxentale. Am 24. Februar 1906 wurde die Köchin Marie Meier im Raxengraben ermordet im Schnee aufgefunden und wie durch ein Wunder wurde die Mörderin entdeckt. Friederike Zeller wurde am 7. Juli 1906 vom Gerichtshof in Leoben zum Tode durch den Strang verurteilt und am 24. September zu 20 Jahren schweren Kerkers begnadigt, obwohl sie anfänglich leugnete, um endlich in letzter Stunde, durch die Beweise niedergedrückt, das Geständnis ihrer Mordtat abzulegen."

"135. Wondraschek. Er wurde beschuldigt, im Jahre 1893 in Kalladorf am Christmorgen während der Festmesse die achtjährige Tochter der Eheleute Pamperl sowie deren Dienstmagd auf bestialische Weise ermordet zu haben. Derselbe wurde im Juli 1895 in Korneuburg hingerichtet. Vor kurzem stellte sich seine Unschuld heraus. Er ist das beste Beispiel eines Justizmordes."

"137. Eduard Kullmann wurde 1853 zu Neustadt, Magdeburg, geboren. Er erlernte später bei einem Magdeburger Meister das Böttcherhandwerk, ging dann in die Fremde und hat an verschiedenen Orten Beweise seines zu Gewalttaten geneigten Naturells gegeben. Am 13. Juli 1874 verübte er in Kissingen, wie allbekannt, das Attentat auf Fürst Bismarck."

"138. Josef Kögler, geb. am 29. Juni 1863 in Pellerhof bei Gabel, wurde bei der im Mai 1896 stattgefundenen Schwurgerichtsverhandlung in Reichenburg teils wegen vollbrachten Raubmordes, außerdem wegen Erpressung und Diebstahl in 13 nachgewiesenen Delikten zum Tode durch den Strang verurteilt."

"Peter Kürten [in einer späteren Auflage des Führers Nummer 140], dessen Untaten ganz Düsseldorf und Umgebung in Aufregung versetzten, da es lange Zeit nicht gelang, den Massenmörder zu entdecken. Er wurde im April 1932 enthauptet."

2.9

2.9

Wachsfigurenkabinett in Präuscher's Panopticum: Goethe, Schiller, Papst Pius X., Wagner, Luther, um 1940

Fotoreproduktion nach: Fotografie, 28,5 x 22,4

HM, Inv. Nr. 195.058

2.10

"Buffalo Bill's Wild West", 1890

Broschüre, illustr., 58 Seiten, 26 x 18,5

HM, Inv. Nr. 172.288

Im Mai 1890 gab der berühmte amerikanische Freiheitsheld Oberst Cody, genannt Buffalo Bill, mit 200 Indianern ein Gastspiel im Wiener Prater. Vorgeführt wurden verschiedene Szenen aus dem Leben des Buffalo Bill, wie Büffeljagden, Überfälle auf Postkutschen, Lebensgebräuche der Indianer und Geschicklichkeitsübungen im Schießen und Lassowerfen. Mit besonderem Nachdruck wurden im Programmheft die Lehrhaftigkeit und die Authentizität des Spektakels betont: "Wichtige Anmerkung: - Der Zuschauer sollte sich vorstellen, als in ein Land versetzt, wo diese Scenen und Ereignisse sich ereignen, und verstehen, dass er wirkliche und ächte Typen vor sich habe." Auch der "ächte, alte 'old Deadwood Coach' genannte Postwagen, der wegen der vielen Leute, die das Leben darin verloren haben", berühmt war, trug das Seine dazu bei, die Wiener das Gruseln angesichts der Darstellung der Ereignisse aus der amerikanischen Geschichte zu lehren. 1906 besuchte Buffalo Bill mit seinem "Congress of Rough Riders of the World" und 300 Pferden Wien ein zweites Mal.

2.11

"Gruß vom Eismeer, Wiener Vivarium k.k. Prater", 1897/98

Postkarte, 9 x 13,8

Bez. li.: "Verlag C. Ledermann jun. Wien I. Singerstr. 23. [...]"

HM, Inv. Nr. 17.788/332

Im 1888 im ursprünglichen Aquarium eingerichteten Vivarium zeigte Karl Hagenbeck 1897/98 seine reisende Menagerie "Das Eismeer und seine Thierwelt" mit Eisbären, Seelöwen, einem Walroß und Seevögeln in einer illusionistisch gestalteten arktischen Landschaft.

Abbildung im Textteil

2.12

"Gruß aus Wien II. Adlerzwinger und Dachsteinpanorama im Wiener Thiergarten"

Postkarte, 9,1 x 13,9

Bez. li.: "Verlag C. Ledermann jun., Wien I. [...]"

HM, Inv. Nr. 17.788/333

2.13

"Gruß vom Meeresgrund", 1899

Postkarte, 9,2 x 14,4

HM, Inv. Nr. 195.092

2.14

"Josef S. M. Herzogs's Etablissement für Jagd- und Scheibenschiessen", Werbezettel

Druck, 29,6 x 23,2

HM, Sammlung Pemmer Nr. 16/148/3

"Euer Wohlgeboren! Hiemit gestatte ich mir, auf mein anerkannt erstklassiges, mit elektrischem Betriebe eingerichtetes Etablissement für Jagd- und Scheibenschiessen aufmerksam zu machen. Es bewegen sich Tauben, Hasen, Eichhörnchen, Wildschwein, Reh in passender, schöner Dekoration und natürlichem Sturz beim Treffer. [...] Die Abteilung für Luftgewehre hat neben anderen, als Spezialitäten die automatisch treffende Kanone (speziell für Kinder) und mechanischen Springbrunnen [...]"

2.15

"Steinsalz-Bergwerk Wieliczka" im Prater, um 1900

Fotoreproduktion nach: Fotografie, 22,3 x 16,6

HM, Inv. Nr. 172.384

Zwischen 1899 und 1904 war in der alten Praterhütte Nummer 84 ein Steinsalz- und Kohlenbergwerk eingerichtet, das man mit einer kleinen Bahn fahrend, ähnlich einer Grottenbahn, besichtigen konnte.

2.16

2.17.4

2.16
Geisterbahn. 1933/34
Fotoreproduktion nach: Postkarte, 9 x 14,2
HM, Sammlung Pemmer Nr. 16/143/12

2.17.1-4
Raketenbahn. 1940/41
2.17.1
Fassade. 1940
Fotoreproduktion nach: Fotografie, 8,3 x 5,8
HM, Sammlung Pemmer Nr. 16/68/10
2.17.2
"Rakete" unter der Leuchtschrift "Raketenfahrt zum Mond". 1941
Fotoreproduktion nach: Fotografie, 8,3 x 5,8
HM, Sammlung Pemmer Nr. 16/68/17
2.17.3
Wagen und Kulissen. um 1940/41
Fotoreproduktion nach: Postkarte, 13,1 x 8,8
HM, Sammlung Pemmer Nr. 16/68/11
2.17.4
Innenraum der Raketenbahn. 1941
Fotoreproduktion nach: Fotografie, 7,8 x 5,9
HM, Sammlung Pemmer Nr. 16/68/15

2.18
"Liliput Die Stadt der Zwerge". 1911
Broschüre, illustr., 8 Bl., 15,1 x 11,7
HM, Inv. Nr. 174.331
1911 wurde im Prater "Liliput, die Stadt der Zwerge" nach dem Vorbild einer ähnlichen Institution im Bois de Boulogne bei Paris errichtet. Unter den zu besichtigenden Gebäuden der Miniaturstadt befanden sich ein Kinematographentheater, ein Zirkus und ein Postgebäude, ein Knusperhäuschen mit einem Glücksteich, ein Kinderkabarett und ein Marionettentheater, sowie mehrere Gastronomiebetriebe. Insgesamt sollte der Eindruck einer tatsächlich von den Liliputanern bewohnten Stadt entstehen: "Hier der kleine Polizeimann, der mit wichtiger Miene Ordnung schafft, dort die Feuerwehrmänner, die auf ihrer Miniaturspritze durch die Strassen rasseln, kleine Equipagen mit Liliputanerkutschern in stolzer Livree, führen die kindlichen Gäste durch die schmucken Gässchen "Liliputs", martialische Soldaten en miniature in glänzenden Uniformen und viele andere in bunter Reihe."

2.19
"Märchenreich 'Liliput' am Praterstern". Plakat. 1937
Berthold Richter
Druck, 65 x 30,7
Bez. li. u.: "Offsetdruck: K. Piller's Nfg. Wien, III.", re. u.: "Berthold Richter"
HM, Sammlung Pemmer Nr. 6/2/29
Nach "Glauers Liliputstadt" 1934 und "Gnidley's Liliputstadt" im darauffolgenden Jahr, wurde 1937 das "Märchenreich Liliput am Praterstern" eröffnet, für welches man sich sogar einen, wenn auch nur dort gültigen, Reisepaß ausstellen lassen konnte.

Theaterillusionen

Vana Greisenegger-Georgila

WELT-METAPHER UND GEMEINE PHYSISCHE TÄUSCHUNG

"Du weist/daß unser Leben gerade ist wie ein Schau-Spiel/in welchem die Person eines Königs oder Knechts von einem jeden lebenden/nach dem sie ihme zugeeignet ist/vertretten wird: Diese Welt [ist] die Schaubühne/welche in mancherley Vorthönungen/und so mancherleyen Aufzügen mit Waltzung eines Rads von der wandelbaren Göttinn immerzu verändert wird. Wann aber die letzte Abhandlung vorbey/wartet man vergeblich auf neue Veränderungen Menschlicher Dinge und Zustände. Die Lichter werden ausgelöscht/mit dem Leben zugleich aller Hoffnung." - "Und was hab ich zu hoffen?" - "Daß die Scena verändert [werde]".
Il pomo d'oro (1668)[1]

"Schiffe mit vollem Segelwerk und Takelage legten an, wogten hin und her, warfen und lichteten Anker, wendeten back- und steuerbord auf der Szene und gingen - - wieder in See. Sturmgewölk, Mondschein, Verklärungsglanz, alles ging mit Zauberei, Leichtigkeit, Täuschung und Kunsteffekt vor unsern Augen vor".
"Der fliegende Holländer" (Kasseler Allgemeine Zeitung, 5. Juni 1843)[2]

"Wer war die Hauptperson in der Oper des 17. Jahrhunderts? Mit wem hätte sich die Kritik, wenn es eine gegeben hätte, in erster Linie beschäftigt? Es war der Bühnenarchitekt und Maschinist, der den aufgesperrten Höllenrachen oder die Wunder von Alcinas Zaubergärtlein zeigte, der den Götterboten Merkur aus der Luft herabschweben ließ oder der in einer Apotheose den ganzen Olymp im Halbkreis des Himmels gruppierte [...]. Der berühmteste Name in der Oper des 17. Jahrhunderts war nicht etwa Cesti, Cavalli oder Lully, sondern der des Kaiserlichen Hofarchitekten Lodovico Burnacini."[3] Mit dieser Feststellung bringt Alfred Einstein die barocke Theaterpraxis auf den Punkt. Nirgends hat sich das Barock vollkommener manifestiert als im Theater und speziell in der Szenographie. Die Bühne verdichtete sich zum Sinnbild der Welt.
Die Theaterstätte, die erst ab dem 16. Jahrhundert als eigenständiges Gebäude entsteht, schließt sich nach außen ab; der Besucher erlebt sie als Welt "sui generis".[4] Die Konvexbühne des Mittelalters wird von der Konkavbühne des Barock abgelöst, die als "weitgeöffneter Trichter" den Schauenden "in seine Tiefe saugt".[5]
Der Proszeniumsbogen markiert in seiner rahmenden Funktion eine Grenze, die zwei verschiedene Realitätsebenen verdeutlicht. Durch das Vorziehen der Bühne in den Zuschauerraum oder durch den Einbau von Logen in den Bühnenraum (Proszeniumslogen) wird jedoch der Kontakt zwischen Akteuren und Publikum gefördert; auch die Zentral-Perspektive verbindet weiter Szene und Zuschauer.
Die Welttheatermetapher des Barock stellt die Gleichung Welt = Bühne auf; der Mensch wird als Schauspieler begriffen. Das Gemeinsame von Welt und Theater ist ihre Scheinhaftigkeit.[6] Zunehmend stärker dringt im 17. Jahrhundert die Vanitas-Allegorik in Kunst und Religion ein. Die barocke Todesikonographie, das Makabre, hat - in katholischen Ländern fußt sie auf mittelalterlicher Tradition - auch eine didaktische Qualität: sie wird für moralische Zwecke mobilisiert.[7] Skelett und Totenkopf sind Attribute des Gebets und wichtige Komponenten künstlerischen Ausdrucks: " Die Geschichte in allem was sie Unzeitiges, Leidvolles, Verfehltes von Beginn an hat, prägt sich in einem Antlitz - nein einem Totenkopf aus [...]. Das ist der Kern der allegorischen Betrachtung, der barocken, weltlichen Exposition der Geschichte als Leidensgeschichte der Welt."[8]
Die Unbeständigkeit menschlicher Verhältnisse, die

Lodovico Ottavio Burnacini
Bühnenbildentwurf für "Il pomo d'oro"
("Bocca d'inferno", II. Akt, 2. Bild), 1668
Österreichisches TheaterMuseum

Vergänglichkeit des Diesseits lassen das Leben – unter der immer bewußt bleibenden Perspektive des Jenseits – als Illusion erscheinen. Die Vergänglichkeit der Welt manifestiert sich nicht in einer allmählichen Veränderung, sondern in plötzlichen Umschwüngen des Schicksals, die eine Situation in ihr Gegenteil wenden: hier setzt der Vanitas-Gedanke an.[9]
Leibnitz stellt in seinem Traktat "Über die Methode reale Phänomene von imaginären zu unterscheiden" als Realitätskriterium der Phänomene, unter anderem, das Prädikat "in sich harmonisch" dar. Für ihn ist ein Phänomen "in sich harmonisch [...] wenn es aus einer Reihe von Phänomenen besteht, die sich wechselseitig auseinander oder aus einer gemeinsamen, hinreichend einfachen Hypothese erklären lassen".[10] Berechenbarkeit wird also zum Realitätskriterium: "im anderen Fall", beim Eintritt überraschender, der Empirie widersprechender Gebilde, "wird uns die Erscheinung verdächtig sein, denn sähen wir etwa, wie bei Ariost, Menschen auf geflügelten Rossen durch die Luft eilen, so würden uns, denke ich, doch Zweifel kommen, ob wir träumen oder wachen."[11] In diesem Zusammenhang läßt die Unberechenbarkeit menschlicher Schicksale, "das Unerwartete", die Welt als Illusion erscheinen.
Im allegorischen Bühnen-Geschehen wird die Welt-Illusion in den plötzlichen Verwandlungen der Kulissen-Bühne versinnbildlicht: Die erste Szene des II. Aktes der Oper "Il pomo d'oro" zeigt einen "Meer-Haven", eine Küstenlandschaft mit Bäumen, Felsen, Ruinen klassischer Bauwerke und Festungstürmen. Die liebliche Szenerie, dem barocken Prinzip des Kontrastes entsprechend, verwandelt sich vor den Augen der Zuschauer zum finstersten Bild der Oper, der "Bocca d'inferno". Durch den Bühneningenieur war es möglich, das Werk "im Vollzug" zu zeigen:[12] Die Erde spaltet sich, ein monströser Kopf, der die ganze Vorderbühne einnimmt, taucht aus Rauch und Flammen auf. Das Riesenmaul öffnet sich, der Unterweltfluß Acheron wird sichtbar. Im Hintergrund die Höllenstadt Dite, von ewigem Feuer umlodert. In den Lüften die drei Furien; vor der Stadt schaukelt der Kahn Charons.
Aus der Synthese verschiedener Erscheinungsweisen eines Dekorationsmotivs – die Monumentalisierung der manieristischen Groteskmaske des "sacro bosco" von Bomarzo und die Kartuschen von Callot – bildet sich der Rahmen dieses effektvollen Phantasie-Gebildes.[13]
Doch die illusionistische Täuschung hochbarocker Bühnenbildkunst war nicht Selbstzweck, sondern "vermittelt aufs Neue die Erfahrung, daß die Dinge nicht immer so sind wie sie scheinen".[14] Zuschauerraum und Bühne jedoch gehörten zum gleichen Illusionsraum. Die adeligen Besucher der höfischen Feste und Theateraufführungen waren nicht nur Zuschauer, sondern nahmen auch aktiv an den Darbietungen auf der Bühne als Tänzer und Sänger teil. Bei Festen schlüpften sie gerne in Habitus und Kostüm von Theaterfiguren.
Seit Anfang des 18. Jahrhunderts beginnt eine ästhetische Distanzierung zwischen Zuschauerraum und Bühne. 1711 erscheint in Parma die "Architettura Civile ..." von Ferdinando Galli Bibiena. Mit genauen perspektivischen Konstruktionsmethoden erörtert er eine neue Perzeption des Bühnenraumes: seine Theorie überwindet die Zentralperspektive: "Ein gänzlich vom Zuschauerraum verschiedenes Achsensystem beherrscht das Bühnenbild, das sich nunmehr nach Öffnung der Bühne in einer Übereckstellung dem Zuschauer gegenüber befindet. Es wird dem Beschauer möglich 'veder le scene per angolo'".[15]
In der hochbarocken Raum-Konzeption ordnete sich die szenische Anlage einem optischen Zentrum unter. Indem der Fluchtpunkt innerhalb des 'Guckkastens' situiert wurde, konnte der ganze Raum dargestellt werden, auch die

Punkte, die in unendlicher Entfernung zu verschwinden schienen. Zuschauer- und Bühnenraum bildeten in den mathematischen Berechnungen eine Einheit. Der Bühnenarchitekt wollte "keinen Bühnenraum konstruieren, sondern den Raum selbst simulieren. Die Illusion gab nicht vor, Wirklichkeit zu sein. Sie sollte um ihrer Vollkommenheit willen bezaubern. Das perspektivische Prinzip wurde zur Metapher für den realen Raum."[16]
Ferdinando Galli Bibiena verlagert das Zusammenlaufen der Fluchtlinien, die 'Unendlichkeit' der Bühne von innen nach außen, aus dem Zentrum des Guckkastens. Dadurch wird die Bühne zum zufälligen Ausschnitt, sie wird zum Bild. Die Rampe trennt ab nun zwei voneinander unabhängige Raumteile; es entsteht die eigentliche Guckkastenbühne.
Die neue Auffassung des Bühnenraums steht in völligem Gegensatz zur hochbarocken Theaterrezeption: Das christliche Weltverständnis bewirkte den Totalitätsanspruch des hochbarocken Theaters, nicht nur zufällige Teilaspekte der Welt, sondern die Welt als Ganzheit erfassen zu wollen.[17] Die Diagonal-Perspektive täuscht einerseits – noch immer auf Kulissen und Prospekten – gewaltige Dimensionen vor und verunklärt die Raumgrenzen in alle Richtungen; andererseits bewirkt die Zufälligkeit des Ausschnitts größere 'Natürlichkeit'. Hier begann der Prozeß, der in dem Bestreben des 19. Jahrhunderts mündete, eine möglichst genaue 'Rekonstruktion' der Wirklichkeit zu erreichen.
Der ästhetische Diskurs über 'Wahrscheinlichkeit' und 'Natürlichkeit', der für das Theater sowohl poetologische als auch bühnenbildnerische Aspekte umfaßte, beschäftigte das ganze 18. Jahrhundert und fand seinen repräsentativsten Niederschlag im Landschaftsgarten als inszenierte Naturillusion.
Diderot läßt im "Entretien sur les lettres" aus den "Bijoux indiscrèts" (1748) die Favoritin beobachten, "daß die Vollkommenheit eines Schauspiels in der so genauen Nachahmung einer Handlung besteht, daß der ohne Unterbrechung betrogene Zuschauer bei der Handlung selbst gegenwärtig zu sein glaubt."[18] Er deutet aber (in "Dorval und Ich") die theatrale Illusion nicht als "gemeine Täuschung", als flache "Verwechselung mit dem Wirklichen", sondern als "eine gewisse Täuschung [...] über die man vorher einig geworden ist".[19] Lessing übernimmt diesen Kern der Dramaturgie Diderots in seine eigenen Überlegungen: "Das unverstellte Bewußtsein von der Fiktionalität des Dargestellten" soll wach bleiben "im dramatischen Illusionserlebnis".[20]
Der theatralische Alltag wiederum wird am trefflichsten manifestiert im Lexikon Sulzers ("Allgemeine Theorie", 1775): Das Stichwort "Täuschung" wird als "Irrtum" definiert, der erfolgt, "wenn wir eine Handlung auf der Schaubühne so natürlich vorgestellt sehen, daß wir dabey vergessen, daß das, was wir sehen, blos Nachahmung ist."[21]
Im Jahr 1781 präsentierte der Maler und Bühnenbildner De Loutherbourg in London sein "Eidophusikon", ein darstellerloses, kleinformatiges Guckkastentheater, dessen Name (ein griechisches Kompositum) etwa "Nachahmung der Natur" bedeutet.[22] Gegenstand seiner Vorstellungen war das Naturschauspiel, Landschaft als ein durch Licht bewegtes dreidimensionales 'aufgeführtes' Bild. Schon in seinen früheren zehnjährigen Bühnenbildner-Erfahrungen am Drury Lane Theatre war er berühmt dafür, heimatliche, charakteristische landschaftliche Einzelzüge zu berücksichtigen. Seine Szenenbilder zu "The Wonders of Derbyshire" (1779) haben die natürlichen Sehenswürdigkeiten des "County of Derbyshire" zum Gegenstand der Aufführung gemacht. Die barocke Abbreviation in den landschaftlichen Topoi scheint hier

überwunden zu sein. Die Illusion einer 'real' existierenden Landschaft verdrängt teilweise die Handlung: bei dem "Eidophusikon" löst sie sie ab.
In einem Memorandum an Iffland kritisiert 1813 Schinkel die Bühnenpraxis seiner Zeit als "gemeine und physische Täuschung", die er als Barbarei bezeichnet.[23] Ihr hält er das griechische Theater der Antike als Ideal entgegen: "Hier ward alles Individuelle zur Gattung erhoben und erhielt dadurch den allgemeinen und höheren Charakter, mit welchem allein es in die schöne Kunst aufgenommen werden kann. Die Szene selbst war damals nichts weiter als das Sammlungsglas, welches das Bild der Handlung auf einen Punkt zusammenzog".[24] Schinkel verlangte für das Theater seiner Zeit, daß es die Aufmerksamkeit auf das Wesentliche, die Handlung, lenke und daß die Bühne nur symbolisch den Ort der Handlung andeute. Er greift nicht die ästhetische Illusion als solche an, sondern die Auswüchse des Theater-Alltags. Denn, "die wahre und ideale Illusion" kann ein modernes Theater mit allen "Kulissen und Soffiten, die überall auseinanderfallen und bei der besten Anordnung nie aus einem einzigen Punkte einen Zusammenhang bilden können"[25] nicht geben. Aus perspektivischen und "psychologischen" Gründen soll die Malerei dem Auge weit entrückt, auf einer großen Bildwand "die vollkommenste physische Täuschung einer Ortsversetzung"[26] erzwingen.
Die Bühne mit dem symbolischen Hintergrund und einem Proszenium, ähnlich der "festen Szene der Alten" als "kräftiger Abschluß-Rahmen [...] für das Bild der ganzen Theater-Erscheinung",[27] wurde während seiner Tätigkeit als Bühnenbildner nicht verwirklicht, sondern erst in der Relief-Bühne der "Stilbühnen-Bewegung" um 1900.
Die Entwicklung zur "vollkommenen physischen Täuschung" ging in eine andere Richtung. Neue Ausstattungsverfahren, wie die Verwendung von Bogenkulissen, plastische Dekorationsteile, der Bau geschlossener Zimmerdekorationen und vor allem die Innovationen im Beleuchtungswesen versuchten, die illusionsstörenden Faktoren aus dem Weg zu räumen. Ausschlaggebend für diese Entwicklung waren die Pariser Theater, vor allem die Oper und die Theater zweiter Kategorie. Diese unterprivilegierten Theater durften neue Bühnenstücke, die in den Theatern ersten Ranges keinen Zutritt fanden, mit großem Aufwand inszenieren.
Wirkte die Bühnenkunst des Barock durch Verknappung, die auf Totalitäten deutete, so stellt man jetzt dem Zuschauer einen Raum der Details gegenüber. Victor Hugo verlangt in seiner "Preface de Cromwell" (1827), daß der Künstler nicht nur nach dem Schönen strebe, sondern vor allem das Charakteristische beachte. Der Zuschauer soll, seiner Welt entrückt, die Bühnendarstellung als totale Illusion in der Art eines Augenzeugen erleben: "qu'on ne s'aperçoive qu'en y entrant et qu'en sortant qu'on a changé de siècle et d'atmosphère".[28] Städte und Landschaften werden mit ihrer individuellen Physiognomie versehen, Zeit und Ort genauest angegeben. Diese Tendenz wird besonders in den Libretti der Grandeopera evident (z. B. "Die Stumme von Portici": Neapel und Portici 1647; "Der Prophet": Holland und Münster 1536; "Die Hugenotten": Touraine und Paris 24. August 1572. Hier wird im III. Akt der Zeitpunkt noch exakter angegeben: "Es ist Abends 6 Uhr im August").
Die neue Charakterisierungskunst etabliert sich als "couleur locale" und "couleur du temps" zur theatralen Kategorie.[29] Der Zuschauer erlebt auf der Bühne 'authentische' Ereignisse.
Den Eindruck größerer Wahrscheinlichkeit verstärkte auch der Übergang von der Rampenbühne des Barock,

Josef Hoffmann
Bühnenbildentwurf für "Der Freischütz" (C.M. von Weber), Wien, Hofoper, 1870
Österreichisches TheaterMuseum

die die Verbindung zwischen Darsteller und Zuschauer ermöglichte, zur Tiefenbühne des Guckkastens. Die Darsteller treten nicht mehr an den Seiten auf und ab, auch die Tiefe wird als Spielort einbezogen. Die Bühnenmaschinerie, die für das barocke Theaterverständnis Ursache des Staunens war und als Teil einer übergreifenden Allegorie wahrgenommen wurde, verbirgt sich jetzt der Einsicht des Publikums.

Die Rekonstruktion 'realer' Orte und Zeiten bedurfte genauer Recherchen: Maler, Dichter und Musiker verließen ihre Stuben und begaben sich zu Feldforschungen. Charles Kean, der bedeutende englische Schauspieler und Regisseur, mobilisierte in der Mitte des 19. Jahrhunderts zur Aufführung der Dramen Shakespeares "Archaeologen", "Britisches Museum", "Heraldik", "Numismatik", und die "neuen Gesetze über Farbenzusammenstellungen", notiert Theodor Fontane, der diese Praxis in England kennenlernte.[30] Ebenso studierten Georg II. von Meiningen und seine Ausstatter, die Gebrüder Brückner, mit Akribie die Quellen, um 'Echtheit' für die Schauplätze und Kostüme seiner Aufführungen (im letzten Drittel des 19. Jahrhunderts) zu sichern.

Der technische Fortschritt - z. B. die Einführung der Gasbeleuchtung 1822 in Paris - ermöglichte atmosphärisch dichte Szenen wie die schaurige mondbeleuchtete Friedhofsszene in der Oper "Robert der Teufel" von Meyerbeer. Durch Licht- und Geräuscheffekte wurde in der "Wolfsschlucht"-Szene der Oper "Freischütz" von Carl Maria von Weber ein Kompendium des Grauens aufgeboten: Gewitter und Geistererscheinungen, Vögel mit feurig rädernden Augen, Regen und Donnermaschinen; die Berliner Uraufführung (1821) wurde als großes Schaustück erlebt. [31]

Im Zuge der Entwicklung wurde es möglich, die Beleuchtung auf Details und Personen unter Ausschaltung der Umgebung zu konzentrieren. Hilfreich war die allmähliche Verdunkelung des Zuschauerraumes. Im Barock wurde das Licht nur teilweise gelöscht - in Italien mehr, in Paris kaum, da das gesellschaftliche Beisammensein und das Bühnenereignis gleich bedeutend waren.[32] In der Mitte des 19. Jahrhunderts verdunkelte Charles Kean den Zuschauerraum weitgehend; bei Richard Wagner versank man im fast finsteren Auditorium vor dem Bühnengeschehen. Das Orchester, verborgen, abgesenkt im Orchestergraben - den führte Wagner im Bayreuther Festspielhaus das erste Mal ein - verstärkte die Illusion einer klangerfüllten, von der Realität abgeschnittenen, eigenständigen Welt.[33] Isoliert von der umgebenden Wirklichkeit war das Bühnen-Erlebnis der Theaterbesucher ein fast privates.

Die Abwendung des theatralen Ereignisses von der öffentlichen zur intimen Sphäre versinnbildlicht das Phänomen der Separat-Vorstellungen vor König Ludwig II. von Bayern und das Gestalten seiner privaten Umgebung nach Theater-Vorbildern. In seinem Wintergarten auf dem Dach der Münchner Residenz ließ er (1869) den Bühnenbildner Christian Jank einen Landschaftsprospekt anfertigen. In Neuschwanstein wurden die drei Bühnenbilder des "Lohengrin" mit denen des "Tannhäuser" vereinigt; im Park von Linderhof (1877) wurde eine künstliche Grotte als Umsetzung des Venusberg-Bühnenbildes der Münchner Inszenierung von 1869 errichtet.[34] Der Monarch, der sich in seinem Selbstverständnis als König in den politischen Alltag des bürgerlichen Zeitalters nie hineinfinden konnte, flüchtete in die Verinnerlichung einer Theater-Wirklichkeit. Hier, unter Ausschluß anderer Zuschauer, in Anwesenheit stummer Begleiter (seines Leibreitpferdes) betrachtete er von einem Korallenhochsitz das 'Schauspiel' der Grotten-Beleuchtung oder nahm selbst an dem 'Schau-

Ludwig II. als Lohengrin in der Venusgrotte von Linderhof.
Postkarte um 1900

spiel' teil: "Zuerst fütterte der Monarch zwei [...] herbeigeschaffte Schwäne, hernach bestieg er mit einem Lakai einen vergoldeten und versilberten Kahn in Form einer Muschel, und ließ sich auf dem durch einen unterseeischen Apparat bewegten Wasser herumrudern. Unterdessen hatten sich der Reihe nach die fünf farbigen Beleuchtungen abzulösen... Phantastisch schimmerten Wellen, Felsenriffe, Schwäne, Rosen, das Muschelfahrzeug und der dahingleitende Märchenkönig."[35]
Die barocke Theater-Illusion stellte das Leben in Frage.

Das Streben des 19. Jahrhunderts zur totalen Illusion evoziert das Negieren der Wirklichkeit. Man darf dabei nicht vergessen, daß wiederholt versucht wurde, diesen Prozeß einzudämmen, zu strengeren Theaterformen zu finden. Das Einverleiben der Bühnenwelt in Ludwigs II. privaten Bereich darf als 'Allegorie réelle' der Entrückung aus der Welt in das totale Bühnenbild aufgefaßt werden.

1 Francisco Sbarra: Der guldene Apfel (Il pomo d'oro, 1668). Nürnberg 1672. Akt III, Szene V
2 "Kasseler Allgemeine Zeitung" (12. Juni 1843), zur Kasseler Erstaufführung des "Fliegenden Holländers" am 5. Juni 1853. zit. nach Detta und Michael Petzet: Die Richard Wagner-Bühne König Ludwigs II. München 1970, S.23
3 Alfred Einstein: Mozart. Sein Charakter, sein Werk. Frankfurt am Main 1968, S.404f
4 Heinz Schütz: Barocktheater und Illusion. Europäische Hochschulschriften. Frankfurt am Main 1984, S.53
5 Richard Alewyn/Karl Sälzle: Das große Welttheater. Reinbeck bei Hamburg 1959, S.59. zit. nach Schütz: a.a.O., S.54
6 Schütz: Barocktheater und Illusion. S.60.
7 Jan Bialostocki: Stil und Ikonographie. Studien zur Kunstwissenschaft. Köln 1981, S.285
8 Walter Benjamin: Ursprung des deutschen Trauerspiels. Frankfurt am Main 1978, S.145
9 Schütz: Barocktheater und Illusion. S.68
10 G.W. Leibniz: Hauptschriften zur Grundlegung der Philosophie (Hrsg. Ernst Cassirer). Leipzig 1924, Bd.II, S.124
11 Ebenda
12 Sabine Solf: Festdekoration und Groteske. Der Wiener Bühnenbildner Lodovico Ottavio Burnacini: Inszenierung barocker Kunstvorstellung. Studien zur deutschen Kunstgeschichte. Baden-Baden 1975, S.72
13 a.a.O., S.90, 91
14 Schütz: Barocktheater und Illusion. S.86
15 Hans Tintelnot: Barocktheater und barocke Kunst. Berlin 1939, S.74
16 Alexandra Glanz: Alessandro Galli-Bibiena (1686-1748). Inventore delle Scene und Premier Achitecteur am kurpfälzischen Hof in Mannheim. Schriften der Gesellschaft für Theatergeschichte. Berlin 1991, S.34
17 Schütz: Barocktheater und Illusion. S.78
18 G.E. Lessing: Hamburgische Dramaturgie. Stuttgart 1958, S.331
19 G.E. Lessing: Werke, (Hrsg. J. Petersen u. W.v. Olshausen), Bd.XI. S.94. zit. nach Otto Haßelbeck: Illusion und Fiktion. München 1979, S.107
20 Ebenda
21 O. Haßelbeck: Illusion und Fiktion. S.8
22 Rüdiger Joppien: Die Szenenbilder Philippe Jacques de Louthebourgs. Eine Untersuchung zu ihrer Stellung zwischen Malerei und Theater. (Phil. Diss.) Köln 1972, S.342
23 Klaus Lasarowicz und Chr. Balme (Hrsg.): Texte zur Theorie des Theaters. Stuttgart 1991, S.421
24 a.a.O., S.422
25 a.a.O., S.424
26 Ebenda
27 Ebenda
28 Heinz Becker: Die Couleur locale als Stilkategorie der Oper. In: Die Couleur locale in der Oper des 19. Jahrhunderts (Hrsg. Heinz Becker). Regensburg 1976, S.24
29 Ebenda
30 Thomas Hahm: Die Gastspiele des Meininger Hoftheaters im Urteil der Zeitgenossen unter besonderer Berücksichtigung der Gastspiele in Berlin und Wien. (Phil.Diss.) Köln 1970, S.160
31 Heinz Kindermann: Theatergeschichte Europas. Salzburg 1972, Bd.VI, S.45
32 Gösta M. Bergmann: Lighting in the Theatre, Stockholm 1977, S.298f
33 Sebastian Kämmerer: Illusionismus und Anti-Illusionismus im Musiktheater. Anif bei Salzburg 1990, S.25
34 Detta und Michael Petzet: Die Richard Wagner-Bühne König Ludwigs II. S.142
35 Louise von Kobell: König Ludwig II. von Bayern und die Kunst. München 1898, S.105. zit. nach Petzet: Die Richard Wagner-Bühne König Ludwigs II. S.146

Auch das Theater des 19. Jahrhunderts war ein Ort, mit dem der Begriff der Illusion untrennbar verbunden ist. Die zunehmend geforderte Detailgenauigkeit bei der Ausstattung der Stücke führte zu dem Versuch, Wirklichkeit auf der Bühne täuschend echt darzustellen. Sogar die kompliziertesten Bühnenbilder wurden realistisch wiedergegeben: ein feuerspeiender Vulkan, eine tiefe Bergschlucht, die Weite des Meeres - nichts war unmöglich. Im Zuge dessen entstanden Spezialwerkstätten für Theaterausstattung, die serienmäßig Dekorationen herstellten: Im Sinne der Originaltreue gab es keine individuellen Ausstattungslösungen mehr, sondern jeweils nur die eine, "richtige". Letztendlich sollte beim Zuschauer die Illusion entstehen, nicht im Theater zu sitzen, sondern die Wirklichkeit vor sich zu haben.

3.1

Papiertheater für Kinder, um 1840

Carl Joseph Lemann
Bühnenkasten: Holz, Metall, bemalt, B: 93, T: 62, H: 43
Szenenaufstellung: Höfische Szene: 1 Hintergrund, 3 Durchsichten, 5 Figurinen: Deckfarben auf Karton, Tüll
60 Figurinen: Deckfarben auf Karton
HM, Inv. Nr. 38.772

Der Gumpendorfer Stoffabrikant Carl Joseph Lemann fertigte um 1840 für die Kinder der Kaufmannsfamilie Marsano ein Papiertheater an, das - vermutlich im Lauf der Zeit um viele Teile ergänzt - ca. 150 Kulissenteile, 370 Figuren und 250 Dekorationsstücke enthielt, die es ermöglichten, Theaterszenen in Burgen oder antiken Tempeln, in exotischen ebenso wie in alpinen Landschaften, in Bauernstuben sowie in vornehmen Salons nachzustellen und so auch ganze Stücke aufzuführen. Diese Detailgenauigkeit der Dekorationsstücke stellt eine Parallele zu den wirklichen Theaterbühnen der Zeit dar. Während der Großteil der Papiertheater zumeist aus gedruckten Versatzstücken bestand, wurde für das Marsanotheater jeder Teil von Hand gefertigt.

3.2

Szene aus "Domi, der amerikanische Affe", um 1828

Johann Wenzel Zinke nach Johann Christian Schoeller
Kolorierter Kupferstich, Pl.: 21,9 x 27,6, Bl.: 26,7 x 35
Bez. li. u.: "Schoeller del.", re. u.: "Zinke sc."
Beschr. Mi. u.: "Domi, der amerikanische Affe oder Neger=Rache. Grosses melodramatisches Specktakel=Schauspiel. [...]", li. u.: "Theatralische Bilder-Gallerie 2t. Jahrgang No 13."
HM, Inv. Nr. 44.375

3.3

Szene aus "Der Verschwender", um 1828

Andreas Geiger nach Johann Christian Schoeller
Kolorierter Kupferstich, Pl.: 22,2 x 27,8, Bl.: 25,7 x 34,2
Bez. li. u.: "Schoeller del.", re. u.: "And. Geiger sc."
Beschr. Mi. u.: "Der Verschwender Original Zaubermärchen von F. Raimund. [...]", li. u.: "Theatralische Bilder Gallerie No 1."
HM, Inv. Nr. 96.843/1

3.4

Szene aus "Der Alpenkönig und der Menschenfeind", um 1828

Johann Wenzel Zinke nach Johann Christian Schoeller
Kolorierter Kupferstich, Pl.: 22,2 x 28,7, Bl.: 25,2 x 33,6
Bez. li. u.: "Schoeller del.", re. u.: "Zinke sc."
Beschr. Mi. u.: "Der Alpenkönig und der Menschenfeind Zauber=Pantomime nach Raimund von Occioni. [...]", li. u.: "Theatralische Bilder Gallerie 2t. Jahrgang No 45."
HM, Inv. Nr. 96.843/16

3.5

3.7

3.5
Szene aus "Fortunats Abenteuer zu Wasser und zu Lande", um 1828
Johann Wenzel Zinke nach Johann Christian Schoeller
Kolorierter Kupferstich, Pl.: 21,5 x 21,7, Bl.: 23 x 31,9
Bez. li. u.: "Schoeller del.", re. u.: "Zinke sc."
Beschr. Mi. u.: "Fortunat's Abentheuer zu Wasser und zu Lande Zauberspiel von Lembert. [...]", li. u.: "Theatralische Bilder=Gallerie 2t. Jahrgang No 3."
HM, Inv. Nr. 98.169

3.6
Bühnenbildentwurf für eine altrömische Marktszene
Antonio de Pian jun.
Aquarell, 37,4 x 48,2
Bez. re. u.: "A. de Pian junior"
HM, Inv. Nr. 101.034

3.7
Bühnenbildentwurf für eine Säulenhalle
Lorenzo Sacchetti
Federzeichnung, laviert, 32,9 x 43,8
Bez. re. u.: "L. Sacchetti"
HM, Inv. Nr. 48.177/22

3.8
Bühnenbildentwurf für einen Höhleneingang mit zwei Atlanten
Lucas Martinelli
Federzeichnung, laviert, 24,2 x 37
HM, Inv. Nr. 49.215/9

3.9

3.12

3.9
Bühnenbildentwurf "Schloß Castel a Mara" zu "Die Stumme von Portici", 1869
Hermann Burghart
Aquarell über Bleistiftvorzeichnung, 21,5 x 30,8
Wien, Österreichisches TheaterMuseum, Inv. Nr. HOpÜ 5752

3.10
Bühnenbildentwurf "Marktplatz in Neapel" zu "Die Stumme von Portici", III. Akt, 1869
Hermann Burghart
Aquarell und Deckfarben über Bleistiftvorzeichnung, 26 x 38,2
Wien, Österreichisches TheaterMuseum, Inv. Nr. HOpÜ 5749

3.11
Bühnenbildentwurf "Wolfsschlucht" zu "Der Freischütz", III. Akt, 1870
Josef Hoffmann
Aquarell und Deckfarben über Bleistiftvorzeichnung, 36,5 x 55,5
Wien, Österreichisches TheaterMuseum, Inv. Nr. HS 30.200 Th

3.12
Bühnenbildentwurf "Garten" zu "Mignon", II. Akt, 2. Dekoration, 1870
Theodor Jachimovicz
Aquarell und Deckfarben über Bleistiftvorzeichnung, 24 x 35
Wien, Österreichisches TheaterMuseum, Inv. Nr. HOpÜ 5409

3.13
Bühnenbildentwurf zu "Die Tragödie des Menschen", 1892
Francesco Angelo Rottonara
Mischtechnik, 61 x 88,7
Bez. li. u.: "F. A. Rottonara"
Wien, Österreichisches TheaterMuseum, Inv. Nr. HS 50.363
Abbildung im Farbteil

3.14
Bühnenbildentwurf "Amtmanns Garten" zu "Werther", 1892
Anton Brioschi
Aquarell und Deckfarben über Bleistiftvorzeichnung, 25,7 x 37,2
Wien, Österreichisches TheaterMuseum, Inv. Nr. HOpÜ 5897

3.15

3.15

Bühnenbildentwurf "Tempel" zu "Samson und Dalila", III. Akt, 2. Bild, 1907

Anton Brioschi

Aquarell und Tuschfeder über Bleistiftvorzeichnung, 24 x 37

Wien, Österreichisches TheaterMuseum, Inv. Nr. HOpÜ 5670

Die Bilder werden lebendig
Die Bilder lernen laufen
Laterna Magica
Kinematographie

Warnung. Alle schon gezeigten Nachahmungsversuche sind unzulänglich gegenüber der Vollkommenheit u. der reichen Abwechslung der von den Herren Lumière zur Darstellung gebrachten Sujets.

Gegen Ende des 18. Jahrhunderts häuften sich spielerische Versuche, Bildern Bewegung und Räumlichkeit zu verleihen. Guckkästen ließen die Bilder mittels Linsen und Spiegeln dreidimensional erscheinen. Kleine Papiertheater oder Bilderbücher entfalteten sich beim Aufklappen. Glückwunschkarten mit verborgenem Papiermechanismus entwickelten sich zu einer Spezialität des Wiener Biedermeier. Durch Hinterleuchtung mit sich drehenden, bunten Lichtquellen kam Leben in die Bilder.

4.5

4.1
Klappkarte, um 1810
Verlag Johann Adamek, Nr. 2
Kolorierte Radierung, 9,3 x 7
Bez. re. u.: "In Wien bey J. Adamek.", li. u.: "No. 2"
Beschr.: "Ich wünsche Ihnen - 1000 Glück."
HM, Inv. Nr. 47.874/68

4.2
Zugkarte, 1812/15
Verlag Heinrich Friedrich Müller, Nr. 194
Kolorierte Radierung, Auge mit Glimmer überzogen, 7,2 x 9,2
Bez. re. u.: "Wien, bey H. F. Müller.", li. u.: "No 294."
Beschr.: "Mein Auge sieht nur - Sie"
HM, Inv. Nr. 47.794

4.3
Drehscheibenkarte, 1812/15
Verlag Heinrich Friedrich Müller, Nr. 179
Kolorierte Radierung, 9 x 7
Bez. re. u.: "Wien bey H. F. Müller.", li. u.: "No. 179."
Beschr.: "Nim meinen besten Wunsch heut durch / die Blumen hin, / Und glaube das ich stets - die treu'ste Freundin bin!"
HM, Inv. Nr. 47.874/70

4.4
Vorhangzugkarte, 1810/15
Verlag Johann Neidl, Nr. 178
Kolorierte Radierung, 10,2 x 7,8
Bez. li. u.: "Wien bey Joh. Neidl.", re. u.: "178"
Beschr.: "Es zeigt des Hauses Schild / Was darinn enthalten; / Es spricht für mich das Bild, - - Wir bleiben die Alten."
HM, Inv. Nr. 164.217

4.5
Vorhang- und Hebelzugkarte, 1810/15
Verlag Johann Neidl, Nr. 69
Kolorierte Radierung und Punktierstich, 10,5 x 8
Bez. li. u.: "Wien bey Joh. Neidl.", re. u.: "Nro 69."
Beschr.: "Zieh' weck den Berg der Feuer blitzet, / Du find'st ein Bild so sanft und süß: / Und wen Dir auch das Bild nicht nützet, / Das gröste Glück wünsch ich gewiß!"
HM, Inv. Nr. 123.486
Der Ausblick auf einen feuerspeienden Vulkan verwandelt sich in eine Szene mit um Amor tanzenden Putti.

4.6

4.6

Türflügelkarte, 1825/30

Verlag Heinrich Friedrich Müller, Nr. 405
Kolorierte Radierung, 9,7 x 7,4
Bez. re. u.: "Wien bey H. F. Müller.", li. u.: "No. 405."
Beschr.: "Dein Glück wird unaussprechlich seyn; / Dein Wunsch erfüllt eh' er gedacht. / Mein Streben bleibet ganz allein - / Zu thun - was Dir vergnügen macht."
HM, Inv. Nr. 164.215

Hinter einer personifizierten Darstellung der Nacht wird durch einen Auffaltmechanismus ein junger Mann mit Blumen sichtbar.

4.7

Hebelzugkarte, 1810/20

Verlag Georg Gruber
Kolorierte Radierung, 9 x 7
Bez. re. u.: "Wien bey G. Gruber."
Beschr.: "Wahre Freundschaft / reiner Sinn, / Sey mein Streben / immerhin. - So lange ich am Leben bin."
HM, Inv. Nr. 123.445

4.8

Etagen- und Hebelzugkarte, um 1815

Verlag Anton Leitner, Nr. 15
Kolorierte Radierung, 9,1 x 12,7
Bez. Mi. u.: "Wien b: Anton Leitner.", li. u.: "No. 15."
Beschr.: "Neues Schauspiel"
HM, Inv. Nr. 123.458/2

4.9

Schwebezugkarte, 1815/20

Verlag Heinrich Friedrich Müller, Nr. 341
Kolorierte Radierung, 9,6 x 7,1
Bez. re. u.: "Wien bey H. F. Müller.", li. u.: "No. 341."
Beschr.: "Neben Dir / Ist das Liebste / Plätzchen mir; / Deine milden Blicke / geben / Meinem Herzen / Wonnebeben. / Was Du wünschest / werde Dir!"
HM, Inv. Nr. 123.478/2

Bei Betätigung des Zugmechanismus wird ein Tempelchen mit einem Liebespaar dreidimensional aufgeklappt.

4.10.1-3

Drei Guckkästen (Nachbau)

Darin folgende Szenen:
Kulissenbilder für einen Guckkasten, um 1819
Kolorierte Radierungen, 9 x 14

4.10.1
"Gibraltar"
Bestehend aus sechs Blatt und einem Vorlageblatt
HM, Inv. Nr. 61.244/20

4.10.2
"Schäferey"
Bestehend aus fünf Blatt und einem Vorlageblatt
HM, Inv. Nr. 61.244/5

4.10.3
"Arche Noa"
Bestehend aus sechs Blatt und einem Vorlageblatt
HM, Inv. Nr. 61.244/11

4.11

Guckkastenmann (Füllung für den Deckel einer Schnupftabakdose), um 1845/50

Emerich Maria Benkert
Aquarell, Dm.: 8
HM, Inv. Nr. 39.131/2

In die im 18. Jahrhundert und in der Biedermeierzeit beliebten Guckkästen wurden seitenverkehrt gemalte oder gestochene Bilder, die oft durch Kulissen und Figuren eine theaterartige Tiefe erhielten, eingesetzt. Durch vergrößernde Linsen und über einen Spiegel betrachtet, entstand ein dreidimensionaler Eindruck. Guckkästen wurden in den unterschiedlichsten Größen zu Hause aufgestellt, aber auch - wie auf vorliegendem Bild - von Bänkelsängern, den Guckkastenmännern, auf Kirtagen oder im Prater präsentiert.

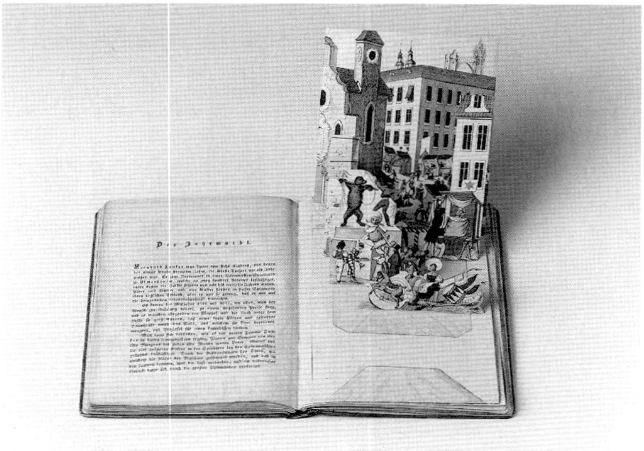

4.12

4.12

"Bunte Scenerien aus dem Menschenleben.", 1835

Text von Leopold Chimani, Illustrationen von Matthäus Loder
Druck, 172 Seiten, 18,7 x 14,5
HM, Inv. Nr. 110.531
Schlägt man das Buch auf Seite 114/115 auf, läßt sich eine dreidimensionale Jahrmarktsszene mit Harlekinen, einem Tanzbären und verschiedenen Verkaufsständen aufklappen.

4.13

Seebataille, 1788/90

Johann Martin Will
Kolorierter Kupferstich, Bildausschnitte mit farbiger Seide unterlegt, Pl.: 25,1 x 32,3, Bl.: 28,8 x 41,8
Bez. Mi. u.: "Joh. Mart. Will excud. Aug. Vind."
Beschr. o.: "Vorstellung der See Bataille welche Ao. 1788 den 28 Juny zwischen der Kayserl. Rusischen Flotte [...] und der Türckischen [...] vorgefallen.", u.: "Die Flotte des Capiten Bassa [...]"
HM, Inv. Nr. 74.520
Bei diesem Kupferstich sind die Kanonenfeuer, die Fahnen und Bullaugen der Schiffe mit farbiger Seide unterlegt, sodaß die Szene bei Hinterleuchtung belebt erscheint.

4.14.1-12

Chinesisches Feuerwerk, um 1830

Verlag Joseph Trentsensky
Zwölf kolorierte Federlithographien auf Karton, perforiert und transparent, 36 x 56, bzw. 40,7 x 54,5
HM, Inv. Nr. 143.921/1-11, Inv. Nr. 164.225
In einem schwarzen Kasten wurde eine mit buntgestreiften Papieren überzogene Trommel von innen beleuchtet und - indem der Luftstrom der Kerzen ein Windrad antrieb - gleichzeitig gedreht. Vor die offene Seite des Kastens wurden Kartonstreifen mit Bildern, deren Linien aus kleinen Löchern bestanden, eingesetzt. Sobald sich die buntgestreifte, leuchtende Trommel im Kasten drehte, begannen die Bildkonturen in verschiedenen Farben zu flimmern.

Im 19. Jahrhundert begann die Wissenschaft, den physiologischen Grundlagen der menschlichen Wahrnehmung besondere Aufmerksamkeit zu widmen. Im Zuge dieser Beschäftigung mit dem Vorgang des Sehens wurden Apparate entwickelt, die "künstliche Wirklichkeiten" produzierten: Das Thaumatrop, das Stroboskop, die "Wundertrommel" und ähnliche Geräte ließen den Betrachter aufgrund der Trägheit des Auges getrennte Einzelbilder wie in einem Überblendungseffekt als kontinuierliche Bewegung wahrnehmen. Abseits der Wissenschaft erfreuten sich die neuartigen "Sehmaschinen" als Kinderspielzeug bis in unser Jahrhundert großer Beliebtheit.

4.16.1

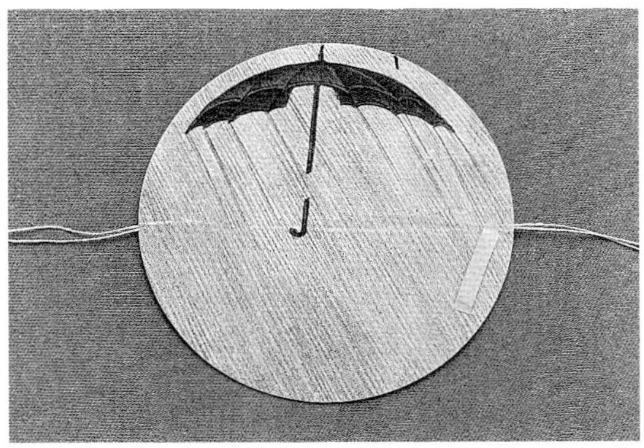

4.16.1

4.15

Kaleidoskop (Nachbau)

Das Kaleidoskop wurde zu Beginn des 19. Jahrhunderts von dem Schotten David Brewster erfunden. Er verstand es als mechanisches Mittel zur Reformierung der Kunst im Sinne der industriellen Entwicklung: Da er ausschließlich die Symmetrie als Basis für die Schönheit in Natur und Kunst ansah, erschien ihm die multiplizierende Spiegelung des Kaleidoskops als geeignetes Mittel, Kunst zu produzieren.

4.16.1-2

Zwei Thaumatrope (Nachbau)

Vier Fotoreproduktionen auf zwei Kartonscheiben, Dm: 8,6

4.16.1

Mann / Regenschirm im Regen

HM

4.16.2

Soldat / Wildschwein

HM

Auf der Vorder- bzw. Rückseite einer Kartonscheibe sind zwei zusammengehörende Dinge getrennt dargestellt. Wird die Scheibe an zwei Fäden schnell um die eigene Achse gedreht, verschmelzen die beiden Darstellungen in der Wahrnehmung des Betrachters zu einem einzigen Bild. Solche "Wunderscheiben" wurden 1825 in London von Dr. John Paris erfunden.

4.21.1

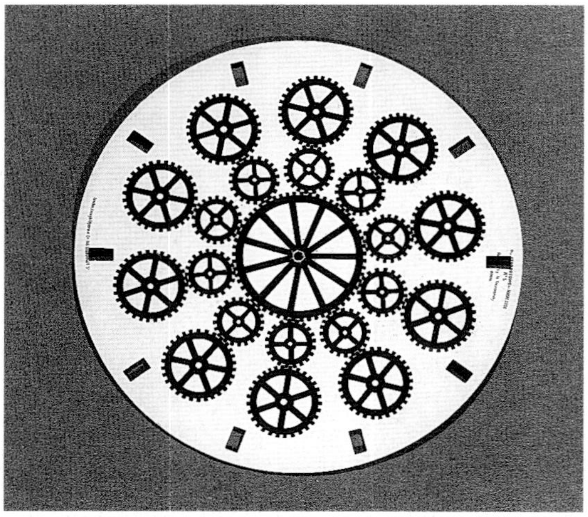

4.17.1

4.19, 4.20

4.17.1-2

Zwei stroboskopische Scheiben, um 1840

Verlag Matthäus Trentsensky und Josef Myers & Co
Lithographie, Dm.: 29,2
Beschr.: "The Stroboscope or Magic Disc"
HM, Inv. Nr. 110.514/1, 2

Auf der von Simon Stampfer 1832 entwickelten stroboskopischen Scheibe ist ein Mensch oder ein Gegenstand in den verschiedenen Phasen einer Bewegung abgebildet. Zwischen jeder Phase befindet sich eine schlitzförmige Öffnung. Die Scheibe wird auf eine dafür vorgesehene Vorrichtung vertikal aufgesetzt und mittels Kurbel vor einem Spiegel gedreht. Blickt man durch die Öffnungen der Scheibe auf diesen Spiegel, nimmt man das auf der Scheibe abgebildete Objekt in Bewegung wahr. Denn die durch die Öffnung erblickte Bewegungsphase ist auf der Netzhaut des Auges noch nicht erloschen, wenn durch die folgende Öffnung der rotierenden Scheibe bereits die nächste Phase im Spiegel gesehen wird. Wie beim Film verschmilzt die Wahrnehmung rasch aufeinanderfolgender Einzelbilder zum Eindruck einer Bewegung.

4.18.1-2

Zwei Stroboskope (Nachbau)

unter Verwendung von vier Fotoreproduktionen nach Kat. Nr. 4.17.1-2

4.19

Wundertrommel, um 1860/70

Blech, bemalt, auf Eisenfuß, H: 37, Dm: 40,5
Beschr. auf einem Etikett innen: "Wheel of Life Secured by Royal Letters Patent Stereoscopic & Photographic Compy."
HM
darin:

4.20

Bildstreifen für die Wundertrommel, um 1860/70

Schnurspringerin, auf der Rückseite (nicht sichtbar): Artist mit Faß
Kolorierte Lithographie, 9,7 x 92,5
HM

Ein Papierstreifen, auf dem ein Mensch oder Gegenstand in den verschiedenen Phasen einer Bewegung abgebildet ist, wird in einen oben offenen Blechzylinder, die Wundertrommel oder das Zootrop, eingelegt. Durch Sehschlitze im oberen Teil der Seitenwand des Zylinders blickt der Betrachter auf die Bilder, die an der Innenwand des Zylinders liegen. Wird nun der Zylinder gedreht, nimmt man die rasche Folge der durch die Schlitze gesehenen Bilder als Bewegung wahr. Die Wundertrommel wurde, aus Amerika kommend, in den sechziger Jahren des 19. Jahrhunderts bei uns populär.

4.21.1-2

Zwei Wundertrommeln (Nachbau)

darin: Zwei Bildstreifen, um 1860/70

4.21.1

Junger Mann, der über einen Steinpfosten springt
Fotoreproduktion nach: kolorierte Lithographie, 9,4 x 91,4
HM

4.21.2

Balancierendes Tier
Fotoreproduktion nach: kolorierte Lithographie, 10,1 x 94,7
HM, Inv. Nr. 111.201

4.23

4.24

4.22.1-3

Drei Bildstreifen für die Wundertrommel, um 1890

Frankreich

Farblithographien, jeweils 5,5 x 66

4.22.1

Sägende Knaben

Beschr. li. u.: "No 11 (Déposé) Les Scieurs de Long", re. u.: "Le Praxinoscope (Breveté S. C. D. C.)"

HM, Inv. Nr. 108.704/6

4.22.2

Schwimmerin

Beschr. li. u.: "No 18 (Déposé) - La Naceuse", re. u.: "Le Praxinoscope (Breveté S. C. D. C.)"

HM, Inv. Nr. 108.704/12

4.22.3

Trapezkünstler

Beschr. li. u.: "No 17 (Déposé) - Le Trapeze", re. u.: "Le Praxinoscope (Breveté S. C. D. C.)"

HM, Inv. Nr. 108.704/14

4.23

"Gramophone-Cinema", um 1920/30

Karton, Eisen, Holz, H: 18, B: 17,5, T: 4,5

HM

Beim "Gramophone-Cinema" wird auf die Platte eines Grammophons eine runde Bilderscheibe gesteckt, an deren Außenrand ein Mensch oder Tier in einzelnen Bewegungsstadien dargestellt ist. Darauf legt man ein kleines zylindrisches Holzstück, das auf drei daran befestigten beweglichen Rädchen ruht. Darüber liegt ein trichterförmiger Aufsatz aus Karton mit radial angeordneten Sehschlitzen. Beobachtet man durch diese die von der sich drehenden Grammophonplatte bewegte Bilderscheibe, so entsteht durch die Verschmelzung der Einzelbilder der Eindruck kontinuierlicher Bewegung.

4.24

"Ombro-Cinema", um 1920/30

Karton, Holz, Folie, Papier, H: 29,5, B: 43, T: 6

HM

Das Ombro-Cinema erzeugt die Illusion von Bewegung durch das Zusammenspiel zweier hintereinander angeordneter, sich gegenseitig ergänzender Folien bzw. Papierstreifen. Durch die vordere durchsichtige Folie, auf der ein regelmäßiger Raster aus vertikalen schwarzen Streifen in Form eines Zaunes dargestellt ist, blickt man auf einen Bildstreifen aus Papier, der auf zwei links und rechts angeordneten Holzstäben aufgerollt ist und mit Hilfe kleiner Eisenhäkchen weiterbewegt werden kann. Auf dem Papierstreifen sind Figuren in demselben vertikalen Rasterprinzip in zwei verschiedenen Bewegungsabläufen dargestellt. Bewegt man diesen Streifen, wird jeweils ein Bewegungsmotiv von den Streifen der vorderen durchsichtigen Folie abgedeckt, und so entsteht der Eindruck, als würden die Figuren sich sowohl selbst bewegen als auch fortbewegen.

Nach diesem Prinzip funktioniert auch der Umschlag dieses Katalogs. Auf der Rückseite des herausziehbaren Blattes ist ein Detail aus dem Ombro-Cinema wiedergegeben.

Die Laterna magica, Vorläufer des Diaprojektors, wurde um die Mitte des 17. Jahrhunderts von dem Holländer Christian Huygens und dem Dänen Thomas Walgenstein erfunden. Ihr Grundprinzip beruhte auf dem Zusammenwirken eines Hohlspiegels, zweier konvexer Linsen, sowie einer Lichtquelle. Zwischen den letzteren beiden wurde das zu projizierende Glasbild, seitenverkehrt und auf dem Kopf stehend, plaziert. Je nach Beschaffenheit der Glasbilder (Schiebe-, Hebel-, Kurbelbilder, Chromatrope) konnten während der Projektion unterschiedliche Bewegungseffekte erzielt werden. Ursprünglich wurde die Laterna magica zur magisch-mystischen Unterhaltung mit moralisch-belehrendem Anspruch, etwa für die Projektion von Geistererscheinungen, eingesetzt. Die Spielzeugausführungen waren in den bürgerlichen Kinderzimmern des 19. Jahrhunderts weit verbreitet.

4.25

4.25

Doppel-Laterna magica für Nebelbildvorführungen, um 1890

Newton & Co, London

Edelholzgehäuse mit Messingbeschlägen, zwei Newton-Objektive, zwei Doppelkondensoren für Gasbetrieb,

H: 61, L: 45

HM

Bei den sogenannten Nebelbildvorführungen wurden zwei Ansichten (z. B. dieselbe Landschaft, einmal im Sommer, einmal im Winter) unmittelbar nacheinander so projiziert, daß der Eindruck eines zeitlichen Ablaufs entstand.

4.26

4.26
Laterna magica, Ende des 19. Jahrhunderts
Holzgehäuse, Messingobjektiv, Eisenblech, Glas,
H: 53, L: 62, B: 37,5
HM

4.27
Laterna magica, Ende des 19. Jahrhunderts
Holzgehäuse, Messingobjektiv, Eisenblech, Glas,
H: 58, L: 68, B: 28
HM

4.28
Laterna magica "Optimus", um 1900
Perken, Son & Co. LTD, Matton Garden, London
Holzgehäuse, Messingobjektiv, elektrifiziert, H: 36, L: 44, B: 19
HM

4.29
Laterna magica, um 1915
Französisches Modell
Blechgehäuse, Messingobjektiv, elektrifiziert, H: 34, L: 43,5, B: 14
HM

4.30.1-2
Zwei Fotoreproduktionen nach Kat. Nr. 4.31.1-2

4.31.1-2
Zwei Laterna magica-Bilder für die Projektion von Nebelbildern, um 1880
Holzrahmen, Temperamalerei auf Glas, jeweils 12 x 25
4.31.1
Mühle im Gebirge
Beschr. auf Etiketten: "60 Moulin de Ehia dans l' Oberland [...] 1e tabl "
4.31.2
Brennende Mühle
Beschr. auf Etiketten: "62 Moulin de Ehia Oberland (Suisse) [...] 3e tab Incendie"
HM
Abbildung im Farbteil

4.32
Reproduktion nach: Chromatrop
Holzrahmen, Aquarellfarben, Gummiarabicum, Glas, Metall,
10,6 x 19,2
HM

4.33
Chromatrop, um 1890
Holzrahmen, Aquarellfarben, Gummiarabicum, Glas, Messing,
10 x 16,5 (10 x 22,8 mit Kurbel)
Bez. li.: "Newton & Co. Opticians Fleet St London"
HM

4.34
Reproduktion nach: Schiebebild: Mann vor dem Kuchenteller / Esel vor einer Hafergarbe
Holzrahmen, Temperamalerei, Aquarellfarben, Gummiarabicum,
Glas, Schiebevorrichtung aus Messing, 12,8 x 25,2
HM

4.35
Schiebebild: Mann auf einem Esel / Mann mit Eselskopf auf Esel mit Menschenkopf, um 1890
Holzrahmen, Temperamalerei, Aquarellfarben, Gummiarabicum,
Glas, Schiebevorrichtung aus Messing, 11,8 x 25,1
HM

Elisabeth Büttner und Christian Dewald

EINE WIRKLICHKEITSGETREUE WELT DER ILLUSION
Notizen zur Frühgeschichte der Kinematographie

Ein Ideenkind des 19. Jahrhunderts – eine Skizze

Die Erfindung der Kinematographie datiert an der Schwelle vom 19. zum 20. Jahrhundert. Diese Brückenfunktion verleiht dem Kino sein spezifisches Gepräge. Es bündelt die Dynamik und Schaulust des ausgehenden Jahrhunderts und trägt sie ins neue hinein. Seine Selbstfindung und Entfaltung erlebt das Kino im Verlauf des 20. Jahrhunderts, doch seine Wurzeln liegen im kultur- und wirtschaftsgeschichtlichen Profil des bürgerlichen Zeitalters und schimmern bis heute durch.

Die Eisenbahn, das Flugzeug, das Automobil oder das Kino sind Hinterlassenschaften des 19. Jahrhunderts und sprechen von einer Begeisterung für technische Innovationen und einem ungebrochenen Fortschrittsglauben. Das Individuum dieser zeitlichen Epoche war einer ungeheuer raschen Transformation seiner gewohnten Lebensverhältnisse ausgesetzt. Die Beschleunigungen in der Fortbewegung, die Mechanisierung und Zerteilung der Arbeitsleistung, das explosive Anwachsen der Großstädte geben nur einen kleinen Ausschnitt an Indizien wieder, welche alle eine Tendenz bestätigen. Das Leben wird fragmentiert, ist in seinen Zusammenhängen nicht mehr zu überschauen und widersetzt sich jeder verbindlichen Interpretation. Die Wirklichkeitswahrnehmung und Alltagsgestaltung verlangt nach ganz neuen Rhythmen, bringt völlig neue Perspektiven und Verdichtungen hervor. Man denke an die abstrakte, pittoreske Welt, die ein Blick aus dem Flugzeug vermittelt, oder prosaischer an die zerhackten und raschen Handgriffe, die die Arbeit an einem Fließband erfordert.

Doch das 19. Jahrhundert zeigt sich nicht nur als geschickt in den Erfindungen, sondern auch in deren Verwertung. Die Arbeitsteilung schreitet zügig voran, die Produkte werden unter industriellen Normen hergestellt und distribuiert. Eine neue soziale Klasse formiert sich, das Proletariat. Der Mensch erlebt sich zunehmend in einer Doppelrolle als Produzierender und als Konsument. "Aus filmgeschichtlicher Perspektive ist an der Entstehung des Konsumenten wichtig der Wandel vom Betrachten zum Verbrauchen. Der Betrachter von Bildern, aber auch von Landschaften, Auslagen oder Mitmenschen wird zum warenkonsumierenden Individuum. Damit ist noch nicht der Filmzuschauer oder der Theaterbesucher gemeint. Vielmehr ist damit gemeint, daß jede Betrachtung der Welt, der alltäglichen Umgebung, damit auch jede Reflexion, zu einer Spielart des Warenkonsums wird, und zwar deshalb, weil der einzelnen Person ein anderer als ein Konsumentenstandpunkt zunehmend unmöglich gemacht wird."[1]

Der Alltag wird vom Bewohner des 19. Jahrhunderts nicht mehr als ein großes, geregeltes Ganzes erfahren, in dem den Dingen ein Platz und ein Sinn zukommt, sondern als eine Abfolge von wechselnden, auch widersprüchlichen Betrachtungsweisen, die dauernder Veränderung und Bewegung unterworfen sind. Die (visuelle) Aneignung der Welt baut nicht mehr auf Tradition und Gewohnheit, sondern stützt sich auf 'neue Regeln des Warenverkehrs und der Abstraktion'. Ein Netz des Zusammenhangs, das auch sinnlich nachzuvollziehen ist, wird der Einzelperson unbegreiflich, beginnt zu entschwinden. Dem fügt sich eine neue Haltung der Privatexistenz zur Ästhetik an. "Die Illusion der Wirklichkeit wird vom 19. Jahrhundert von den ästhetischen Dingen umso entschiedener gefordert und ersehnt, als Wirklichkeit selbst schon illusorisch geworden ist: ist es der Gegenstand oder ist es die Ware oder ist es das Emblem und wo bleibe ich?"[2]

Die Wege zu Bildung, Unterhaltung und zum Orten der eigenen Position führen den Zeitgenossen des 19. Jahrhunderts in ein Panorama. Beliebtheit erfreuen sich auch Attraktionsschauen, die Großbildprojektoren mit Geister-, Nebel- und Zauberbildern ausstellen. Die Schaulust der Epoche bündelt sich jedoch in den riesigen Rundleinwänden der Panoramen, die Horizonterweiterung qua Illusion versprechen. Das Panorama bietet Ersatzwirklichkeiten, die Ein- und Überblicke in historische Ereignisse wie Schlachten, in fremde, exotische Regionen oder in Totalansichten von Städten gewähren. Die Panoramen-Maler verschließen sich jedoch auch nicht der Aktualität. Kurz nach der Pariser Juli-Revolution 1830 werden "Bilder" von den Ereignissen angeboten. Thematisch sind die bevorzugten Motive der Panoramen und Projektionen den ausgewählten Stoffen der frühen Kinematographie verwandt. Doch auch auf einem anderen Gebiet kann das Panorama als Pate des Kinos gelten. Die Besucher der Panoramen sind ganz dem Auge hingegeben, dem Diktat des Bildes unterworfen. Sie werden so in einem Rezeptionsverhalten eingeübt, das vom Kino übernommen wird. Die Grenze zwischen Illusion und Realität wird verwischt und der Betrachter von Panoramen wie von Filmen kann sich eingestehen: 'Ich kam, sah und wurde von Bildern besiegt.'

Vom Zergliedern und Zusammensetzen der Bewegung - eine Chronologie

Auch die Linie der Apparaturen und technischen Erfindungen, die konkret zur Kinematographie, zum bewegten Bild führt, spiegelt den Zeitgeist des ausgehenden 19. Jahrhunderts wieder. Man wollte den Dingen auf den Grund gehen und alles Spekulative ausschließen. Der Glaube an die Kraft der Wissenschaftlichkeit ist enorm. Paradoxerweise führt gerade diese positivistische Verpflichtung zur Erfindung der Fiktionsmaschine Kino. Das Janusköpfige, das das Leben des Kinos begleiten wird, ist bereits in seinen Entstehungsbedingungen vorgezeichnet. Realität und Illusion werden im Kino stets verschränkt bleiben und aufeinander angewiesen sein.

Die Geschichte, die die Erfindung der Kinematographie einleitet, erzählt auch von einer anderen Allianz, die dem Selbstverständnis der zweiten Hälfte des 19. Jahrhunderts verpflichtet ist: dem Zusammengehen von forschendem Pioniergeist, Geldabschöpfung und Unterhaltung. Der Ehrgeiz eines Professors für Naturgeschichte am Collège de France, Etienne Marey, liegt darin, die Bewegungen von Menschen und Tieren exakt und störungsfrei festzuhalten, sie zu objektivieren. Er erfindet 1870 einen Pulsschreiber, der Körperbewegungen in Kurven übertragen, auf einem Diagramm festhält. Marey entdeckt mittels dieser Methode, daß ein galoppierendes Pferd für einen kurzen Moment alle vier Beine vom Boden ablöst. Seinen Ausführungen, die er auch in Skizzen der einzelnen Bewegungsphasen veranschaulicht, wird besonders vom Laienpublikum mit Skepsis begegnet. Ein reicher Amerikaner möchte Beweise in der Form 'objektiver' fotografischer Bilder sehen. Er wettet gegen Mareys Ergebnisse und beauftragt 1872 den Eisenbahningenieur Eadweard Muybridge, den Gegenbeweis anzutreten. Muybridge entwickelt ein System der Reihenfotografie. Er stellt längs einer Pferderennbahn Dutzende Fotoapparate auf, die zuerst mechanisch über Fäden, später elektrisch ausgelöst werden. Mareys Thesen über den Lauf der Pferde bestätigen sich rasch, und Muybridge setzt seine Forschungen mit dem bewährten System fort. 1879 kommt ihm die Idee, seine fotografierten Bilder in schneller Abfolge auf eine Leinwand zu projizieren. Der Versuch gelingt, und die erste Bewegungsillusion von ein bis zwei Sekunden, die auf unmittelbaren fotografischen Abbildern beruht, ist bewerkstelligt. Doch der "zündende Gedanke, eine nachgebildete, fließende fotografische Bewegung für ein Publikum zu synthetisieren und zur Anschauung zu bringen"[3], kommt dem wissenschaftlich-rational ausgerichteten Muybridge nicht. Sein Augenmerk gilt der Zergliederung. Die Kehrseite, das Herstellen von Zusammenhängen, seien sie der Realität entnommen oder erfunden, liegt ihm fern. Doch die Erfindung der Kinematographie, die Wiedergabe von kleinen Ereignissen und das Erzählen von kurzen Episoden in lebenden Bildern, liegt in der Luft. Den Brüdern Lumière, Fabrikanten aus Lyon, gelingt es, die technisch ausgereifteste Apparatur zur Aufnahme und Wiedergabe von bewegten fotografischen Bildern zu präsentieren. Die erste Filmvorführung des Cinématographe Lumière findet am 28. 12. 1895 im indischen Salon des Grand Café am Boulevard des Capucines in Paris statt. Das neue Medium, das von der Balance zwischen Realitätsnähe und Illusionskraft lebt, findet fulminante Verbreitung. Ein neuer Industriezweig beginnt zu wachsen.

Die ersten Stufen der Kinematographie in Wien – ein Parcours

Die Geschichte der Kinematographie in Österreich beginnt am 27. März 1896, in Wien 1., Kärntnerstraße 45/ Ecke Krugerstraße. Eugène Dupont, ein Bevollmächtigter der Erfinder, zeigt ein gut durchmischtes Programm an kurzen Dokumentarszenen der Brüder Lumière. Die einzelnen Filme sind wenige Minuten lang und werden von möglichst 'akademisch gebildeten Sprechern' kommentiert. Es gibt täglich Vorstellungen von 10.00 bis 20.00 Uhr. Der Ankündigungstext betont als hervorstechendste Eigenarten der 'sinnreichen' Apparatur deren 'bewundernswerte Genauigkeit' und unbestechliche Realitätstreue. "Es wird also, Dank dieser merkwürdigen Erfindung, möglich, die Vorgänge des wirklichen Lebens bis in die geringsten Details zu entwickeln: Das Leben wird überall, wohin das Objectiv gerichtet wurde, festgehalten und Alles, was sich ereignet hat, kommt getreulich wieder zum Vorschein, ebenso wie im Edison'schen Phonographen das einstmals vernommene Wort mit den geringfügigsten Modulationen der Stimme wieder hörbar wird."[4] Der 'lebendigen' Fotografie und ihren Bildern ist von Beginn an enormer Erfolg beschieden. Selbst Kaiser Franz Josef I. möchte sich über den 'Cinématographen' informieren und besucht bereits im April 1897 eine Filmprojektion im Haus des genannten Herrn Dupont. Doch mit Hochkultur hatte die Welt der Kinos in ihrer Frühphase nichts gemein. Der Film ist anfangs eingebettet in einen Reigen an Spektakulärem, Sensationsversprechendem. Die Kinematographie gilt als eine Attraktion und findet ihre Heimat an Orten, die für die Vorführung von Attraktionen ausgestattet sind: am ständigen Jahrmarkt, im Varieté, im Zirkus. "In keiner anderen europäischen Großstadt waren die Anfänge des Kinos so eng mit einem etablierten Jahrmarktvergnügen verbunden wie in der Hauptstadt der Monarchie."[5] Filme werden in Veltées Panoptikum am Kohlmarkt gezeigt. Das Homes Fey Theater in der gleichen Straße erhält 1902 eine Kinokonzession. Den Filmvorführungen fügen sich hier 'ein Weltpanorama, Abnormitäten und Illusionen' an. Bereits seit 1899/1900 zieht die Familie Geni mit ihrem Wanderkino durch die Gebiete der Monarchie. Auch hier schlägt eine breite Palette an Spektakulärem das Publikum in Bann: eine Dampfmaschine zur Stromerzeugung kann bestaunt werden, bemalte Fassaden, hunderte Glühbirnen, Ausrufer locken und werben. Eigentliche Kinos, abgelöst von anderen Unterhaltungsstätten, entstehen erst zu Beginn unseres Jahrhunderts. "1903 gab es in Wien erst drei ständige Kinos, 1907

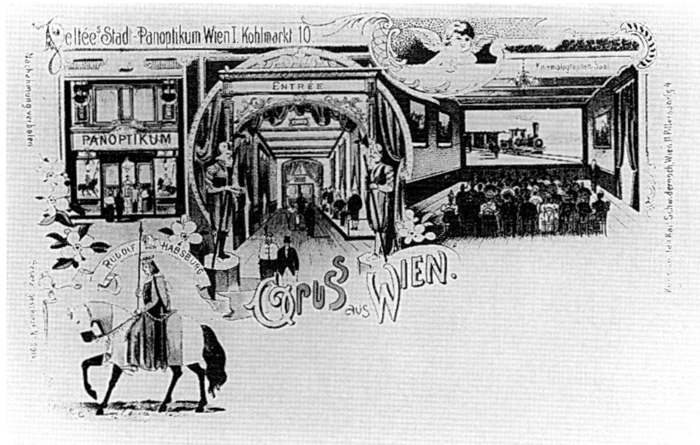

Veltées Panoptikum

waren es zehn – darunter auch einige Zeltkinos –, aber 1915 gab es bereits 150."[6] Als Wiener Spezifikum kann gelten, daß kaum eigene Kinogebäude errichtet, sondern Ladenkinos oder die Adaption von Kellern favorisiert werden. Eine Ausnahme bildet der Wiener Prater: Hier entstehen freistehende Lichtspieltheaterbauten, beispielsweise das Münstedt-Kino, gegründet 1902, oder das Krystall-Kino (1905). Die beiden genannten Kinos fassen 1909 jeweils über 400 Personen. Doch der Trend geht in eine andere Richtung. Die Kinobesitzer sind bemüht, Seriosität auszustrahlen und sich von der Atmosphäre eines Pratervergnügens abzusetzen. Die Kinos nehmen architektonische Anleihen an den Theatern und werden nobel ausgestattet. Das 1906 gegründete Kino Schäffer in der Mariahilfer Straße verkörpert dieses Selbstverständnis eines gehobenen Geschmacks. 1908 läßt die Besitzerin Mizzi Schäffer weitere 24 Logen einbauen. Der Angestellte, der sich von den Arbeitern distanzieren möchte, kann in einem solchen Ambiente von Glück und sozialem Aufstieg träumen.

Die Filme, die in den Wiener Kinos gezeigt werden, sind in den ersten Jahren der Kinematographie ausländischer Provenienz. Ein Verleihsystem existiert noch nicht, die Filme müssen angekauft werden. An einer eigenen österreichischen Filmproduktion experimentieren als erste die Tochter des Stadtpanoptikum-Besitzers Louise Veltée und deren Gatte, der Fotograf Anton Kolm, gemeinsam mit dessen Gehilfen Jakob Fleck. Ihnen ist der erste österreichische Spielfilm VON STUFE ZU STUFE (1907) zu verdanken. Regie führt der Schauspieler Heinz Hanus. Echte Neugierde und ausgeprägter Pioniergeist sind in den frühen Tagen der Kinematographie vonnöten, denn auf technischer Seite wie in Inszenierungsfragen obliegt jede Kreation der eigenen Erfindungsgabe. Der Sohn von Kolm-Veltée erinnert sich: "Mein Großvater Ludwig Veltée, der Besitzer des Wiener Stadtpanoptikums am Kohlmarkt und mein Vater, der von Beruf Fotograf war, haben sich gesagt, wozu denn die teuren Streifen immer aus Paris kommen lassen, probieren wir das doch einmal selber. Da fuhr mein Vater nach Paris, hat sich dort eine Pathé-Kamera besorgt und angefangen zu experimentieren. Sie dürfen nicht vergessen, es waren ja keinerlei Vorbilder da. Man mußte mit den einfachsten Mitteln beginnen und alles selbst machen. Wenn man damals einen Film gedreht hat, mußten z. B. die Perforationslöcher selbst gestanzt werden. Auch eine Kopieranstalt gab es ja nicht. Meine Eltern haben zwei Nägel in den Plafond eingeschlagen und dann einen Draht und eine Zwirnspule drum herumgegeben, den Film im Dunkeln durchgefädelt, mit einer Klammer zusammen, und dann in der Entwicklertasse entwickelt. So wurden kleine Versuchsfilme gedreht, wie etwa 1903 oder 1904, DAS KINDERAUTOMOBIL. Die Geschichte war einfach. Die Eltern wollten ausgehen, die Kinder blieben zuhause und haben nun aus Schirmen, aus Tischen und aus Sesseln ein Automobil gebaut und sind so durch die Traumlandschaft ihrer Phantasie gefahren. Mit Phantasie und Tricks, in urtümlichster Form natürlich, wurden damals schon sehr gerne Versuche gemacht."[7]

Neben der Familie Kolm-Veltée, die einerseits aktuelle Berichte für das Kino liefert, andererseits literarische Werke von Grillparzer, Ganghofer und Anzengruber verfilmt, etabliert sich Alexander ("Sascha") Graf Kolowrat. Seit 1910 unternimmt er zahlreiche Versuche zu Material, Technik und kinematographischen Erzählformen in eigenen Laboratorien und Studioräumen. Kolowrat engagiert beispielsweise den beliebten Volksschauspieler Alexander Girardi und dreht mit ihm den künstlerisch sowie kommerziell erfolgreichen

MILLIONENONKEL (1913). Insgesamt werden in Österreich zwischen 1908 und 1914 mehr als 210 Dokumentarfilme und über 120 Kurz- und Langspielfilme hergestellt.

1914, an der Schwelle des Krieges, beginnt die Welt der Kinematographie ein neues Kapitel aufzuschlagen. Die Aura des Erfindungs- und Pioniergeistes, aber auch das Sensationelle des Gesamterlebnisses Kino sind geschwunden. Die Filme selbst und ihre Ausdrucksformen, ihre Art, Geschichten zu erzählen, rücken ins Visier. Die ersten filmischen Montageformen wie Nahaufnahmen versus Totale, Parallelmontage, lange Kamerafahrten oder ein zeitraffender Schnitt sind gefunden und ausprobiert. Nun können 'Grammatiken' einer kinematographischen Bildersprache entwickelt werden. Damit ebnen sich auch die Wege für ein Austarieren der ideologischen Wirkkraft von Filmen. Der Einsatz der Filmproduktionen im Krieg wird erstes Zeugnis davon geben.

1 Lorenz Engell: Sinn und Industrie. Einführung in die Filmgeschichte. Frankfurt, New York 1992, S.18

2 Hartmut Bitomsky: Das goldene Zeitalter der Kinematographie. Über das Erfinden, die Ökonomie, die Inneneinrichtung, über das Mittel des Verkehrs und die großen Städte, über die Entdeckung und Ausstellung der Welt, über das Reproduzieren, das Verbrechen und den Spaß, über Méliès und die Bourgeoisie des 19. Jahrhunderts. Filmkritik, Heft 237. München, September 1976, S.440

3 Lorenz Engell: Sinn und Industrie. S.28

4 "Die lebende Photographie, dargestellt durch den "Cinématographe" der Herrn Auguste und Louis Lumière aus Lyon." Programm der ersten Filmvorführung in Wien. In: Walter Fritz: Kino in Österreich. Der Stummfilm 1896-1930. Wien 1981, S.12

5 Franz Grafl: Praterbude und Filmpalast. Wien 1993, S.34

6 Walter Fritz: Kino in Österreich. S.18

7 Ausschnitt eines Gesprächs, das die Autoren mit Prof. Walter Kolm-Veltée am 25. November 1994 in Wien führten.

Ende März 1896 fand die erste Filmvorführung in Wien statt, drei Monate, nachdem die Brüder Lumière in Paris mit ihrem "Cinématographe" die ersten Kinovorführungen der Welt veranstaltet hatten. Die Faszination des Publikums angesichts der Illusion der "lebenden Bilder" war groß. Neben Wanderkinos entstanden nach 1900 die ersten fixen Kinogebäude, einige davon im Prater. Während es 1903 erst drei ständige Kinos in Wien gab, waren es 1907 zehn, 1915 dann bereits 150. Bis 1907 wurden ausschließlich ausländische Filme in Wien gezeigt.

4.42

4.36
Kinematograph, um 1900
Ernst Plank, Nürnberg
Blechgehäuse, mit auswechselbarem Objektivträger für Film und Dias, Kamin nicht original, H: 36, L: 27, B: 14,5
Bez.: "E. P."
HM

4.37
Kinematograph, um 1900
Ernst Plank, Nürnberg
Holzgehäuse, Eisenblechdach, Messingobjektiv, Kamin nicht original, auf Holzbrett montiert, für Film und Dias,
H: 33, L: 26, B: 14,3
HM

4.38
Kinematograph, um 1900
Ernst Plank, Nürnberg
Blechgehäuse, Messingobjektiv, auswechselbarer Objektivträger für Film und Dias, H: 50, L: 39, B: 19
HM

4.39
Kinematograph auf Stativ, um 1900
Holzgehäuse, Eisenblech, H: 41 (mit Stativ: 161), L: 25, B: 13
Beschr. auf der Bodenplatte: "Patent DIV. DRGM"
HM

4.40
Kinematograph und Laterna magica, um 1910
Gebrüder Bing, Nürnberg
Blechgehäuse mit festem Objektivträger und Filmeinrichtung,
H: 40, L: 34, B: 14,5
HM

4.41
Kinematograph, um 1910/20
H: 196, B: 61,5, T: 141,5
Wien, Bezirksmuseum Mariahilf

4.42
Kino Klein im Wiener Prater, nach 1905
Fotoreproduktion nach: Fotografie auf Karton,
7,8 x 10,3 (12,6 x 15,2)
HM, Sammlung Pemmer Nr. 16/40/20
Seit der Berliner Filmpionier Oskar Meßter 1896 in Wien seinen Apparat zum Vorführen "lebender Bilder" präsentiert und einem Prater-Schausteller einen solchen Kinematographen verkauft hatte, waren die Anfänge des Kinos in Wien eng mit dem Prater verbunden. 1905 wurde am Eingang des Praters das Kino Klein als eines der ersten Wiener Kinos eröffnet. Später in Krystall-Kino umbenannt, wurde es 1933 ein Tonfilmkino und zeigte vor allem Kriminal- und Wildwestfilme, bis es 1945, wie fast alle Prater-Kinos, zerstört wurde.

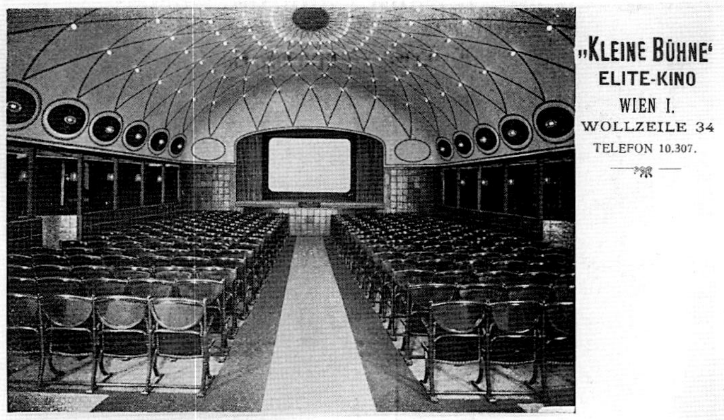

4.45

Noch kurze Zeit!

NUR I., Kärntnerstrasse 39 NUR
Eingang: I., Annagasse 1 (Mezzanin).

Mittwoch, 5. Mai 1897

Die lebende Photographie

dargestellt durch den

„Cinématographe"

der Herren Auguste und Louis Lumière aus Lyon.

Der »Cinématographe«, Erfindung der Herren Lumière, ist ein sinnreicher Apparat, welcher gestattet, nicht nur durch die Photographie mit bewundernswerther Genauigkeit lebende Vorgänge der verschiedensten Art und alle, selbst die geringsten Bewegungen, aus welchen der Vorgang sich zusammensetzt, festzuhalten, sondern auch dieselben getreu in natürlicher Grösse wiederzugeben, indem man sie auf eine weisse Fläche projicirt und sie derart einer ganzen Versammlung von Zuschauern zugänglich macht.

Am 17. April 1896 geruhte **Seine k. u. k. apostolische Majestät Kaiser Franz Josef I.** den »Cinématographe« der Herren Lumière **mit allerhöchst seinem Besuche auszuzeichnen und wurde das Etablissement zu wiederholten Malen von sämmtlichen Mitgliedern des allerhöchsten Kaiserhauses besichtigt und belobt.**

Täglich Vorstellungen von 10 Uhr Vorm. bis 1 Uhr und von 2 bis 8 Uhr Abends.

Programm:

Lyon — Einsturz einer Mauer.
Algerien — Strasse in Tlemcen.
Algerien — Stadtthor von Bab-el-Khaira.
Nizza — Uebung der Alpine-Jäger.
Genf — Wintersport.
Lyon — Dragoner zu Pferde überschwimmen die Saône.
Madrid — Spanische Artillerie.
Trouville — Das Seebad.

Wöchentlich abwechselnd neue Bilder aus allen Weltgegenden.

Nur zu sehen bei dem Cinématographen

der Herren **Auguste** und **Louis Lumière** aus Lyon.

I., Kärntnerstrasse 39, Eingang: I., Annagasse 1 (Mezzanin)

und im

k. k. Prater, Ausstellungsstr. 137

bei **Karl Pretscher,**

Photograph neben der Rutschbahn und dem Panorama.

Entrée 30 Kreuzer.

Programm gratis.

Privatvorstellungen in den Salons der P. T. Herrschaften oder in Clublocalitäten werden coulantest ausgeführt. — Anmeldungen bittet man an die Direction des Cinématographen zu richten.

Warnung. Alle schon gezeigten Nachahmungsversuche sind unzulänglich gegenüber der Vollkommenheit u. der reichen Abwechslung der von den Herren Lumière zur Darstellung gebrachten Sujets.

K. k. Hoftheater-Druckerei, I., Wollzeile 17.

4.46

4.43

Kino Klein im Wiener Prater, nach 1905

Fotoreproduktion nach: Fotografie auf Karton, 23,2 x 29,2 (25,8 x 31,4)

HM, Sammlung Pemmer Nr. 16/40/43

4.44

Kino Stiller im Wiener Prater, nach 1905

Fotoreproduktion nach: Fotografie, 9,1 x 13,9

HM, Sammlung Pemmer Nr. 16/77/1

Das Kino Stiller ging aus einer Schießbude hervor, in der schon ab 1899 Filme gezeigt worden waren.

4.45

Kleine Bühne (Elite Kino): Blick in den Kinosaal, um 1910

Fotoreproduktion

Beschr. am re. Rand: "'Kleine Bühne' Elite Kino Wien I Wollzeile 34 Telefon 10.307"

Wien, Österreichische Nationalbibliothek, Bildarchiv, 427.675

4.46

"Die lebende Photographie [...] 'Cinématographe' der Herren Auguste und Louis Lumière aus Lyon", Programm, 1897

Druck, 19,9 x 13,8

Beschr. re. o. (handschriftl.): "Mittwoch, 5. Mai 1897"

WStLB, Sign. C 109.881

"Der 'Cinématographe', Erfindung der Herren Lumière, ist ein sinnreicher Apparat, welcher gestattet, nicht nur durch die Photographie mit bewundernswerther Genauigkeit lebende Vorgänge der verschiedensten Art und alle, selbst die geringsten Bewegungen, aus welchen der Vorgang sich zusammensetzt, festzuhalten, sondern auch dieselben getreu in natürlicher Grösse wiederzugeben, indem man sie auf eine weisse Fläche projicirt und sie derart einer ganzen Versammlung von Zuschauern zugänglich macht."

Am 28. 12. 1895 veranstalteten die Brüder Lumière aus Lyon im "Grand Café" am Boulevard des Capucines in Paris die ersten öffentlichen Filmvorführungen. Im März 1896 kam Eugène Dupont, ein Bevollmächtigter der Erfinder, nach Wien, um hier die ersten Filme zu zeigen. Im April 1897 bekundete Kaiser Franz Joseph durch den Besuch einer der inzwischen täglich im Mezzanin des Hauses Kärntnerstraße/Ecke Annagasse stattfindenden Vorführungen sein Interesse an der neuen Erfindung.

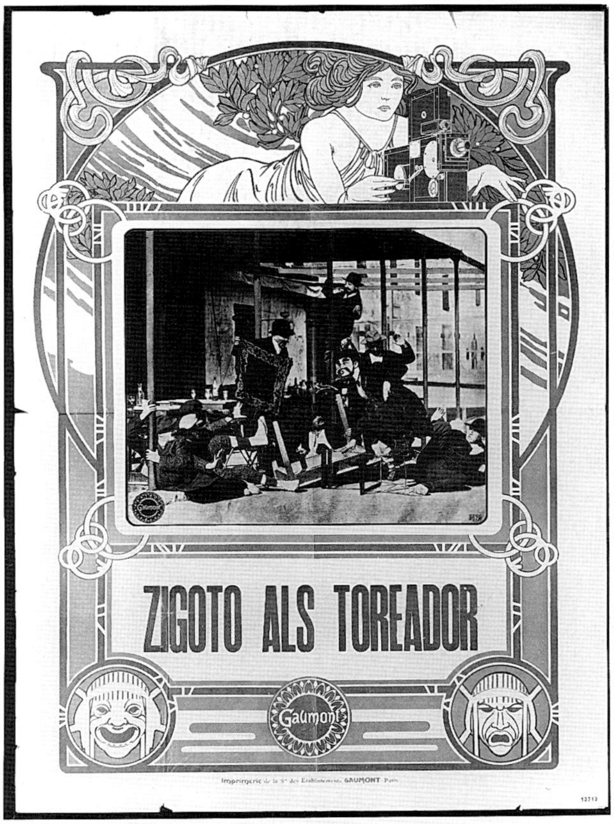

4.52

4.47
"Kinoplastikon", Programm, 1906
Druck, 29 x 22,9
WStLB, Sign. C 109.881
In den Sälen des "Kinoplastikons", Wien VI., Magdalenenstraße 4, wurden zwischen den üblichen Filmvorführungen körperlich erscheinende Figuren auf die leere Bühne projiziert, denen dazu abgespielte Grammophonplatten Sprech- und Singstimmen verliehen. Das vorliegende Programm kündigt u. a. an: "Prolog aus Bajazzo von R. Leoncavallo, gesungen von Lieban. Im Bade. Die beiden kleinen Finken. Pikollo-Duett." sowie "Herr und Frau Drescher aus 'Brüderlein fein'."

4.48
"Kinematograph-Theater Elektro-Bio", Plakat, 4. März 1906/7(?)
J. Lutzenberger
Druck, 57,3 x 24,3
WStLB, Sign. B 132.175
"Flimmerfrei! Dauer der Vorstellung 1 1/2 Stunden! Kein Auge belästigend! Sämtliche Bilder werden in Lebensgröße gezeigt und sind von der k.k. Polizeidirektion in Wien zensuriert und höchst dezent. [...] Neu! Jugendsünde oder Das Schicksal eines zwar armen aber braven Mädchens. Große Liebestragödie in 3 Abteilungen. [...] Sitten und Gebräuche der Gilucken. Ethnographische Studien. [...] Edelsinn einer Rothaut. Spannendes Drama. [...]"

4.49
"Theater Unternehmung. Welt-Biograph", Plakat, um 1910
Druck, 34 x 17,5
WStLB, Sign. C 109.881
"Musik - Luzern. Reisebild - Lili Barella. (Varietébild). [...] - Musik. - Zapfenstreich. Drama von Bayerlein [...] - Musik. - Besuch einer Pariserin in Venedig (Reisebild). [...] - Die wunderbaren Rollschuhe. Komische Szene. - Schlussmarsch."

4.50
"Lebende Blumen", Filmplakat, 1906
Druck, 71 x 94
Beschr. re. u.: "Kinematograph Pathe Freres Friedrichstr. 49 Berlin"
WStLB, Sign. P 13.708
Abbildung im Farbteil

4.51
"Das Burgverliess", Filmplakat, um 1910/12
Druck, 106,5 x 76,5
Beschr. am li. Rand: "Imprimerie de la Ste des Etablissements Gaumont Paris. Pl e 248"
WStLB, Sign. P 13.711

4.52
"Zigoto als Toreador", Filmplakat, um 1910/12
Druck, 106 x 76,5
Beschr. Mi. u.: "Imprimerie de la Ste des Etablissements GAUMONT Paris"
WStLB, Sign. P 13.713

4.53
"Freiheit, Gleichheit, Brüderlichkeit", Filmplakat, um 1910/12
Druck, 105,5 x 144,7
WStLB, Sign. P 13.721

Illusionslandschaften
Natur als Dekoration und Accessoire

TEN
Lechner
Damm
Schwechat Wildbach
Bahnhof

Géza Hajós

ILLUSION UND LANDSCHAFT

Gärten und Parks im Wettstreit zwischen Natur und Kunst

Der große deutsche Philosoph Immanuel Kant versuchte in seiner "Kritik der Urteilskraft" auch die Gartenkunst im Gesamtsystem der Künste zu definieren. Er sprach von der "Lustgärtnerei" als einer Unterstufe der Malkunst, die sich von der "Schilderung der Natur" (d. h. seiner Meinung nach die "eigentliche Malerei") unterscheidet und eine "schöne Zusammenstellung ihrer Produkte" (eben "Lustgärtnerei") bedeutet. Er sah jedoch auch die Grenzen dieser Definition[1]: "Daß die Lustgärtnerei als eine Art von Malerkunst betrachtet werden könne, ob sie zwar ihre Formen körperlich darstellt, scheint befremdlich; da sie aber ihre Formen wirklich aus der Natur nimmt (die Bäume, Gesträuche, Gräser und Blumen aus Wald und Feld, wenigstens uranfänglich) und sofern nicht, etwa wie die Plastik, Kunst ist, auch keinen Begriff von dem Gegenstande und seinem Zwecke zur Bedingung ihrer Zusammenstellung hat (wie etwa die Baukunst), sondern bloß das freie Spiel der Einbildungskraft in der Beschauung: so kommt sie mit der bloßen ästhetischen Malerei, die kein bestimmtes Thema hat (Luft, Land und Wasser durch Licht und Schatten unterhaltend zusammenstellt) sofern überein."

Vieles, was in dieser auf den ersten Blick schwerfälligen Definition an Gedankengut aufscheint, wurde im Verlauf des 18. Jahrhunderts häufig diskutiert. Es ging darum, inwieweit der "Garten" als künstlich erzeugte malerische Landschaft zu verstehen ist, und ob er noch in irgendeine Kategorie der Kunst einzureihen wäre. Die naturhafte Gestaltung des Gartens zur Parklandschaft - im zweiten Drittel des 18. Jahrhunderts zuerst in England, dann ab etwa 1770 auch auf dem Kontinent - löste eine ästhetische Debatte aus[2], die im Begriff der Kulturlandschaft eigentlich bis heute geführt wird. Denn es ging hier grundsätzlich um die Sprengung von herkömmlichen Grenzen: einmal jener der mythologisch-allegorischen Welt des geschlossenen Paradieses in der traditionellen Feudalherrschaft (z. B. im Barockgarten des "ancien régime") und ein anderes Mal jener der Phantasie als Freude und Gefallen an der Macht der Einbildungskraft des subjektiv empfindenden und befreiten Bürgertums (in der zunehmend ästhetisierten und als solche in Besitz genommenen Landschaft). Der englische Schriftsteller und Philosoph Joseph Addison sprach schon 1712 von "The Pleasures of the Imagination" in einem Artikel, wo zu lesen ist[3]: "Die Schönheiten des prächtigsten Gartens oder Pallasts liegen in einem engen Bezirk, die Einbildungskraft durchläuft und überschaut sie gleich, und fordert zu ihrer Befriedigung etwas anderes; in den weiten Gefilden der Natur aber wandert das Auge auf und nieder, ohne Schranken, und weidet sich an einer unendlichen Mannichfaltigkeit von Bildern, ohne Maß und Zahl."

Um das Natürliche - das seit dem 18. Jahrhundert erstmals als ästhetische Maxime der Gartengestaltung galt - verwirklichen zu können, mußte man einer neuen Illusion nachgehen, derzufolge sich nämlich auch die real existierende Natur in gefällige Bilder zerlegen läßt, und daß diese Bilder die Realität verdrängen bzw. ersetzen können[4]. Es ist hinlänglich bekannt, daß sich die ersten englischen Gartenkünstler (Willam Kent und Lancelot Capability Brown) an Landschaftsgemälden von Nicolas Poussin, Claude Lorrain, Gaspard Dughet oder Salvator Rosa orientierten, diese als Vorbilder nahmen, um aus der vorgefundenen englischen Kulturlandschaft "une belle nature à l'anglaise" schaffen zu können[5]. William Mason schrieb in den siebziger Jahren des 18. Jahrhunderts in seinem Lehrgedicht "The English Garden"[6]:

Der Spiegel Claudes
Thomas Gainsborough
Federzeichnung um 1750-1755
British Museum
In diesem graugetönten konkaven Spiegel konnte man die Landschaft in solchen weichen Tönen genießen wie auf einem Gemälde von Claude Lorrain.

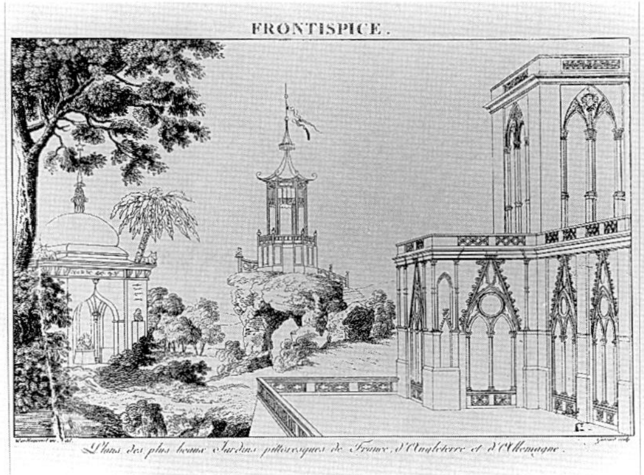

"Plans des plus beaux jardins pittoresques de France, d'Angleterre et d'Allemagne [...]"
Jean-Charles Krafft, Paris 1808-1810
Für die Titelseite dieses vielbenützten Werkes aus dem frühen 19. Jahrhundert (über die schönsten "pittoresken" Gärten von Frankreich, England und Deutschland) wurde die Darstellung einer imaginären Landschaft mit verschiedenen Baustilen und Bepflanzungen erfunden, um der Illusion gerecht zu werden, die ganze Welt "bildhaft" fassen zu können.

"[...] your eyes entranc'd
Shall catch those glowing scenes, that taught a Claude
To grace his canvass with Hesperian hues [...]"

Um das Werk der Maler in den Landschaftsparks besser genießen zu können, hat man sich sogar eines speziellen technischen Mittels bedient, "den Spiegel Claudes" erfunden - einen konkav geformten, graugetönten Spiegel, in dem die malerischen Qualitäten der Landschaft gestärkt hervortraten (ähnlich wie in einer "Camera obscura")[7]. "Im Laufe des 18. Jahrhunderts [... insbesondere in der Gartenkunst] läßt sich eine rasche Abfolge beobachten, in der die Realität ihrer Fiktion nachfolgt und den Weg für phantastische Visionen freimacht [...]. Kein Malereitraktat gibt soviel Aufschluß über das Denken und die technischen Verfahren wie die Abhandlungen über die unmittelbare Gestaltung der Natur."[8] (Man denke in diesem Zusammenhang an die Schriften von Joseph Addison, Alexander Pope, Thomas Whately, William Chambers, William Gilpin, etc.)[9].

Die Paradiesvorstellungen - die in der Grundidee des Gartens schon immer verankert waren - starben im Zeitalter der Aufklärung nicht aus, sie wurden aber vom Himmel auf die Erde geholt und nicht mehr in den geometrischen Figurationen des geschorenen Grüns als Hinweis auf die Ewigkeit verstanden, sondern im freien Wuchs der Bäume auf idyllischen Wiesen befriedigt[10]. Aus dem zeremoniell streng ritualisierten (Natur)Beherrscher im Barockgarten wurde ein sentimentaler (Natur)Wanderer im "englischen" Garten, dem sich die künstlich konstruierten Parkbilder an bestimmten Punkten (meist dort, wo der Gartenkünstler Parkbänke hinstellte) in voller Pracht eröffneten. Mobilität, Bildung und Phantasie gehörten dazu, diese Szenenabfolgen des modernen Landschaftsgartens adäquat erleben zu können.

An die Stelle der mythologisch fundierten und allegorisch orientierten Naturillusion - für welche in einem Renaissance- oder Barockgarten z. B. das Rundbassin "das Meer" oder die Pergola "den Wald" ersetzen konnte[11] - tritt seit dem 18. Jahrhundert eine romantische Naturillusion, für welche die Welt nicht mehr in "grammatikalischen Abkürzungsformeln" straff geordnet erscheinen muß, um allgemein übersetzbar und ästhetisch genießbar zu sein, sondern in schwer abgrenzbaren Bildszenerien, die ursprünglich dazu berufen waren, die Einbildungskraft und die Freiheit des Betrachters zu beflügeln.

Der architektonische Garten wird zur (Illusions)Landschaft und die (Natur- bzw. Kultur)Landschaft zum Park (der Illusionen). Dieser schwierige Prozeß, der im 18. Jahrhundert mit großen gesellschaftlichen Umwälzungen (Aufklärung, liberale Weltordnung, Demokratisierung, etc.) einherging, durchlief sowohl in England als auch auf dem Kontinent mehrere Entwicklungsphasen und bedeutete letztendlich eine Verunsicherung der Definition des Gartens als Kunstgattung[12]. Schon Georg Wilhelm Friedrich Hegel lehnte die Malerei-Definition der Gartenkunst durch Kant ab und berief sich auf die ältere Auffassung, wonach Garten integrierender Bestandteil der Architektur ist. Er schreibt in seiner "Ästhetik"[13]: "Anhangsweise nun endlich können wir noch kurz der Gartenbaukunst Erwähnung tun, welche nicht nur für den Geist eine Umgebung, als eine zweite äußere Natur, von Hause aus ganz neu erschafft, sondern das Landschaftliche der Natur selbst in ihre Umgestaltung hineinzieht und als Umgebung der Bauten architektonisch behandelt. Als bekanntes Beispiel brauche ich hierfür nur die höchst großartige Terrasse von Sanssouci anzu-

Carmontelle, Park Monceau bei Paris
Gemälde, spätes 18. Jahrhundert
Musée Carnavalet
Dieser "englische" Park in Frankreich wurde wie eine visionäre Ruinenlandschaft nach Gemäldevorlagen des 17. Jahrhunderts geschaffen. Nicht nur die Antike, sondern auch technische Errungenschaften und idyllisiertes Alltagsleben finden hier in einem malerischen Ensemble der aufklärerischen Illusionen Platz.

führen." Der damals um 1800 moderne englische Garten konnte von ihm nicht mehr ganz akzeptiert werden: "In solch einem [malerischen] Park, besonders in neuerer Zeit, soll nun einerseits alles die Freiheit der Natur selber beibehalten, während es doch andererseits künstlich bearbeitet und gemacht und von einer vorhandenen Gegend bedingt ist, wodurch ein Zwiespalt hereinkommt, der keine vollständige Lösung finde." Diese resignative Haltung gegenüber den Gärten als ästhetisch-philosophische Kategorie im Gesamtgebäude der Künste blieb eigentlich im ganzen 19. Jahrhundert erhalten, und Georg Lukács, der sich ab 1914 mit dieser Frage beschäftigte[14], verfuhr in ähnlicher Weise, wenn er dem "Garten" eine wesentlich geringfügigere "gesellschaftlich verallgemeinernde Pathetik" als der Architektur zubilligte.

Lukács weist - ähnlich wie Hegel - eine Ähnlichkeit des Gartens mit der Architektur als ästhetische Kategorie nach, setzt ihn jedoch gleichzeitig von dieser ab[15]. Die Ähnlichkeit besteht seiner Meinung nach darin, daß beide funktionelle Räume sind, gleichzeitig als Kunstwerke aber auch Darstellung (Mimesis) bedeuten. Ihre Existenz ist also - wenigstens ursprünglich, wie z. B. in einem Bauerngarten - nicht bloß von künstlerischen Intentionen abhängig, sondern durch Lebensnotwendigkeiten determiniert. Bis zur Renaissancezeit waren in einem Garten die Bedürfnisse nach nutz- oder heilbringenden Pflanzen gleichberechtigt neben ästhetischen Repräsentationswünschen vorhanden. Die Differenzen zwischen Architektur und Garten sieht Lukács vor allem darin, daß Architektur eine "unorganische", Garten dagegen eine "organische" Kunst sei. Er schreibt: "Mit diesem sozusagen stofflichen Unterschied hängt es auch zusammen, daß der Garten von sich aus nie jene gesellschaftlich verallgemeinernde Pathetik erhält, die für das Bauen im ästhetischen Sinn charakteristisch ist." Das Erhaltenbleiben "der ursprünglichen Naturformen im Garten führt zur fundamentalen Antinomie in seinem Wesen, woraus - im Gegensatz zur Architektur - zwei einander schroff widersprechende Tendenzen" entstanden sind. Nämlich einerseits die naturgebundene, ungebändigte (also "landschaftliche") Gartenform und andererseits der architektonische, gebändigte (also formale) Gartentypus. Lukács' Fixiertheit auf die materiellen Stoffe der unterschiedlichen Gestaltungen mißversteht grundsätzlich das Wesen der Gartenkunst: Denn der Garten ist - als Kunst - sicherlich nicht auf die Pflanzen reduzierbar. Diese sind hier als grüne, raumbildende "Bausteine " zu verstehen, deren Wachstum und ephemäre Eigenschaften zwar spezifische Probleme der Erhaltung verursachen, im Kunstcharakter der gärtnerischen Raumschöpfungen jedoch von den unorganischen Bausteinen prinzipiell nicht unterscheidbar sind.

Viel wichtiger ist es, den Garten oder den Park als illusionistische Darstellung der Natur zu begreifen, die epochenbedingt zwar unterschiedlich, aber immer eine menschliche Auseinandersetzung mit Natur bedeutete. Der Garten wäre dann etwas grundsätzlich anderes als die anderen Gattungen der Kunst, wenn man in ihm in erster Linie einen "Naturraum" sehen möchte. In diesem Fall wäre aber der Garten kein Garten mehr[16].

In der Gartenkunst spielte die "Illusion"[17] immer schon eine schöpferisch wichtige Rolle, unabhängig davon, ob der Garten in die Architektur streng integriert oder in die umgebende Landschaft malerisch hinausgeführt wurde. Schon im Mittelalter glaubte man, hier die Welt mikrokosmisch verkürzt und paradiesisch überhöht

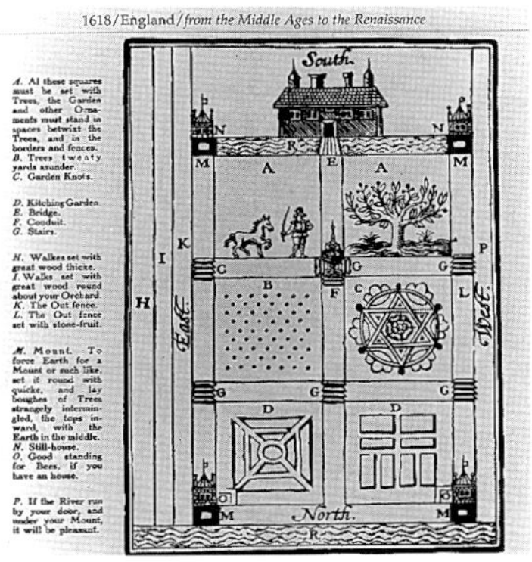

"A New Orchard and Garden"
William Lawson
London, 1618
Dieser englische Holzschnitt aus dem frühen 17. Jahrhundert zeigt mit großer Klarheit die alte Naturauffassung im Garten. Die einzelnen Funktionen sind streng hierarchisch organisiert und in regelmäßig geometrisch zusammengefügten Bereichen geordnet. Es wird hier die Illusion der Abbildbarkeit der "ganzen" Welt (Mikrokosmos) erzeugt.

einfangen zu können[18]. In den Augen der Humanisten der Renaissancezeit bedeutete der Garten die sogenannte "dritte Natur" ("terza natura")[19] in einer Abstufung des menschlichen Eingriffes in die Umwelt: d. h. Wildnis - Kulturlandschaft - Kunstgarten. In diesem letzteren wurde die Illusion des edlen Wettstreits zwischen wilder Natur und raffinierter menschlicher Kunst im Sinne der Perfektion thematisiert. Francis Bacon betrachtete die Gärtnerei in einem Essay (1625) als die höchste Stufe der menschlichen Tätigkeit und schrieb[20]: "Gott der Allmächtige pflanzte als erster einen Garten. Und in der Tat ist dieses das reinste der menschlichen Vergnügen. Er ist die größte Erfrischung für die Lebensgeister des Menschen; ohne ihn sind die Gebäude und Paläste bloß grobe Handarbeiten [...]". Auch in der Barockzeit erzeugte der Garten die Illusion der idealen Weltordnung und war keinesfalls, wie später die romantische Aufklärung in England behauptete, eine "Vergewaltigung" der Natur. Dezallier d'Argenville als wichtigster Theoretiker dieser Epoche verlangte 1713 sogar, daß die Kunst der Natur weiche ("faire ceder l'art à la Nature")[21]. In einer deutschen Ausgabe seines Werkes ("Die Gärtnerey sowohl in ihrer Theorie oder Betrachtung als Praxis oder Übung") aus 1731 liest man sogar[22]: "Was die Theile eines Garten anbelanget, so müssen dieselben so wohl angeordnet seyn, daß es scheinet, als wären sie von der Natur dahin gesetzt worden. [...] daß also die Ausschmückung und Kunst gäntzlich der Natur weiche." Freilich ging es hier noch nicht um die romantische Illusion der Naturbilder, die oben ausführlich erörtert wurde, sondern in erster Linie um die mechanischen Naturprinzipien, die im Zeitalter des cartesianischen Rationalismus auch in der Gartenkunst ihren Niederschlag gefunden haben. Selbst die "am unnatürlichsten" geschorene Hecke verwies in diesem Zusammenhang auf die ältere Auffassung des Universums, in der Mensch, Pflanze oder Stein Bestandteile eines hierarchischen Systems waren. Aber immerhin bedeutete d'Argenvilles Gartentheorie auch einen ersten Schritt innerhalb des geometrischen Systems, der Natur durch die vermehrte Verwendung von lebenden Materialien mehr Rechnung zu tragen als früher, z. B. in der Epoche der Renaissance oder des Frühbarocks, als im Garten mechanische Spielereien und künstliche

Der Garten des "Indianischen Hauses" im Park von Schloß Augustusburg bei Brühl in Deutschland
Gemälde, F.J. Rosseau zugeschrieben
um 1755-1760
Brühl, Schloß Augustusburg
Die verspielte Leichtigkeit der Rokokogesellschaft widerspricht eigentlich der strengen Symmetrie der Gartengestaltung, die noch immer die Hierarchie der höfischen Sozialstrukturen zum Ausdruck bringt. Die Kulissenhaftigkeit der exotischen Welt ("indianisches Haus") wird ausgewogen geometrisch präsentiert.

Darstellungsformen in unorganischen Stoffen noch ein Übergewicht hatten.

Die barocke Gartenillusion war freilich eine ganz andere als die des 19. Jahrhunderts, als nach den Errungenschaften der englischen Landschaftsgartenbewegung ein Weg zurück zu formalen, geometrischen Raumordnungen gesucht wurde[23]. Man erkannte wohl bald, daß pastorale, idyllische Landschaften als Bilder nicht ganz bis zum Schloßfenster geführt werden können, obwohl dieses Prinzip noch im Sinne von Lancelot Capability Brown lag, und daß der Umraum des Hauses schon aus Gründen der Bequemlichkeit nach architektonischen Prinzipien gestaltet werden sollte. Viele Garten- und Parkfunktionen - wie Feste, Blumenzüchten, später auch gewisse Sportarten - konnten nicht in einem Park als idealer Bildraum à la Claude Lorrain so verwirklicht werden, wie neue zivilisatorische Ansprüche dies verlangt haben. Bald schätzte man wieder den Barockgarten als eine Stilmöglichkeit, ohne jedoch an seine mythologisch-allegorische Naturphilosophie zu glauben.

Die Gärten und Parks des 19. Jahrhunderts zeigten ebenso wie die Architektur einen Stilpluralismus, landschaftliche ("ungebändigte") Gestaltung konnte neben formalen ("gebändigten") Gestaltungen existieren. Es ging nicht mehr um die Thematisierung des Wettstreites zwischen Natur und Kunst und nicht mehr um die Lösung dieses Konfliktes der "dritten Natur" in Form von idealisierten Bildern, sondern es ging immer mehr um den "Geist der Zivilisation"[24]. Die grünen Lungen der industrialisierten Städte waren Illusionsbereiche der "Versöhnung" im Zeitalter der sozialen Konflikte und der "Harmonie" zwischen Alltagswirklichkeit und Traum. Die Stadtparks des 19. Jahrhunderts sind exemplarische Fälle für diese Auffassungen[25]. Denn in diesen sahen Weltverbesserer eine Chance für die Erziehung der "unteren" sozialen Klassen für ein besseres bürgerliches Benehmen und zur Gesundung mittels botanisch-sozialer Hygiene.

Um 1900 gab man dann endgültig das Bestreben auf, in Gärten und Parks bloß "Bilder" einer idealen Landschaft sehen zu wollen. Bertha Zuckerkandl schrieb 1907[26]: "Der lächerliche Trieb aber [...] schuf statt der architektonischen, das Haus rahmenden Anlagen die Imitation des englischen Parks. Wegeführung, Veduten, Rasenplätze, Baumgruppen und Teiche, die nur auf ein großes Flächenmaß berechnet waren, wurden in Raumverhältnisse gezwängt, die sie zur lächerlichen Karikatur verzerrten. Durch die Neigung zum Großsprecherischen verlor man die innige Beziehung zum Angemessenen." Zur Zeit der Moderne der Architekturreformen mußte auch der Garten "ehrlich" und "praktisch" sein, was aber nicht bedeutete, daß seine Symbolgehalte nicht erneuert wurden. Die Gärten der Vergangenheit - als unbestimmte Traumbereiche der Sehnsucht und Melancholie - inspirierten die Poeten[27], wie Hugo von Hofmannsthal oder Stefan George, der 1907 schrieb[28]:

"Königlich ruhst du in deiner verlassenheit.
Garten - und selten nur tust du die tore weit...
Mit deiner stillen gebüsche verschwiegnem verlies
Sonnig gebreiteter gänge nie furchendem kies.
Lispelnde bronnen umfriediget knospend spalier.
Steinerne urnen erheben die ledige zier.
In deinem laub geht nur nisten sanft tönende brut.
Leichte gewölke nur spiegelt die schlafende flut [...]"

Aus dem Wiener Raum gibt es genug Beispiele, die die vorhin skizzierten Überlegungen und Phänomene auch in internationalem Zusammenhang gut illustrieren. Die

Gärten und Parks als Landschaften der schöpferischen Illusion prägten einst entscheidend das Gesicht der kaiserlichen Hauptstadt und ihrer Umgebung, zumindest was die Epochen vor dem Ersten Weltkrieg betrifft. Die ästhetische Entdeckung und Eroberung der Wiener Gegenden wäre sogar ohne die Tradition der Gartenkunst überhaupt nicht möglich gewesen[29].

Der schon längst zerstörte Kielmannseggsche Lustgarten in Wien-Landstraße aus dem 17. Jahrhundert[30] war ein hervorragendes Beispiel für die alte allegorisch-mythologische Naturauffassung, wo verschiedene Funktionen verwirklicht wurden: wie etwa Spaziergang unter den Pergolas, Ernährung und Geruchsvielfalt in den Kräutern und Gemüsen der Hochbeete, Obstbäume in regelmäßigen Reihen, Erfrischung in prunkvollen Brunnen, Farben- und Formengenuß in den komplizierten geometrischen Beetformationen, humanistische Bildung in Skulpturen, Spielmöglichkeit und Tierhaltung in den Höfen. All dies streng geordnet und durch märchenhafte Lustgebäude akzentuiert, die z. T. an ferne Kontinente (wie z. B. China in Form eines pagodenähnlichen Hauses) erinnerten. Der Kielmannseggsche Garten war - wohl nach dem Vorbild von niederländischen (Vredeman de Fries) oder deutschen (Furttenbach) Musterbüchern entstanden[31] - gewiß ein geschlossener paradiesischer Mikrokosmos, der als Wunderwerk von der argrarisch belassenen Umgebung scharf abgesetzt wurde und damit eine andere, gehobene Welt symbolisierte.

Des Architekten Johann Ferdinand Hetzendorf von Hohenbergs kuriose Gartendenkmale in Schönbrunn[32] - wie der Obeliskbrunnen und die künstliche "Römische Ruine" - bezeichneten in den späten siebziger Jahren des 18. Jahrhunderts einen Endpunkt von langen Traditionen, aber gleichzeitig auch einen Anfang in der Naturliebe. Die dynastische Rom-Idee des Hauses Habsburg manifestierte sich hier noch ein letztes Mal: Im Obelisk wurde die Ewigkeit, in der Ruine der Sieg über die Feinde zum Ausdruck gebracht. Während aber im erstgenannten Denkmal eine ikonographische Kontinuität seit der Renaissance ihren Niederschlag fand, führte die Ruine zu einer sentimental-romantischen Rezeption, die hier immer weniger den Triumph Roms über Karthago, als die melancholische Schönheit der Naturzerstörungen begreifen wollte und konnte[33]. Beide Denkmale führen den Betrachter in eine illusionistische Landschaft von Geheimnissen, die damals um 1800 durch Bildung verständlich waren, heute durch historische Forschungen entschlüsselt werden müssen.
Der Tiroler Garten von Schönbrunn war ebenfalls eine Projektion von Illusionen[34]: Ein symbolhafter Bereich mit dem Wunsch nach Volksverbundenheit der Monarchie wurde vom aufgeklärten Erzherzog Johann hier kurz nach 1800 am Rande des Barockgartens geschaffen. Nach dem Vorbild der Schweiz sollte dieses Ensemble im Sinne der neuerwachten patriotischen Vaterlandsliebe "das einfache Leben" reformatorisch vorführen und den kaisertreuen Tirolern ein Denkmal setzen.

Der Vöslauer Grottenberg im Garten des Baron Johann Fries aus der Zeit vor 1777 war das früheste Zeichen der Romantik in Österreich, im Sinne von Henry Homes Naturliebe[35] - wie die Zeitgenossen bemerkten - sollten hier geheimnisvolle, wilde Naturlandschaften geschaffen werden: Es wird einmal auf das alte Ägypten durch die Statuen von Isis und Osiris, ein anderes Mal auf das armselige Leben durch ein ruinöses Bauernhaus und wieder einmal auf die Wildheit der Berglandschaft durch

5.15
Wasserfall und künstliche Ruine im Park von Alt-Erlaa, um 1800

5.9
Eingang in den Park von Neuwaldegg, um 1805

Schluchten, Wasserfälle und schmale Brücken hingewiesen. Der Besucher kommt aus der geordneten Welt des Barockgartens und gerät in eine Traumwelt der Verirrungen.

Der Neuwaldegger Schloßpark von Marschall Lacy war der erste englische Garten in Österreich[36], der zwischen 1766 und 1801 angelegt und ständig weiterentwickelt wurde. Der zentrale Teil noch im Rokokostil, die Randbereiche malerisch mit dem Wienerwald verschmolzen. Hier griff der Garten erstmals im Wiener Raum in die Landschaft hinaus bzw. wurde die ästhetisch entdeckte Wiener Gegend in den höfischen Bereich hereingeholt. Mehrere Traumwelten trafen hier zusammen: "China" mit Pavillons und Brücken, die griechisch-römische Antike mit martialischen Skulpturen und Tempelbauten sowie die Rousseauische Ideenwelt des "Zurück zur Natur" in Form des "Hameau", eines künstlichen Dorfes. Der irische General Lacy, Erzieher von Kaiser Joseph II., flüchtete aus der Wiener "Etikette" hierher und wurde schließlich ein "Eremit von Neuwaldegg", dessen Grabtempel heute noch in diesem Parkwald versteckt liegt.

Fürst Starhembergs kleiner englischer Garten wurde in den siebziger Jahren des 18. Jahrhunderts in Wien - Alt Erlaa angelegt[37] und von den Zeitgenossen bewundert[38]. Hier steht heute noch die nach Schönbrunn zweite bedeutende künstliche Ruine der Wiener Kulturlandschaft, weniger inhaltsbeladen als die kaiserliche Anlage, ursprünglich in ihrem Inneren mit einem chinesischen Tanzsaal versehen. Gegenwärtig ist der Garten verwahrlost, Rundtempel und Kaskade - einst malerische Motive einer paradiesischen Landschaft - sind auch Ruinen

5.23
Ritterschloß in Laxenburg, um 1810

5.13
"Alpenhütte" im Park des Grafen Cobenzl, um 1800

geworden. Seine Verwilderungsästhetik könnte heute noch Jugendstilpoeten wie Hugo von Hofmannsthal oder Stefan George zu schwärmerisch-melancholischen Gedichten inspirieren.

Graf Cobenzls Naturgarten entstand auf dem Reisenberg nach der Auflösung des Jesuitenordens ab 1773 und enthielt bis zum 19. Jahrhundert kuriose hölzerne Staffagebauten, die die Alpen, die Inselwelt Tahiti und die Waldverbundenheit der Goten evozierten[39]. Von seiner Grotte waren nicht nur die sentimentalen Aufklärer der Wissenschaft (wie Friedrich Nicolai und Georg Adam Forster aus Berlin), sondern auch Dichter (wie Aloys Blumauer oder Joseph Hammer-Purgstall aus Wien) und selbst der junge Wolfgang Amadeus Mozart begeistert[40]. Dieser englische Park, der heute nur mehr in schwachen Resten nachzuspüren ist, war auf den Hügeln wie eine Zuschauertribüne zur Aussicht auf die Donaulandschaft errichtet und gab wichtige Anregungen für die ersten Naturschwärmereien im Umland Wiens.

Die Gartenanlage des Hoftheaterdirektors P. F. von Braun in Schönau unweit von Baden ist ab 1796 angelegt worden und zog die Neugierigen bald in ihren Bannkreis[41]. Vor allem der "Tempel der Nacht" in einer Grotte erzielte große Bewunderung, da dort der freimaurerische Besitzer, durch Mozarts Zauberflöte inspiriert, eine Traumbühne schuf, die, durch dunkle Gänge erreichbar, eine Lebensphilosophie widerspiegelte. Überall waren Inschriften angebracht, wie etwa: "Dunkel wie der Pfad des Lebens", oder "Hinauf - hinab - steigen - Menschenschicksal", oder "Ihr Pforten auf / Es ist vollbracht / Dem Pilger lohnt / Die heitre Nacht". Komplizierte Maschinen erzeugten in Schönau unheimliche und verheißungsvolle Geräusche, um den Wanderer in dieser theatralischen Illusionslandschaft einmal zu verunsichern und einmal erleichtert - nach überstandenen Gefahren - zu belohnen. Dunkelheit und Licht, Naturgewalt und Idylle wechselten hier ab; der Wanderer befand sich auch in einem dramatischen Gemälde, dessen Szenerien der Eigentümer selbst konzipierte.

Der kaiserliche Park von Laxenburg war um 1800 die Bekrönung der englischen Landschaftsgartenbewegung im Wiener Umraum des 18. Jahrhunderts[42]. Noch von Maria Theresia als barocker Jagdgarten um 1760 angelegt, von Kaiser Joseph II. zwischen 1782 und 1783 verändert und erweitert und von Kaiser Franz II. um 1800 vollendet. Die ersten Künstler waren Lothringer, die im Sinne des geometrischen Gartens Kanäle zogen und Achsen schnitten, der Architekt Canevale verwirklichte dann die Vorstellungen von Kaiser Joseph, der, von seinem Besuch in Ermenonville beeindruckt, die "englischen" Veränderungen befahl, und schließlich brachte der Oberaufseher für das Bau- und Gartenwesen J. M. S. Riedl die Parkanlage in die heutige Form[43]. Laxenburg ist heute die besterhaltene Illusionslandschaft der romantischen Aufklärung in Österreich. Obwohl hier schon viele Staffagebauten (wie die Chinesische Brücke, die Eremitage, die Türkische Moschee, das Fischerdorf, etc.) spurlos verschwunden sind und vom "Haus der Laune"[44] nur mehr Ruinen existieren, besitzt sie noch immer den zauberhaften Rittergau mit der Franzensburg als Zentrum einer märchenhaften malerischen Welt, die dem jungen Kaiser Franz und seiner Gemahlin Maria Theresia aus Neapel den Verlust des Römischen Reiches in dieser paradiesischen Abgeschiedenheit zu vergessen half[45]. Die Kulissenhaftigkeit der Bauten spiegelt neue künstlerische Prinzipien wider, wo die Bauwerke nicht mehr Primärtopoi[46], sondern Bildmotive

5.37
Jugendstilgarten, 1908

in einer allumfassenden und scheinbar herrschenden Natur werden, die im Park idyllisch arrangiert wurde.

Im 19. Jahrhundert transportiert die künstlerische Gattung Garten weiterhin illusionistische Freiheiten. Technische und botanische Experimente dienen den Wissenschaften, die spielerisch wie z. B. in der Rosenbaum'schen Anlage in Wien - Wieden in der Biedermeierzeit[47] erprobt wurden. Es ist nicht mehr die Erzeugung der idealen Landschaft das ersehnte Ziel, sondern - wie erwähnt - die Erfüllung des Geistes der Zivilisation. Gärten werden zu Vergnügungsstätten der großstädtischen Bevölkerung, die durch die Industrialisierung von den direkten Naturerfahrungen immer mehr abgedrängt wurde.

Dieser Tendenz entspricht der neue Typus des Stadtparks[48], der für die Industriegesellschaft "Ersatzlandschaften" bedeutete. Im Wiener Türkenschanzpark[49] - dessen Idee in einem "Comité zur Anlage eines öffentlichen Parkes auf der Türkenschanze" unter dem Vorsitz des Architekten Heinrich von Ferstel ab 1883 geboren wurde - verwirklichte der Stadtgärtner Gustav Sennholz zwischen 1885 und 1888 die geläufigen Vorstellungen der Epoche. Zwischen 1908 und 1910 wurde diese Anlage von Stadtbaudirektor H. Goldemund und Stadtgartendirektor W. Hybler bedeutend erweitert. Interessant ist es dabei, daß hier neben dem Vorbild des Pariser Parks Buttes-Chaumont auch die Alpenumgebung Wiens in der Gesamtkomposition und in den Details eine wichtige Rolle spielte. Noch immer war also die Transferierung fremder Landschaften ein wichtiges Ziel der Parkgestaltung, um der Bevölkerung den Eindruck zu vermitteln, einerseits in der vertrauten Wohnumgebung zu sein und gleichzeitig aber auch in einer exotischen Welt verweilen zu können.

Die Rückkehr zum architektonischen Garten um die Jahrhundertwende entsprach dem Rationalismus der Moderne und den Träumen des Jugendstils. Franz Lebischs Entwürfe nach 1900[50] sind gute Beispiele für den Wiener Ästhetizismus im Sinne eines Josef Hoffmann, wo der Barockgarten, wieder in Erinnerung gerufen, zum neuen Wohngefühl beitragen sollte. Die leidenschaftliche Suche nach Ordnung gerade in den unbestimmten Traumbereichen des Gartens war ein Symptom für die späte Monarchie [51], wo sich die Auflösung der herkömmlichen Naturerfahrung auch in der Gestaltung der Freiräume äußern mußte. Gerade im Revival einer alten Illusion ging diese schrittweise, vielfach erst nach dem Zweiten Weltkrieg zu Ende.

1 Immanuel Kant: Kritik der Urteilskraft. I. Teil, 1. Abschnitt, 2. Buch, § 51, als Fußnote
2 Siegmar Gerndt: Idealisierte Natur - Die literarische Kontroverse um den Landschaftsgarten des 18. und frühen 19. Jahrhunderts in Deutschland. Stuttgart 1981
3 Abgedruckt in deutscher Sprache in: Clemens Alexander Wimmer: Geschichte der Gartentheorie. Darmstadt 1989, S.148f
4 Adrian von Buttlar: Der Garten als Bild - Das Bild des Gartens. In: Münchner Landschaftsmalerei 1800 - 1850. München 1979, S.160-172 und 207-218
5 David Jacques: Georgian Gardens - The Reign of Nature. London 1983
6 John Dixon Hunt - Peter Willis (Hrsg.): The Genius of the Place - The English Landscape Garden 1620 - 1820. London 1979, S.17
7 M. M. Martinet: Art et Nature en Grande-Bretagne au XVIIIe siècle. Paris 1980, S.23 und 229. Zitiert in: Jurgis Baltrusaitis: Imaginäre Realitäten - Fiktion und Illusion als produktive Kraft. Köln 1984, S.131
8 J. Baltrusaitis: Imaginäre Realitäten. S.116
9 Vgl. dazu die Quellensammlungen von Hunt-Willis: The Genius of the Place. und Wimmer: Geschichte der Gartentheorie.
10 Adrian von Buttlar: Der englische Landsitz 1715 - 1760 - Symbol eines liberalen Weltentwurfs. In: Studia iconologica. Bd. 4, Mittenwald 1984.
11 John Dixon Hunt: Beiträge zu einer Typologie des europäischen Renaissancegartens. In: ARX, 2-1987, S.252-258
12 Sir Joshua Reynolds sagte in seinem 13. Vortrag für die Royal Academy folgendes: "Die Gärtnerei sofern sie eine Kunst ist, oder berechtigt ist, als eine solche bezeichnet zu werden, ist eine Abweichung von der Natur; denn wenn der gute Geschmack, wie viele glauben darin besteht, jeden Anschein von Kunst, alle menschliche Spuren oder Fußstapfen zu verbannen, dann wäre der Garten kein Garten mehr". Zitiert bei John Dixon Hunt: Die Wandlungen des Landschaftsparks in England und Amerika während des 19. Jahrhunderts. In: Die Gartenkunst. (2) Heft 1/1990, S.21
13 G. W. F. Hegel: Ästhetik (hrsg. von F. Bassenge). Berlin und Weimar 1976, Bd. I, S.244 und 409, Bd. II, S.84ff
14 G. Lukács: Rezension zum Buch von Marie-Luise Gothein: Geschichte der Gartenkunst. In: Archiv für Sozialwissenschaft. 1914
15 Georg Lukács: Die Eigenart des Ästhetischen. Berlin und Weimar 1981, Bd. II. S.452-467 ("Garten")
16 Diese Gefahren sieht man in einer hauptsächlich ökologischen Gartendefinition. Siehe dazu: Parks - Kunstwerke oder Naturräume? - Zur ökologischen Bedeutung von Grünanlagen. In: Grüne Reihe des Bundesministeriums für Umwelt, Jugend und Familie. Bd. 6, Wien 1994. Vgl. auch Anm.12
17 Zum Begriff der Illusion gibt es mehrere Definitionen: eine literarische, eine philosophische, eine kunsttheoretische und auch eine alltägliche. Wenn man von der "Illusion" in der Gartenkunst spricht, so geht es hier keinesfalls um die pejorativen Facetten des Begriffes.
18 Dieter Hennebo: Gärten des Mittelalters (neu hrsg. und erw. von N. Ott und D. Nehring). Zürich 1987.
19 John Dixon Hunt: Why Garden History? In: Garten Kunst Geschichte - Festschrift für D. Hennebo zum 70. Geburtstag. Worms 1994, S.9f
20 K.A. Wimmer: Geschichte der Gartentheorie. S.87
21 a.a.0., S.125
22 Eva Berger: Der Park als Kunstform. In: Parks - Kunstwerke oder Naturräume? S.46 f
23 J. D. Hunt: Die Wandlungen des Landschaftsparks. Im späten 18. Jahrhundert wurde der "pleasure ground", als blumenreicher Teil des Landschaftsparks in der Nähe des Hauses erfunden und damit eine Entwicklung zur Rückkehr zum formalen Garten eingeleitet. Maßgeblich beteiligt war an dieser Tendenz der englische Gartenkünstler Humphrey Repton.
24 Alessandra Ponte: Der öffentliche Park in Großbritannien und den Vereinigten Staaten: vom Genius loci zum "Geist der Zivilisation". In: M. Mosser-G. Teyssot (Hrsg.): Die Gartenkunst des Abendlandes. Stuttgart 1993, S.369-382
25 Dieter Hennebo: Der Stadtpark. In: Die deutsche Stadt im 19. Jahrhundert. - Stadtplanung und Baugestaltung im industriellen Zeitalter. In: Studien zur Kunst des neunzehnten Jahrhunderts (Fritz Thyssen Stiftung). Bd. 24, München 1974, S.77-90
26 Bertha Zuckerkandl: Zeitkunst Wien 1901-1907. Wien, Leipzig 1908, S.151
27 Thomas Koebner: Der Garten als literarisches Motiv: Ausblick auf die Jahrhundertwende. In: Park und Garten im 18. Jahrhundert. Beiträge zur Geschichte der Literatur und Kunst des 18. Jahrhunderts. Bd. 2, Heidelberg 1978, S.141-192
28 a.a.0., S. 181
29 Géza Hajós: Romantische Gärten der Aufklärung - englische Landschaftskultur des 18. Jahrhunderts in und um Wien. Wien, Köln 1989
30 Dieser Matthäus-Merian-Stich aus 1649 wurde bis jetzt in der gartenhistorischen Literatur noch nicht analysiert oder gewürdigt.
31 Zu Johan Vredeman de Fries siehe den Beitrag von U. M. Mehrtens in: M. Mosser/G. Teyssot: Die Gartenkunst des Abendlandes. S.99-101; zu Joseph Furttenbach d. Ä. den Beitrag von D. Nehring, a.a. 0., S.156-158
32 Géza Hajós: Schönbrunn. In: Wiener Geschichtsbücher. Bd. 18. Wien, Hamburg 1976
33 Beatrix Hajós: Die Schönbrunner Ruine zwischen kaiserlicher Propaganda und bürgerlicher Sentimentalität. In: Festival Mozart in Schönbrunn (3. Saison). Programmheft, Veröffentlichung der Wiener Kammeroper. Wien 1994, S.24-29
34 Maria Auböck: Der Tirolergarten von Erzherzog Johann in Schönbrunn. In: Gefährdete Haustierrassen im Tirolerhof. Hrsg. von der Tierschutzaktion "Der blaue Kreis". Broschüre, Wien 1994, S.18-22 (Erhältlich im Schönbrunner Tiergarten, Direktion)
35 G. Hajós: Romantische Gärten der Aufklärung. S.163. Henry Home alias Lord Kames war ein schottischer Philosoph, der die Landschaft um 1760 nach psychologischen Begriffen zu kategorisieren versuchte.
36 Géza Hajós: Neuwaldegg - der älteste Garten "nach englischer Art" in Österreich. In: Wiener Jahrbuch für Kunstgeschichte XXXIX (1986). S.109-144
37 Georg Heilingsetzer: Aristokratie, Aufklärung und Architektur - Fürst Georg Adam Starhemberg und die Neugestaltung des Schlosses Eferding durch Andreas Zach. In: Mitteilungen des OÖ Landesarchivs 13 (1981). S.24 -287
38 G. Hajós: Romantische Gärten der Aufklärung. S.167-169
39 a.a.0., S.155-162. In dieser Anlage waren eine "Alpenhütte", eine runde Hütte in der Art der O-Tahiti-Mode und ein "gotischer" Baumtempel.
40 a.a.0., ab S.156
41 Georges Englebert: Le château de Schönau en Basse Autriche. In: Journal of the IAEA Staff Association, No. 102 (January 1975). Wien, S.36. - G. Hajós: Romantische Gärten der Aufklärung. S.202-209
42 Joseph Zykan: Laxenburg. Wien, München 1969. - Ders.: Gartenarchitekten des 18. Jahrhunderts in Laxenburg. In: Mitteilungen der Gesellschaft für vergleichende Kunstforschung in Wien, 23 (1970), Nr. 1, S.1-7
43 G. Hajós: Romantische Gärten der Aufklärung. S.218-231
44 Werner Hofmann (Hrsg.): "Zauber der Medusa" - europäische Manierismen. Wien 1987 (Katalog), S.437ff
45 Wolfgang Häusler: Die Franzensburg. Ein Führer zu ihrer Geschichte und Kunst. Wien, München o. J.
46 A.v. Buttlar: Der englische Landsitz 1715-1760
47 Marianne Zweig: Der Schaumburger Grund auf der Wieden. Wien 1920. - Christa Riedl-Dorn: Botanik und Gartenkunst im Wiener Vormärz. In: Bürgersinn und Aufbegehren (Biedermeier und Vormärz in Wien). Ausstellungskatalog, Historisches Museum der Stadt Wien 1987, S.465
48 D. Hennebo: Der Stadtpark
49 Cordula Loidl-Reisch: Der Türkenschanzpark. In: Historische Gärten in Österreich - vergessene Gesamtkunstwerke. Wien, Köln, Weimar 1993, S.296-300
50 Franz Lebisch: Der architektonische Garten. In: Erdgeist, (3), Heft II, S.46 ff (ohne Jahresnennung)
51 Carl Schorske: Wien. Geist und Gesellschaft im Fin de siècle. Frankfurt am Main 1982, S.265-303

Die geometrischen Gärten der Renaissance, vor allem aber die "architektonischen" Gärten der Barockzeit waren künstliche Landschaften, die kein Vorbild in der Natur hatten, sondern ihre Gestalt gänzlich dem Willen des Menschen verdankten, die Natur zu beherrschen und nach seinen Vorstellungen zu gestalten.

In der zweiten Hälfte des 18. Jahrhunderts trat ein vollkommener Umschwung ein: In den nach englischem Vorbild entstehenden Landschaftsgärten ahmte man "Natürlichkeit" nach. Baum- und Strauchgruppen, exotische Gehölze, Grotten, Bäche und Teiche sollten in scheinbar natürlicher Gruppierung eine romantische Landschaft bilden, deren Wirkung durch künstliche Ruinen, Eremitagen, Landhäuser, Chinoiserien, Tempel und Obelisken unterstrichen wurde.

Während die Hausgärten der Biedermeierzeit Elemente beider Arten von Gärten aufgriffen, ordneten sich die geometrisch angelegten, streng gegliederten Gärten des Jugendstils gänzlich der nach logischen und zweckmäßigen Gesichtspunkten geplanten Architektur des Wohnhauses unter.

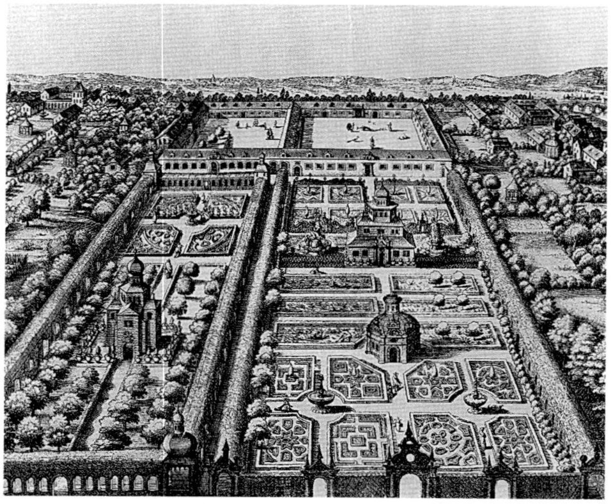

5.1

Der Kielmanseggsche Garten vor dem Stubentor, 1639

Matthäus Merian d. Ä.

Reproduktion, 39,7 x 55,5

Bez. li. u.: "Druck von Friedrich Kaiser, Wien", re. u.: "Herausg. v. E. Grefe."

Beschr. Mi. u.: "Landhäuser und Lustgärten in Wien, 1639. von Matthäus Merian dem Aelteren."

HM, Inv. Nr. 64.178

Der Garten des Grafen Kielmansegg am rechten Ufer des Wienflusses auf dem Gelände der heutigen Invalidenstraße 1-11 war in der Zeit vor der eigentlichen Hochblüte der barocken Gartenkunst, die in Wien mit dem Ende der Türkengefahr 1683 einsetzte, einer der prächtigsten Gärten und vor allem wegen seiner Luxusgebäude und Fontänen berühmt.

5.3

5.2
Gartenpalais Harrach in der Ungargasse, 1738
Salomon Kleiner
Tuschfeder, laviert, 93,5 x 60
Bez. li. u.: "Dessiné par Salomon Kleiner, Ingenieur de S. A. S. l' Electeur de Mayence. 1738"
Beschr. u.: "Prospect des Gartens [...]"
HM (Leihgabe des Österreichischen Creditinstituts)
Der Landsitz der Familie Harrach reichte von der Ungargasse, etwa parallel zum Rennweg verlaufend, bis fast an die Landstraße. Ein reich ornamentiertes Gartenparterre, Buchspyramiden nach französischem Muster, Lusthäuser zur "Ergötzung", Labyrinthe, Bassins und Brunnenanlagen schufen einen repräsentativen Außenraum, der das von Johann Lukas von Hildebrandt umgestaltete Palais ergänzte.

5.3
Grotte im Garten des Grafen Fries in Vöslau, 1777
Carl Schütz
Fotoreproduktion nach: kolorierter Kupferstich, Pl.: 52,4 x 68,1, Bl.: 53,5 x 68,9
Bez. re. u.: "Dessiné et Gravé par Charles Schütz Membre de l' Acad. i. R.", Mi. o.: "C. Schütz Neunte bllate. 1777."
Beschr. u.: "Grotte Artificielle au Jardin, du Baron de Fries à Voeslau. Inventeé et Executeé par I. F. de Hochenberg, Architecte de la Cour, et Correspondant de l' Academie Royale de Paris"
HM, Inv. Nr. 41.032
Der Bankier und Industrielle Johann Freiherr von Fries (1719-1785) ließ in seinem Garten in Vöslau durch den Architekten Hetzendorf von Hohenberg einen Grottenberg mit einem "ägyptischen Cabinet" errichten. "Die Kunst dieser Anlage ist so versteckt, und so sehr der Natur nahe gebracht, daß man wie bei Ifflands Spiel, nicht Zeit hat, an Kunst und Künstler zu denken. Zu dem machen die hier aufgestellten Gottheiten Isis und Osiris, und die mit ihnen übereinstimmenden Hieroglyphen den ohnehin neuen Eindruck noch dadurch frappanter, daß man sich in die Gefilde des so merkwürdigen Aegyptens versetzt zu seyn wähnt [...]" (Franz Gaheis: Wanderungen und Spazierfahrten in die Gegenden Wiens. Wien 1801ff, Bd. V, S.103)

5.4
Obelisk in Schönbrunn, um 1785
Johann Ziegler nach Laurenz Janscha
Kolorierter Kupferstich und Radierung, Pl.: 32,5 x 42,5, Bl.: 41,7 x 53,2
Bez. li. u.: "Nach der Natur gezeichnet von L. Janscha", re. u.: "Gestochen von J. Ziegler.", Mi. u.: "Wien, bey Artaria & Comp."
Beschr. u. deutsch, französisch: "Obeliske in dem K. K. Garten von Schönbrunn"
HM, Inv. Nr. 64.845
In den 1777 durch Ferdinand Hetzendorf von Hohenberg aufgestellten Obelisken sind in Nachahmung ägyptischer Hieroglyphen Szenen aus der Geschichte des Hauses Habsburg eingemeißelt. Er ruht auf vier Schildkröten, seine Spitze trägt einen Adler. Aus der "Sybillengrotte" unter ihm fließt ebenso wie aus den von Henrici nach Entwürfen von Wilhelm Beyer ausgeführten Figuren Wasser in ein weites Becken.

5.5
Ruine in Schönbrunn, 1785
Johann Ziegler nach Laurenz Janscha
Kolorierter Kupferstich, Pl.: 32,2 x 42,7, Bl.: 39,8 x 53
Bez. li. u.: "Nach der Natur gezeichnet von L. Janscha", re. u.: "Gestochen von J. Ziegler.", Mi. u.: "Wien bey Johann Cappi"
Beschr. u. deutsch, französisch: "Die Ruine in dem Garten des K. K. Lustschlosses von Schönbrunn"
HM, Inv. Nr. 64.847
1778 wurde in Schönbrunn nach einem Entwurf Ferdinand Hetzendorfs von Hohenberg eine "Römische Ruine" errichtet, wobei Bauteile des Schlosses Neugebäude verwendet wurden. Ein geborstener Bogen, abgebrochene Säulen mit Inschriften, Meilenzeiger, Urnen, Vasen, Reliefs, Statuen und Büsten, ein verwilderter Teich, im Schilf Sandsteinfiguren von Artemis und Merkur imitieren die Überreste eines prächtigen, römischen Gebäudes.
Abbildung im Farbteil

5.6

5.7

5.6

Tirolerhaus in Schönbrunn, 1806/07

Martin Pöltzl

Kolorierter Kupferstich, 12,5 x 16,5

Beschr. u.: "Ansicht von dem Tiroler Haus zu Schönbrun / bey Löschenkohl in Wien."

HM, Inv. Nr. 124.652

Im botanischen Garten von Schönbrunn ließ Erzherzog Johann neben den von ihm angelegten Sammlungen einheimischer Gewächse, österreichischer Alpenpflanzen und wilder Obstbäume, mit deren Veredelung er sich beschäftigte, auch ein "Tyroler Haus" errichten, "zum Andenken der frohen Scenen, die in jenem Gebirgslande ihn überraschten".

5.7

Blick auf den Park des Grafen Lacy in Neuwaldegg, 1782

Jakob Mathias Schmutzer, Carlo Conti, Clemens Kohl, Franz Karl Zoller

Fotoreproduktion nach: Kupferstich und Radierung, Pl.: 50,7 x 64,4, Bl.: 60,9 x 85,4

Beschr. u.: "IIIe Vue du Parc de Neu=Waldeck prise du Pavillon vers le Couchant [...]"

HM, Inv. Nr. 95.139/3

Feldmarschall Moritz Graf Lacy (1725-1801) erwarb 1765 die Liegenschaft in Neuwaldegg und gestaltete sie bis zu seinem Tod schrittweise in einen Landschaftsgarten nach englischem Vorbild um. War das regelmäßig gegliederte Gartenparterre im Zentrum mit "Sternremise" und "Labyrinth" noch stark dem Rokoko verhaftet, gab es sonst überall verschlungene Wege und unregelmäßig in die Landschaft gestreute Gartenelemente. Ein Chinesischer Pavillon symbolisierte das Prinzip der "sharawadgi" (künstliche Unordnung), das die englischen Landschaftsgärtner im Fernen Osten vermuteten und das sie der in der strengen Geometrie der barocken Gärten zum Ausdruck gebrachten kosmologischen Weltordnung entgegensetzten. Eine Tempelruine, Statuen eines sterbenden und eines kämpfenden Gladiators und des Mars, ein Dianatempel, Wasserfälle, Teiche, Kaskaden, Brücken, Vogelkäfige, Hirschgehege, Fasanerien, Weinfelder und Obstplantagen waren nach malerischen Gesichtspunkten im Gelände verteilt. Vom "Hameau", einem künstlichen Dorf aus siebzehn in "holländischem" Stil erbauten und eingerichteten Hütten, bot sich ein Ausblick bis hin zur Donau.

5.8

5.8

Baumkabinett im Park des Grafen Lacy in Neuwaldegg, um 1795

Josef Schaffer
Kolorierter Kupferstich und Radierung,
Pl.: 17,3 x 23,3, Bl.: 25,2 x 38,8
Bez. li. u.: "Jo: Schaffer", Mi. u.: "Wien bey Jos: Eder.",
re. u.: "fecit et sculps." Beschr. u.: "Ansicht eines Theils des Gartens neu Waldeck zu Dornbach"
HM, Inv. Nr. 107.022/4

5.9

Eingang in den Park des Grafen Lacy in Neuwaldegg, um 1805

Josef Schaffer
Kolorierter Kupferstich und Radierung, 17,7 x 23,7
Bez. li. u.: "Jos: Schaffer.", li. u.: "Wien, bei Jos. Eder",
re. u.: "fecit et sculps."
Beschr. u.: "Der Eingang im Garten Neuwaldeck zu Dornbach"
HM, Inv. Nr. 45.182
Abbildung im Textteil

5.10

Tempel im Park des Grafen Lacy in Neuwaldegg, um 1805

Josef Schaffer
Kolorierter Kupferstich und Radierung, 18,6 x 23,2
Bez. li. u.: "Jose: Schaffer.", Mi. u.: "Win bey Joseph Eder",
re. u.: "fecit. et sc."
Beschr. u.: "Ansicht des Tempels unweit des Wasserfals in neu Waldeck zu Dornbach"
HM, Inv. Nr. 45.186

"Ueberraschend stand der Dianentempel vor mir. Er ruht auf einem grünen heitren Hügel, hinter welchem gleichsam als Folie sich majestätisch das waldumflorte Gebirge erhebt. Acht Säulen tragen die zierliche Kuppel. Diana schwebt von heiligen Hirschen gezogen, auf Wolken durch eine helle Mondnacht hin. Das Gemählde macht an dieser Stelle vielen Effekt. Die Einfassung des Kuppelgewölbes besteht aus einer Guirlande von Tannenzapfen. Sehr gut sticht der weißstrahlende Tempel vom nächtlichen Dunkel der Eichen und Buchen des Hintergrundes ab." (Mahlerische Streifzüge durch die interessantesten Gegenden um Wien. 1807, Bd. 3, S. 217)

5.11

Grab des Grafen Lacy in Neuwaldegg, um 1805

Kolorierter Kupferstich und Radierung, 17,1 x 23,5
Bez. li. u.: "Josef Schaffer.", Mi. u.: "verlegt bei Joseph Eder am Graben in Wien", re. u.: "fecit et sculps:"
Beschr. u.: "Grabstätte im Garten Neuwaldek zu Dornbach."
HM, Inv. Nr. 45.188

Durch die josephinische Bestattungsreform war das Begräbnis in den Kirchen Wiens dem Herrscherhaus und dem Klerus vorbehalten. Der Adel wich auf seine ländlichen Güter aus oder schuf in der Nähe seiner Besitzungen eigene Begräbnisstätten. Franz Moritz Graf Lacy ließ in seiner Gartenanlage für sich selbst und seinen Neffen Georg Graf Browne ein "Rousseaugrab" anlegen. Inmitten einer kreisförmig gepflanzten Baumgruppe steht ein von einem Lanzengitter umgebener klassizistischer Grabtempel mit vier toskanischen Säulen und einem Dreiecksgiebel an der Eingangsseite, sowie Tafeln mit Darstellungen der militärischen Erfolge des Feldmarschalls im Inneren.

5.12

5.12

Tempel im Park des Grafen Cobenzl am Reisenberg, um 1800

Johann Ziegler nach Laurenz Janscha
Kolorierte Radierung, Pl.: 32,3 x 42,3, Bl.: 39,8 x 51,5
Bez. li. u.: "Gezeichnet von L. Janscha.", Mi. u.: "Wien, bey Johann Cappi", re. u.: "Gestochen von Johann Ziegler."
Beschr. u. deutsch, französisch: "Ite Ansicht des Tempels, genannt der Reisenberg im Garten S. E. des Grafen v. Cobenzel."
HM, Inv. Nr. 64.856

Der Diplomat und Finanzmann Johann Philip Graf Cobenzl (1741-1810) erwarb nach der Aufhebung des Jesuitenordens 1773 dessen Besitzungen am Reisenberg. Dort ließ der an Botanik und Gärten interessierte, von Rousseaus Philosophie begeisterte Graf den ersten reinen "Naturgarten" in der Wiener Umgebung anlegen. Glashäuser, Fischteiche, Baumschulen sowie eine moderne Landwirtschaft und Meierei, deren Milchprodukte man in ganz Wien schätzte, waren mit der Parkanlage verbunden. Wie fast alle Staffagebauten dieses Gartens war auch der dargestellte Tempel aus vergänglichen Naturmaterialien erbaut: Sechs mit Efeu und Geisblatt umrankte Säulen trugen eine Kuppel aus Stroh, deren Innenseite mit geschachteten Rasenmatten ausgelegt war. Eine Bank aus Ästen und zwei "Lehnstühle" aus behauenen Baumstämmen boten den Spaziergängern Ruheplätze.

5.13

"Alpenhütte" im Park des Grafen Cobenzl am Reisenberg, um 1800

Johann Ziegler nach Laurenz Janscha
Kolorierter Kupferstich und Radierung, Pl.: 32,1 x 42,2, Bl : 39,8 x 51,3
Bez. li. u.: "Gezeichnet von L. Janscha.", Mi. u.: "Wien bey Johann Cappi.", re. u.: "Gestochen von J. Ziegler."
Beschr. u. deutsch, französisch: "IIte Ansicht von Reisenberg gegen die Stadt."
HM, Inv. Nr. 64.857

Nach den englischen Gärten begannen die an Rousseau orientierten Naturschwärmer zunehmend die Alpen in ästhetischer Hinsicht zu entdecken. Neben Berichten über "Besteigungen" des Leopoldsberges mit damit verbundenen Diskussionen über die Philosophie der Aufklärung, ist die dargestellte "Alpenhütte" ein frühes Zeugnis der neu erwachten Begeisterung für die Bergwelt. Unter einem auf vier Baumstämmen ruhenden Dach aus Ästen stand eine aus einem Stamm gehauene Bank. Der Hütte gegenüber führte eine Brücke über den Abgrund einer Schlucht hinaus in die Krone einer Buche; dort standen Tisch und Bänke, aus Ästen gefertigt.
Abbildung im Textteil

5.14

Grotte im Park des Grafen Cobenzl am Reisenberg, um 1810

Karl Schindelmayer
Radierung, 19,4 x 17,5
Bez. re. u.: "Schindlmayer"
Beschr. u. deutsch, französisch: "Die Grotte von Cobenzel"
HM, Inv. Nr. 45.335

Die im Cobenzlschen Garten angelegte Grotte war Ende des 18. Jahrhunderts ein Pilgerziel für die aufklärerischen Naturschwärmer. "Die Felsenpfeiler ragen kühnstrebend bis zum hohen Gewölbe der Höhle, von welchem glänzender Tropfstein herabhängt. Jedes Wort hallt stärker von der Felsenwand zurück; das hinzitternde Grün macht die Gesichter blaß und stille Schauer wehen durch die Nacht des Gewölbes. Man träumt sich in die Vorwelt mythischer Tage zurück; Gestalten füllen den Geistersitz und die Seele wird dunkel mit ihm." (Mahlerische Streifzüge durch die interessantesten Gegenden um Wien. 1808, Bd. 4, S.55f)

5.15

Wasserfall und künstliche Ruine im Park von Alt-Erlaa, um 1800

Johann Ziegler nach Laurenz Janscha
Kolorierter Kupferstich und Radierung, Pl.: 31,9 x 42,3, Bl.: 39,8 x 52,6
Bez. li. u.: "Gezeichnet von L. Janscha.", Mi. u.: "Wien bey Johann Cappi.", re. u.: "Gestochen von J. Ziegler." Beschr. u. deutsch, französisch: "Ansicht von Erlaw, gegen den Wasserfall"
HM, Inv. Nr. 21.144

Der Garten des Sommerschlosses, das Fürst Georg Adam Starhemberg (1724-1807) von Nikolaus Pacassi in Alt-Erlaa erbauen ließ, war mit einer künstlichen Ruine, die einen "chinesischen Tanzsaal" beherbergte, und großzügig angelegten Wasserkaskaden ausgestattet. Im 18. Jahrhundert war der Garten Schauplatz großer Musikfeste.
Abbildung im Textteil

5.16

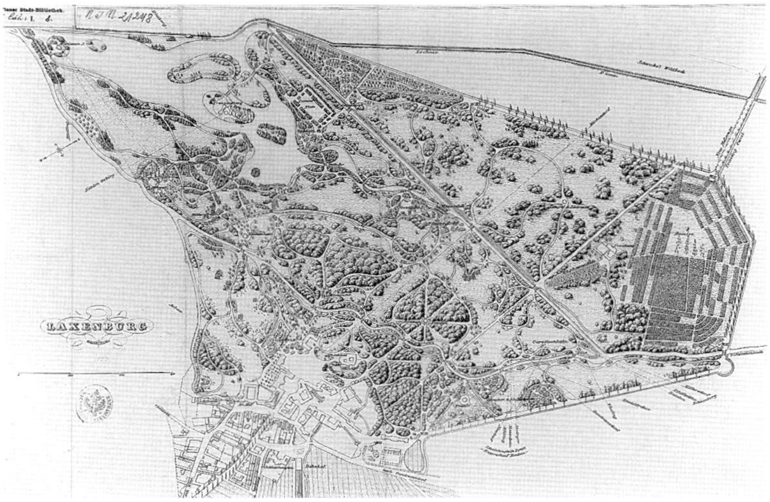

5.17

5.17
Plan von Laxenburg, 1853
Theodor Festorazzo nach Heinrich Basler
Kupferstich, 32,8 x 49,8
Bez. li.: "Heinrich Basler", li. u.: "Th. Festorazzo sc."
Beschr. li.: "Laxenburg"
HM, Inv. Nr. 21.248

Mit der Umgestaltung des kaiserlichen Parks in Laxenburg durch Isidore Canevale ab 1782 und durch die vielen Staffagen, die die zweite Gemahlin von Kaiser Franz, Maria Theresia von Neapel, dort anlegen ließ, wurde aus dem Rokoko-Garten mit seinen endlosen Perspektiven, glatten Blättermauern, geschwungenen Laubtunnels und kunstvollen Wasserspielen ein Landschaftsgarten "nach englischer Manier". Romantische Baumgruppen und Wiesen, dunkle Nadelhölzer und ein Netz von Kanälen bildeten eine scheinbar natürliche Kulisse für klassische Tempel und spitzbogige Brücken, geheimnisvolle Grotten und Höhlen, gotische Ruinen und idyllische Meierhöfe. Die zwischen 1791 und 1826 erbaute Franzensburg sollte den Eindruck einer mittelalterlichen Wasserburg erwecken, ein Turnierplatz wurde angelegt, die Einsiedelei, die Chinesische Brücke, der Tempel der Eintracht, das Fischerdörfchen und das Haus der Laune bildeten eine in sich völlig uneinheitliche, phantastische, zauberhafte Welt.

5.16
Dianatempel im Park von Alt-Erlaa, um 1800
Johann Ziegler nach Laurenz Janscha
Kolorierter Kupferstich und Radierung, Pl.: 32,6 x 42,6, Bl.: 41,8 x 53,9
Bez. li. u.: "Nach der Natur gezeichnet von L. Janscha", Mi. u.: "Wien, bey Artaria & Comp.", re. u.: "Gestochen von J. Ziegler"
Beschr. u. deutsch, französisch: "Ansicht des Diana-Tempels zu Erlaa / Dediée a Son Altesse Madame la Princesse de Starhmberg née Princesse de Salm-Salm / Par ses trés humbles et trés Obeissants Serviteurs Artaria & Comp."
HM, Inv. Nr. 21.145

"Die runden Tempel scheinen für Gärten am meisten angemessen. Ihre Form führt bey aller Würde eine gewisse Leichtigkeit, Freyheit und Anmuth mit sich, die sie vorzüglich Revieren empfiehlt, wo die Natur ihre Reize enthüllet." (Christian Cay Laurenz Hirschfeld: Theorie der Gartenkunst. Stuttgart 1990 [Nachdruck des Werks von 1779-1785], S.147)

5.18

5.18
"Tempel der Tonkunst" im Haus der Laune

5.18
"Teufelsküche" im Haus der Laune

5.18

Originalmodell "Haus der Laune", 1799

Ignaz Witzmann und Johann Zugner nach Johann Ferdinand Hetzendorf von Hohenberg
Holz, Ölmalerei, 200 x 220 x 267
HM, Inv. Nr. 163.802

In dem ausgefallenen Bau des Hofarchitekten Ferdinand Hetzendorf von Hohenberg, der in dieser Form von 1800 bis 1809 in Laxenburg stand, vermischten sich, wie bei der Theaterarchitektur, Wirklichkeit und Illusion: "In einem Zirkel phantastisch gruppirter Bäume erblickt man endlich das launichte Gebäude selbst, mit auswärts gesenkten Hellebarden umgeben. Es ist von Holz erbaut, und von außen verschieden bemahlt. Zu unterst sind Felsen; das mittlere Stockwerk scheint aus Garben aufgethürmt. Das Ganze ist mit Honigfladen und Wachs gedeckt, und mit Zuckerhüten statt Statuen und mit Ballons statt Windfahnen besetzt. Ringsherum lauft ein Ring von Hunds- und Katzenköpfen. Auf den vier Seiten sind Thürmchen angebracht, wovon der eine ein Vogelhaus, der andere den Paradeplatz auf der Burgbastei, der dritte ein Taubenhaus, und der letzte eine Festung vorstellt. Ein runder Thurm, der die Treppe enthält, ist unten mit Urnen und Hieroglyphen, in der Mitte mit halb geöffneten Fenstern von Mönchszellen, und oben mit bekränzten Köpfen von Opferthieren verziert. Am Eingange erblickt man als bedeutendes Sinnbild eine ausgelöschte Fackel. Das untere Stockwerk bildet ein Saal mit vier Seitengemächern. Der Saal enthält ein Billard, und ist, wie die ganze Einrichtung, mit einer gemahlten Einfassung von Karten und verschiedenem Spielgeräthe verziert. Von den vier Gemächern stellt das erste eine Küche vor, wo einige Teufel auf dem Heerde sitzen, und Karten spielen, während andere durch den Schornstein ausfahren. Im zweiten sieht man ein Badezimmer, wo ein vermuthlich antibrownianischer Arzt, eine Kammerfrau, ein Kind mit seiner Wärterin und ein Abbate, der die Zeitung liest, alle in Lebensgröße, aber mit verzerrten Gesichtern aus Wachs, die Dame im Bade zu bedienen und zu unterhalten bestimmt scheinen. Im dritten, dem Ankleide-Kabinete, sind verschiedene ausgestopfte Thiere versammelt, welche, als Repräsentanten der dienenden Welt, mit den verschiedenen Geräthen der Toilette sich beschäftigen. Pudel und Spitze, zum Aufwarten abgerichtet, und berühmt wegen ihrer Fähigkeit zum apportiren und sich hudeln zu lassen, stehen metamorphosirt als Haarkräusler mit Pudermantel, Kamm und Pudersäckchen da; der Kammerdiener, zum Bären travestirt, tragt den Spiegel, und zwei Kammermädchen müssen sich gefallen lassen, als demaskirte Affen die Pufferl zu halten. Auf ähnliche Art ist der erste Stock abgetheilt. Der mittelste Saal stellt den Tempel der Tonkunst vor. Wände und Boden sind mit Notenblättern belegt; Hängeleuchter, Tisch und Stühle aus Musikinstrumenten zusammengesetzt. Das eine Seitenzimmer stellt eine Bibliothek vor, wo Wände und Boden mit hunderterlei Broschurentiteln und Briefskizzen bemahlt sind, wo ein Globus als Luster, und die Tinten- und Streugefäße zu Sesseln dienen. Das zweite enthält eine wirklich kostbare Kupferstichsammlung, und das dritte ist ganz mit Stroh tapeziert, worunter sich vorzüglich das niedliche Hängekörbchen auszeichnet. Das oberste Stockwerk oder der Boden enthält - einen vollständig eingerichteten Keller mit einer Weinpresse und mehreren Fässern. Was das ganze Gebäude für eine Bedeutung, für einen geheimen Sinn habe? - Ich glaube keinen anderen, als den der Nahme anzeigt. [...] Laune ist des Witzes Halbschwester, und beide sind mit der Phantasie verwandt." (Mahlerische Streifzüge durch die interessantesten Gegenden um Wien. 1805, Bd.1, S.88ff)

5.19

5.20

5.19
Das Haus der Laune in Laxenburg, 1801
Johann Ziegler nach Laurenz Janscha
Kolorierter Kupferstich und Radierung, Pl.: 32,5 x 43, Bl.: 37,8 x 52,5
Bez. li. u.: "Gezeichnet von L. Janscha.", re. u.: "Gestochen von J. Ziegler", Mi. o.: "Wien, bey Johann Cappi"
Beschr. u. deutsch, französisch: "Das Haus der Laune in dem K. K. Lustgarten zu Laxenburg"
HM, Inv. Nr. 21.260

5.20
Die Einsiedelei in Laxenburg, 1801
Johann Ziegler nach Laurenz Janscha
Kolorierter Kupferstich und Radierung, Pl.: 32,7 x 42,2, Bl.: 41,8 x 50,4
Bez. li. u.: "Nach der Natur Gezeichnet von L. Janscha.", re. u.: "Gestochen von J. Ziegler", Mi. u.: "Jn Wien bey Artaria und Comp."
Beschr. u. deutsch, französisch: "Ansicht der Einsiedeley in dem k.k. Lust=garten zu Laxenburg [...]"
HM, Inv. Nr. 21.253
"Weil man in Gärten keine weitläuftigen Gebirge, und selten rauh verwilderte Berge hat, worinn sich nachgeahmte Einsiedeleyen verbergen könnten; so legt man sie am besten in verwachsenen Winkeln und in schattigen Vertiefungen an, wo sie den Charakter der Einsamkeit, den sie verlangen, leichter gewinnen. [...] Das Gebäude mag aus Stein oder Holz bestehen; nur muß die Zusammensetzung die höchste Einfalt und Nachläßigkeit zeigen [...] Das ganze Ansehen muß Einfalt, Dürftigkeit, Verläugnung ankündigen.[...]" (Christian Cay Laurenz Hirschfeld: Theorie der Gartenkunst. Stuttgart 1990 [Nachdruck des Werks von 1779-1785], S.149)

5.21
Baumkabinett und Vogelschießen in Laxenburg, 1805
Johann Ziegler nach Laurenz Janscha
Kolorierter Kupferstich und Radierung, Pl.: 31,9 x 43,1 Bl.: 38,3 x 49,4
Bez. li. u.: "Gezeichnet v. L. Janscha", re. u.: "Gestochen v. J. Ziegler", Mi. u.: "Jn Wien, bey Artaria u. Comp."
Beschr. u. deutsch, französisch: "Das Baum=Cabinet und vormaliches Vogelschiessen zu Laxenburg [...]"
HM, Inv. Nr. 21.255

5.22
Das Chinesische Lusthaus in Laxenburg, um 1805
Johann Ziegler nach Laurenz Janscha
Kolorierter Kupferstich und Radierung, Pl.: 32,5 x 42,3, Bl.: 42,5 x 50,4
Bez. li. u.: "Gezeichnet von L. Janscha.", re. u.: "Gestochen von J. Ziegler.", Mi. u.: "Wien, bey Artaria u. Comp."
Beschr. u. deutsch, französisch: "Das chinessische Lusthaus in Laxenburg."
HM, Inv. Nr. 64.860

5.23
Ritterschloß in Laxenburg, um 1810
Kolorierter Kupferstich, Pl.: 17,3 x 21,1, Bl.: 25,1 x 30, 5
Bez. Mi. u.: "Vienne chez Artaria et Compag."
Beschr. u. deutsch, französisch: "Das Ritterschloß im Park Laxenburg (prés de Vienne)"
HM, Inv. Nr. 76.687
Abbildung im Textteil

5.24

5.28

5.24
Wasserfall in Laxenburg, um 1820/30
Vinzenz Reim
Kolorierte Radierung, Pl.: 13,2 x 18,4, Bl.: 16,4 x 21
Bez. re. u.: "J.V Reim"
Beschr. Mi. u.: "Der Wasserfall im Garten zu Laxenburg"
HM, Inv. Nr. 185.922/1

5.25
Meierei in Laxenburg, um 1820/30
Vinzenz Reim
Kolorierte Radierung, Pl.: 13,2 x 19, Bl.: 15,2 x 21,1
Bez. re. u.: "J: V Reim"
Beschr. Mi. u.: "Die Meierei im Garten zu Laxenburg."
HM, Inv. Nr. 185.922/2

5.26
Rittersäule in Laxenburg, um 1820/30
Vinzenz Reim
Kolorierte Radierung, Pl.: 13,3 x 18,6, Bl.: 15,4 x 20,1
Bez. re. u.: "J: V Reim"
Beschr. Mi. u.: "Die Rittersäule im Garten zu Laxenburg"
HM, Inv. 185.922/3

5.27
Plan des Gartens des Baron Braun in Schönau, 1812
Andreas Withalm nach Karl Ludwig Friedrich Viehbeck
Kolorierter Kupferstich, Pl.: 15,1 x 22,2, Bl.: 26,2 x 33,3
Bez. re. u.: "A. Withalm sc.", Mi. u.: "nach der Original Aufnahme des Hauptm. Viehbecks. [...]"
Beschr. li. o.: "Schönau Freyherl. v. Braunsches Landguth bey Baden. Wien 1812. zu haben bey Artaria u. Comp."
HM, Inv. Nr. 74.124

Im Garten, den der Hoftheaterdirektor Peter Friedrich von Braun ab 1796 in Schönau bei Baden errichten ließ, gab es neben der Fischerhütte und der Grotte mit dem "Tempel der Nacht" noch eine Reihe anderer, von der Profession seines Besitzers zweifellos beeinflußte Attraktionen: Eine "Köhlerhütte" und eine "Binderhütte" beherbergten Bewohner aus Wachs, die Graf Deym, der als Joseph Müller in Wien ein Panoptikum betrieb, geschaffen hatte. Über eine Hängebrücke gelangte man zu einer Einsiedelei, aus der ein ebenfalls wächserner Diogenes mit einer Laterne hervortrat, auf der sich die Worte "Ich suche Menschen" nach längerem Betrachten in "Ich habe sie gefunden" verwandelten. Ein Baumstamm, der sich beim Berühren einer verborgenen Feder teilte, gab den Weg zur "Insel der Liebe" frei.

5.28
Brücke im Garten des Baron Braun in Schönau, um 1805
Laurenz Janscha
Kolorierter Kupferstich und Radierung, Pl.: 31,6 x 42,8, Bl.: 40,6 x 52,5
Bez. re. u.: "Dessinée et gravée par L. Janscha.", Mi. u.: "publiée a Vienne chez Jean Cappi. par son trés hûmble, et trés obeisant Serviteur Jean Cappi"
Beschr. u.: "Vue en face du grand Pont du Jardin de Schönau [...]"
HM, Inv. Nr. 21.396/2

5.33

5.29
Grotte im Garten des Baron Braun in Schönau, um 1810
Karl Schindelmayer
Kolorierter Aquatintastich, Pl.: 21,1 x 18, Bl.: 41,8 x 25,4
Bez. re. u.: "Schindelmayer f."
Beschr. u. deutsch, französisch: "Die Grotte zu Schönau."
HM, Inv. Nr. 106.813

Am Beginn der verschlungenen Felsenwege, die ins Innere des Felsens zum Tempel der Nacht führten, lag eine Grotte. An ihrer Rückwand rieselte eine Quelle herab, während über die ganze Breite ihrer seeseitigen Öffnung ein Wildbach herabstürzte, durch dessen tosende Wassermassen man den See und das Schloß am jenseitigen Ufer wahrnehmen konnte.

5.30
Tempel der Nacht im Garten des Baron Braun zu Schönau, um 1810
Benedikt Pieringer
Kolorierter Aquatintastich, Pl.: 17,3 x 24, Bl.: 27,3 x 40,7
Bez. re. u.: "Gezeichnet und geätzt von Pieringer", Mi. u.: "Wien bey Joseph Eder"
Beschr. u.: "Der Tempel der Nacht im Garten des Herrn Baron von Braun in Schönau"
Wien, Niederösterreichische Landesbibliothek, Topographische Sammlung, Inv. Nr. 6.724

Der "Tempel der Nacht" war das Zentrum einer weitläufigen Grottenanlage im Garten des Baron Braun in Schönau. Seine Gestaltung war deutlich von frühen Zauberflöten-Inszenierungen beeinflußt: In einem mit grünem Marmor verkleideten Rundbau im Inneren des Berges trugen sechzehn weiße Marmorsäulen eine Galerie, auf der Genien der Liebe und der Nacht dem Betrachter Stille geboten. Dem Eingang gegenüber fuhr die Göttin der Nacht auf einem von zwei schwarzen, geflügelten Rossen gezogenen, silbernen Wagen aus den Wolken hervor. Zwischen den Säulen waren die Himmelszeichen halberhoben abgebildet, unter ihnen standen marmorne Ruhebänke, in zwei seitlichen Nischen Ottomanen aus rotem, gold besetztem Damast. Auf zwei Opfertischen in der Mitte des Raumes stand jeweils eine blaue Vase zwischen goldenen Armleuchtern. Das Zentrum des marmorierten Fußbodens bildete ein gelber Medusenkopf auf Zinnobergrund. An der zunächst unsichtbaren Decke wurden nach Erlöschen der Lichter nach und nach unzählige Sterne sichtbar. Das Geräusch von Donner und brausendem Wind begleitete den Besucher zum Eingang des Tempels, während im Inneren sanftes Orgelspiel den überirdischen Eindruck verstärkte.

5.31
Fischerhaus im Garten des Baron Braun in Schönau, um 1815
Kolorierter Kupferstich und Radierung, Pl.: 33,2 x 42,8, Bl.: 38,2 x 49,3
Bez. Mi. u.: "Vienne chez Artaria et Comp."
Beschr. u. deutsch, französisch: "(Oesterreich.) Ansicht des Fischerhauses in Schönauer Garten"
HM, Inv. Nr. 21.397/2

Im Garten des Baron Braun in Schönau stand am Ufer eines von der Triesting gespeisten künstlichen Sees eine Fischerhütte. Sie war außen mit Wimpeln, Rudern, Netzen, Schiffsschnäbeln und großen Angelruten, an denen Fische hingen, dekoriert. Im Inneren bildeten zusammengewundene Seile die Stühle, Ruder und Schiffsgeräte lagen umher, über eine Strickleiter gelangte man auf den Boden, wo eine Hängematte die Ruhestätte der Fischer andeutete.

5.32
Die Ballonfliegerin Wilhelmine Reichard im Rosenbaumschen Garten, 1820
Aquarell, 28,4 x 40,1
HM, Inv. Nr. 48.006

Joseph Rosenbaum, ein Bediensteter des Grafen Esterhazy, ließ in der Vorstadt Wieden (heute Kolschitzkygasse 9-11) ein biedermeierliches "Paradiesgärtlein" anlegen, das mit seinen zahlreichen Attraktionen wie Gotischer Turm, Vogelhaus, Sonnenuhr, Kettenbrücke, Schaukel u. v. a. ein bürgerliches Gegenstück zu den großen Landschaftsgärten des Adels und des Hofes bildete. 1820 nahm Rosenbaum den Ballon der Wilhelmine Reichard in seinem Garten auf, nachdem dieser, vom Feuerwerksplatz im Prater kommend, beim Belvedere gelandet war. Im Hintergrund ist die Hauptattraktion des Gartens, der "Gotische Turm" zu sehen, der übereinander die "Grotte" mit Küche und Speisekammer, das "Gotische Turmzimmer" mit bunten Fensterscheiben, Stichen, Zeichnungen und Stickereien, die "Schweizerhütte" mit Binsenmatten und Girlanden aus Tannenzweigen und schließlich die "Galerie", eine Aussichtsplattform mit Glocke und eiserner Fahne beherbergte.

5.33
Wasserfall im Türkenschanzpark, um 1910
Farbpostkarte, 9 x 13,7
Beschr. re. o.: "Wasserfall. Wien, XVIII. Türkenschanzpark."
HM, Inv. Nr. 58.891/1.364

Auf der "Türkenschanze" bei Weinhaus, die schon Mitte des 17. Jahrhunderts, vermutlich nach einer türkischen Befestigung 1529, diesen Namen trug und 1683 Standort einer starken türkischen Befestigung war, wurde in den achtziger Jahren des vorigen Jahrhunderts auf Anregung von Heinrich Ferstel nach den Plänen des Stadtgärtners Sennholz ein Volkspark angelegt. Wie bei den meisten der im 19. Jahrhundert errichteten öffentlichen Gartenanlagen (z. B. Stadtpark 1862, Rathauspark 1872) entschied man sich für die Gestaltung als Landschaftsgarten im englischen Stil. In der Anlage standen bzw. stehen zwei Musikpavillons, ein Restaurant, ein Aussichtsturm und zahlreiche Denkmäler. 1908 wurde der Park wesentlich erweitert und der neue Abschnitt harmonisch mit dem bestehenden Teil vereint.

5.38

5.34
Aussichtswarte im Türkenschanzpark, um 1910
Farbpostkarte, 14 x 8,9
Bez. li. u.: "155. P. Leclere, Wien, V."
Beschr. u.: "Aussichtsthurm im Türkenschanzpark Wien XIX."
HM, A.V. 1.619

5.35
Teich im Türkenschanzpark, 1912/13
Farbpostkarte, 8,9 x 13,7
Beschr. re o.: "Wien, XVIII. Türkenschanz = Park."
HM, Inv. Nr. 58.891/1.366

5.36
Jugendstilgarten, 1908
Postkarte, 9 x 14
Beschr. auf der Rückseite o.: "Kunstschau Klimtgruppe Wien 1908", u.: "Wiener Werkstätte No. 2"
HM, Inv. Nr. 101.968/241

Seit im späten 18. Jahrhundert Landschaftsgärten nach englischem Vorbild den "architektonischen" Stil der barocken Gärten abgelöst hatten, galt in der Gartengestaltung das Prinzip der "Natürlichkeit". Im Gegensatz dazu galt für die Jugendstilgärten die Devise "Nicht die Natur nachahmen, sondern sie in den Dienst der Kunst stellen". Ähnlich wie die Schöpfer der barocken Anlagen, verstanden die Architekten des Jugendstils den Garten als Fortsetzung des Wohnhauses. In freilich viel bescheidenerem Rahmen als in den barocken Gärten finden wir nun wieder eine strenge architektonische Gliederung: Gartenterrasse, Gesellschaftsgarten, Stauden-, Rosen-, Kindergarten, Bleichrasen, Tennisplatz und Küchengarten sind durch Hecken oder berankte Spaliere von einander getrennt. Wie im Barockgarten wurden Bäume und Sträucher zu Wänden, Lauben oder Kugeln zurechtgestutzt, wurden Kübelbäumchen aufgestellt, verliefen die Wege geradlinig in geometrischen Mustern, wuchsen Stauden und Blumen in regelmäßig angelegten Beeten. Aus weißem Holz errichtete Pavillons, Tempel oder asiatische Teehäuser, Lauben, Pergolen und Mauernischen mit Holzbänken wurden zu Blickpunkten.

5.37
Jugendstilgarten, 1908
Emil Hoppe
Postkarte, 14,1 x 9
Bez. li. u.: "E. Hoppe"
Beschr. auf der Rückseite o.: "Kunstschau Klimtgruppe Wien 1908", u.: "Wiener Werkstätte No. 4"
HM
Abbildung im Textteil

5.38
Jugendstilgarten, um 1908
Postkarte, 14 x 9
Beschr. u.: "Wiener Werkstätte Wien I. Graben 15. Postkarte No. 123"
HM, Inv. Nr. 178.906

5.39
Brunnenschale, um 1700
Sandstein, H: 77, Dm: 75
HM, Inv. Nr. 117.097

5.40
Brunnenfiguren: Puttenpärchen, 18. Jahrhundert
Sandstein, H: 118
HM, Inv. Nr. 117.100

Die möglichst genaue Nachahmung der Natur war den Menschen immer wieder ein besonderes Anliegen: Nicht nur im Bereich der bildenden Kunst, sondern auch bei der Dekoration von Festen, der Ausgestaltung von Wohnräumen, im Kunstgewerbe und in der Mode diente die Natur als Anregung und Vorlage. So verwandelte man zum Beispiel Ballsäle in Grotten, Höhlen oder Wälder und umgab sich in den eigenen vier Wänden mit Zier- und Gebrauchsgegenständen, die die Natur imitierten. Die Mode nahm sich die Tier- und Pflanzenwelt vor allem für den Entwurf von Accessoires zum Vorbild.

5.42

5.41.1

5.41.2

5.41.1-2

"Grottenmöbel", um 1890/1900

Fa. Pauly & Cie, Venedig

Kiefernholz, geschnitzt, bunt gefaßt

5.41.1

Tisch

H: 83,5, Dm: 47,5

5.41.2

Armlehnsessel

H: 86, B: 55, T: 51

Wien, MAK - Österreichisches Museum für angewandte Kunst, Inv. Nr. 2.255 a, b

5.42

Ofen in Baumstammform, um 1775

Fayence mit Tempera bemalt, H: ca. 200, Dm: ca. 85

HM, Inv. Nr. 117.445

Der vermutlich um 1775 entstandene Ofen stammt aus dem 1915 demolierten Haus Hetzendorferstraße 75 in Wien XII., das 1832 Beethoven als Sommerquartier gedient hatte. Er war Teil eines sogenannten Landschaftszimmers, eines illusionistisch mit Landschaftsmotiven ausgemalten Raumes, der vermutlich - der Mode dieser Zeit entsprechend - in exotisch chinesischer Manier dekoriert war. Der Ofen selbst ist als besonders "natürliches" und detailgetreues Abbild der Natur gestaltet, auf dem Strunk etwa steht eine Uferschnepfe, die an einer Natter zerrt. Ein ähnlicher, vermutlich in späterer Zeit vergoldeter Ofen befindet sich in einem der von Johann Wenzl Bergl 1775 mit exotischer Landschaftsmalerei ausgestatteten Zimmer im Schloß Schönbrunn.

Lit.: Peter Pötschner: Der Ofen in Baumgestalt aus dem Hetzendorfer Beethovenhaus. In: Alte und moderne Kunst, Jg. 69, Heft 10, S.19-22

5.43

Anhängeruhr in Apfelform, um 1820

Carl Comeda (?), Wien

Graviertes Goldgehäuse, bunte Emaillierung, Emailziffernblatt mit arabischen Ziffern, Stunden- und Minutenzeiger, vergoldetes Werk mit Spindelgang, Schnecke und Kette, Dm: 3,4

Bez.: "8972"

HM, U.I. Nr. 1.491

5.44

Anhängeruhr in Birnenform, Anfang des 19. Jahrhunderts

Italien (Schweiz ?)

Vergoldetes Silbergehäuse, bunte Emaillierung, Emailziffernblatt mit arabischen Ziffern, Stunden- und Minutenzeiger, vergoldetes Messingwerk mit Spindelgang, Schnecke und Kette, H: 4,5, Dm: 2,7

Bez.: "Pietro del Boseto/di Blesio."

HM, U.I. Nr. 2.206

5.45

Lichtschirm, um 1820

Holz, Glas, Stoff, Stickgarn, H: 24,2, B: 29,4, T: 2,6

HM, Inv. Nr. 57.168

5.50

5.56

5.46
Fruchtstück, um 1840/50
Leopold Stoll
Wachsbossierung, Dm: 38
HM, Inv. Nr. 17.451
Abbildung im Farbteil

5.47
Teeservice mit plastisch aufgelegten Erdbeerpflanzen, 1863
Wiener Porzellanmanufaktur
Bestehend aus gedeckelter, bauchiger Kaffeekanne, Oberskanne, gedeckelter, zweihenkeliger Zuckerschale und sechs Schalen mit Untertassen
HM, Inv. Nr. 50.476

5.48
Sonnenschirm, um 1900
Rosa Seidentaftbespannung, Metallgestell, Holzstock mit zwei Kirschen aus Kunststoff im Griffbereich, L: 97
HM, Inv. Nr. M 4.524

5.49
Sonnenschirm, um 1905
Ecrufarbene Baumwoll-Seidenbespannung, Metallgestell, Holzstock, Kunststoffgriff mit zwei künstlichen Kirschen, L: 92
HM, Inv. Nr. M 12.415

5.50
Becher mit Insekten, 1813
Gottlob Samuel Mohn
Farbloses Glas, Transparentmalerei, H: 13
Bez.: "Mohn f."
Lippenrand: Bordüre aus bunten Blumen; Vorderseite: Initialen "E.H." aus Vergißmeinnicht gebildet; Rückseite: Widmung: "Am 19ten Nov. 1813", kleine schwarz gemalte Insekten
HM, Inv. Nr. 116.481

5.51
Becher mit Fliege, um 1815/1820
Anton Kothgasser
Farbloses Glas, Lippenrand vergoldet, Fliege im oberen Teil der Wandung in Schwarzlotmalerei, H: 10,6
Wien, Glasgalerie Kovacek

5.52
Ranftbecher mit Fliege im Boden, um 1815/1820
Anton Kothgasser
Farbloses Glas, Lippenrand vergoldet, Goldinschrift, Fliege auf der Bodenunterseite in Schwarzlotmalerei, H: 10,5
Beschr.: "Seht Freunde, seht die arme Fliege hier / Sie sah den Wein in meinem Glase blinken / Sie sank herab / Und fand ihr Grab / Und trank den Tod wo wir das Leben trinken."
Wien, Glasgalerie Kovacek

5.53
Vogelkäfig mit zwei Vögeln, Automat, um 1880
Bontems, Paris
Vergoldetes Messing, vergoldeter Holzsockel, die Vögel mit Originalfedern dekoriert, Messingwerk mit Federantrieb, Messingpfeife mit Blasebalg, Bewegungsautomat, H: 53, Dm: 29
HM, U.I. Nr. 2.568

5.54
Sonnenschirm, um 1900
Blaue Faillebespannung mit bunten Schmetterlingen bedruckt, Metallgestell, Holzstock mit Metallknopf, L: 85
HM, Inv. Nr. M 4.417

5.55
Haarnadel mit einem Insekt, um 1900
Jett, Metall, L: 13, B: 6
HM, Inv. Nr. M 4.668

5.56
Kunstpelzpaletot, um 1900/10
Hermelinimitat, kleiner eckiger Kragen, glockig geschnitten, lange Trichterärmel, Reinseidensatinfutter, Rl.: 119
HM, Inv. Nr. M 15.765

5.57
Vogel, um 1900
Grün-blau schillernde Federn, Augen aus Jett, L: 38, B: 16,5
HM, Inv. Nr. M 10.508
Abbildung im Farbteil

5.67

5.58
Vogel, um 1900
Grün-braun schimmernde Federn, Augen aus Glas, L: 32, B: 8
HM, Inv. Nr. M 12.812
Abbildung im Farbteil

5.59
Vogelkopf, um 1905
Blau-schwarze Federn, L: 22, B: 4,5
HM, Inv. Nr. M 11.695
Abbildung im Farbteil

5.60.1-2
Zwei Knöpfe in Schneckenform, um 1937
Kunststoff, Dm: 3,1 bzw. 3,8
HM, Inv. Nr. M 9.855

5.61
Diverse künstliche Blumen und Früchte, um 1890
HM
Über das Neueste an künstlichen Blumen und Früchten als Haarputz las man 1857 in der Berliner Zeitschrift "Der Bazar": "Die Blumen-Garnierungen aus großen weißen Lilien oder Wasserrosen mit den langen Schilfgraszweigen, welche sich so graziös in jedem Haarputz zeigen, erinnern unwillkürlich an zarte, leicht schwebende Sylphiden und Najaden - so wie sich die feurige Brunette nicht reizender schmücken kann, als mit den, zu anmuthigen Zweigen gewundenen Früchten: Kirschen, Johannisbeeren, ja Weintrauben mit Epheu und Grasblüthe vereint; oder: mit den langen Fuchsien aus brennend rotem Sammet, deren roth geäderte, wie vom Thau angehauchte Blätter sich zu einer Krone bilden; auch steht ihr der Cactus Speciosus, mit langen weißen Federstaubfäden zu Gebote; überhaupt sind die Blumen zu den Haargarnierungen sehr groß gewählt - wir sahen eine solche aus weißen Cantifolien (Unica) malerisch schön mit großen Stiefmütterchen und Epheuzweigen, oder vielmehr Ästen, zusammengeflochten, denn es zeigte sich daran wirklich so täuschend das knorrige, rankige Geäst als hätte sich die Natur selbst hineingemischt - lange Knospenzweige und Halme wiegten sich an den Seiten bei der leisesten Berührung." (zitiert nach: Walter Benjamin: Das Passagen-Werk. Hrsg. von Rolf Tiedemann. Frankfurt am Main 1983, Bd.1, S.117f)
Abbildungen im Farbteil

5.62
Türkenbund, um 1900
Stofflilien mit Drahtversteifung, L: 34
HM, Inv. Nr. M 10.916/1

5.63.1-2
Zwei Myrthenkränze, um 1900
Wachs, Draht, Stoff lackiert,
Bogenlänge: 23 bzw. 45
HM

5.64
Schnalle in Blattform, um 1900
Metall, L: 13, B: 7,5
HM, Inv. Nr. M 9.376

5.65
Damenhut, um 1905
Ausführung: Adolf Urban & Co Modes Wien I., Kärntnerstr. 28
Naturfarbener Bast mit drahtversteiftem Tüllgestell, Garnitur aus weißen Stoffrosen und grünen Stoffblättern, schwarze Samtbänder mit Metallschließe, Hutw.: 44, Dm: 39 x 42
HM, Inv. Nr. M 2.780

5.66
Damenhut, um 1910
Naturfarbenes Stroh mit weißem Voile überzogen, Garnitur aus Stoff- und Haarähren, innere Krempe mit Seide überzogen, Hutw.: 63, Dm: 38 x 40
HM, Inv. Nr. M 1.715

5.67
Damenhut, um 1910/20
Cremefarbene Stoffbänder, Garnitur aus weißen, cremefarbenen und gelben Stoffblumen und grünen Stoffblättern, Krempenunterseite mit schwarzem Seidentüll überzogen, Hutw.: 45, Dm: 43 x 50
HM, Inv. Nr. M 15.722

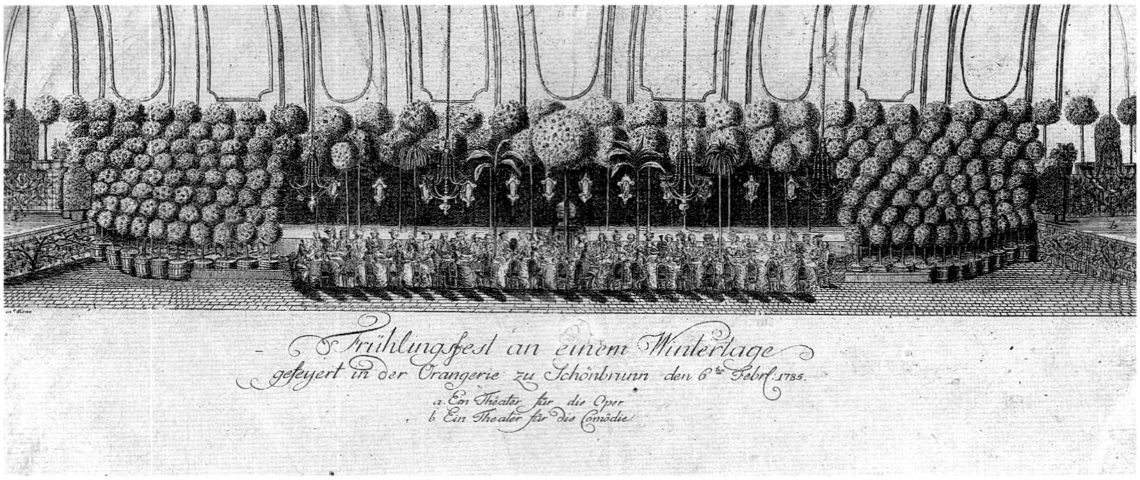

5.72

5.68
Brosche mit künstlichen Blümchen, um 1930
Bunter Organdy, Sicherheitsnadel, L: 7,5, B: 2,5
HM, Inv. Nr. M 13.522/2

5.69
Brosche aus einem Stück Bambus, 1934
Bambus, Sicherheitsnadel, L: 5
HM, Inv. Nr. M 5.004

5.70.1-8
Vorlageblätter für Wandmalereien mit vegetabilen Mustern, um 1800
Acht Gouachen, 27 bis 30,7 x 18,6 bis 23,3
HM, Inv. Nr. 48.539/5, 6, 27, 28, 31, 35, 37, 40

5.71
Entwurf für eine Wandmalerei, um 1800
Gouache, 23,2 x 35,9
HM, Inv. Nr. 167.921

5.72
Frühlingsfest an einem Wintertag in der Orangerie von Schönbrunn, 1785
Johann Hieronymus Löschenkohl
Kolorierter Kupferstich, 23,4 x 54,7
Bez. li. u.: "(Bey Löschenko)hl in Wienn."
Beschr. u.: "Frühlingsfest an einem Wintertage gefeyert in der Orangerie zu Schönbrunn den 6ten Febre : 1785. a. Ein Theater für die Oper b. Ein Theater für die Comödie"
HM, Inv. Nr. 95.885

5.73
Dekoration des Apollo-Saales im Fasching 1812, 1811
Blasius Höfel nach K. Herman
Kolorierter Kupferstich, beigeheftet der Broschüre: "Ansichten vom Apollo = Saale im Karnevale 1812", Wien 1811,
Pl.: 25,4 x 33,8, Bl.: 27,4 x 43
Bez. li. o.: "K. Herman del", li. u.: "K. Herman d.", re. o. und u.: "Bl. Höfel sc."
Beschr. o.: "Kristallen Allee.", Mi.: "Erfrischung's Platz. Spatziersaal.", u.: "Griechischer Speisesaal. Spatziersaal"
HM, Inv. Nr. 95.551/2
Das von Siegmund Wolffsohn am Schottenfeld, Zieglergasse 15 errichtete großartige Vergnügungsetablissement Apollosaal wurde am 10. Jänner 1808 zur Vermählung Kaiser Franz I. mit Maria Ludovika eröffnet. Wolffsohn kündigte ein "Riesenorchester" von 60 Musikern an, und mehr als 5.000 Kerzen beleuchteten den "Feenpalast vom Silbergrund", der mit vielfältigsten Attraktionen wie Teichen mit Schwänen, Grotten und Wasserfällen ausgestattet war und bei den zahlreichen Festen von bis zu 8.000 Besuchern bevölkert wurde. Jeder Raum hatte seine eigene Bezeichnung und war dementsprechend individuell gestaltet. Die Originalität und Pracht der Ausstattung wurde in eigenen Programmheften besonders betont. Nach 1815 wechselte der Apollosaal mehrmals den Besitzer, 1839 wurde in ihm eine Kerzenfabrik installiert, 1876 brannte der Gebäudekomplex ab.

5.74

5.74

Dekoration der Flora Devisen-Redoute in den Redoutensälen, 1831

Kolorierte Kreidelithographie, 23,3 x 28,5

Beschr. Mi. u.: "IIte Abbildung der von dem Decorateur Carl Hoer am 6. Februar 1831 in den k.k. Redouten = Sälen in Wien arrangirten Flora Devisen Redoute."

HM, Inv. Nr. 71.156

5.75

Versammlung der deutschen Naturforscher und Ärzte, 1832

Joseph Viktor Sotira

Aquarell, 34,1 x 50,6

Bez. re. u.: "Sotira. 832."

HM, Inv. Nr. 75.436/1

1822 war in Leipzig die "Gesellschaft deutscher Naturforscher und Ärzte" gegründet worden, die in der Folge alljährlich in einer deutschen oder österreichischen Stadt zu einer Versammlung zusammentraf. Schon 1831 sollte eine solche Versammlung in Wien stattfinden, wegen der Cholera wurde sie dann jedoch auf das nächste Jahr verschoben. Die über tausend Teilnehmer fanden sich im Laufe einer Woche zu 350 Vorträgen zusammen. Höhepunkt des gesellschaftlichen Rahmenprogramms war die gemeinsame Fahrt nach Laxenburg, wo Kaiser Franz in einem festlich mit Blumen- und Blättergirlanden geschmückten Zelt eine Mittagstafel für alle Teilnehmer gab, bei der Johann Strauß Vater aufspielte.

5.76

Fürstlich Liechtensteinscher Wintergarten, 1832

Franz Wolf

Kolorierte Lithographie, 30,1 x 44,8

Bez. li. u.: "Nach der Natur von F. Wolf. 832", re. u.: "Ged. im lith. Inst. in Wien.", li. u.: "Journal pitoresque", re. u.: "Eigenthum der Herausgeber Wolf u. Weissenbach."

Beschr. Mi. u.: "Partie aus dem Fürstl. Liechtensteinischen Gedekten Wintergarten in Wien."

HM, Inv. Nr. 179.491

Der große Theoretiker der Gartenkunst Christian Cay Laurenz Hirschfeld bezeichnete Ende des 18. Jahrhunderts den Wintergarten als Innenraum, dessen Aufgabe es wäre, den Wechsel der Jahreszeiten auszuschalten und "eine wollüstig täuschende Empfindung von der Gegenwart der schönen Monate spürbar" zu machen. (zitiert nach: Vana Greisenegger-Georgila: Theater von der Stange. Wiener Ausstattungskunst in der zweiten Hälfte des 19. Jahrhunderts. Wien, Köln, Weimar 1994, S.61)

5.78

5.79

5.77
Kunstblumenvitrine auf der Weltausstellung 1873
Fotoreproduktion nach: Fotografie, 25,4 x 19,8
HM, Inv. Nr. 78.080/98
Auf der Wiener Weltausstellung 1873 präsentierte Österreich seine Erfindung der Kunstblumenproduktion aus "papier de Chine". Bewunderung fand vor allem die "außerordentliche Naturwahrheit" der Blumen, die vollkommene Täuschung durch die perfekt nachgeahmte Natur. So berichtete die Internationale Ausstellungszeitung: "Die Exposition dieser neuen, schönen Kunstindustrie, auf welche Österreich mit Grund stolz sein kann, nimmt mit Recht einen der schönsten Plätze in der Rotunde ein und ist stets von einem dichten Kreis von Bewunderern umgeben, die sich zumeist in zwei Parteien theilen, deren eine sich nun und nimmer nehmen lässt, diese Blumen und Pflanzen seien von der Natur und nicht von Menschenhand geformt."
Die industrielle Kunstblumenproduktion hatte sich in der ersten Hälfte des 19. Jahrhunderts entwickelt. Blumendekorationen aus Frankreich, der auf diesem Gebiet führenden Nation, hatten schon auf den Weltausstellungen in London und Paris Aufsehen erregt. Die Industrialisierung und Perfektionierung der Kunstblumenherstellung spiegelte und förderte die damalige Mode, sich selbst und seine Umgebung mit dem "poetischen Schmuck" der Blumen zu dekorieren.

5.78
Wohltätigkeitsfest im Musikvereinssaal, 1880
Xylographie (Zeitungsausschnitt), 21,4 x 24,8
Beschr. Mi. u.: "Ein Wohlthätigkeitsfest in den Musikvereins = Sälen in Wien."
HM, Inv. Nr. 51.130/1
Im März 1882 veranstaltete der "I. Spar und Unterstützungsverein" im Musikvereinssaal ein "Grottenfest" zugunsten notleidender Kinder, denen ein sommerlicher Landaufenthalt ermöglicht werden sollte. In der Mitte der künstlichen Grottenarchitektur befand sich ein Bassin mit - wie angekündigt - "prächtig gekleideten Nixen", die "aus silber- und goldschillernden Fluten prächtige Gold- und Silbergeschenke mit goldenen und silbernen Netzen" herausfischten.

5.79
Festdekoration in den Sophiensälen, um 1890/1900
Fotoreproduktion
Wien, Bezirksmuseum Landstraße, Inv. Nr. 63/36
Die Sophiensäle waren ursprünglich ein Russisches Dampfbad, das nach der erfolgreichen Kur einer Kammerfrau der Erzherzogin Sophie am 14. Jänner 1838 als "Sophienbad" neu eröffnet wurde. Bei der von 1845 bis 1849 nach Plänen von Siccardsburg und van der Nüll erfolgten Umgestaltung des Bades wurde eine Schwimmhalle hinzugefügt, die im Winter als Ballsaal verwendet wurde. Ab 1870 erfolgte die endgültige Umwandlung in eine Tanzhalle, den "Sophiensaal", der 1886 noch durch einen kleinen Saal erweitert wurde. Bis heute sind die Sophiensäle beliebte Veranstaltungssäle.

5.80

5.81.1

5.80

Wintergarten in den Sophiensälen, um 1890/1900

Fotoreproduktion,

Wien, Bezirksmuseum Landstraße, Inv. Nr. 63/14

5.81.1-2

Zwei Ansichten der Dekoration im Schloß Schönbrunn beim Besuch des Königs von Spanien, 1906

A. Karl Schuster

Fotoreproduktionen nach: Fotografien auf Karton,

21,7 x 17,2 bzw. 20,4 x 26,3 (25,1 x 33,1)

Bez. auf der Rückseite (Stempel): "Akad. Maler & Fotograf A. Karl Schuster Wien XII. Schönbrunnerstr. 287"

HM, Inv. Nr. 39.397/2 und 6

Imaginäre Reisen

Das Panorama

Kleinpanoramen, Ausstellungen und der Exotismus

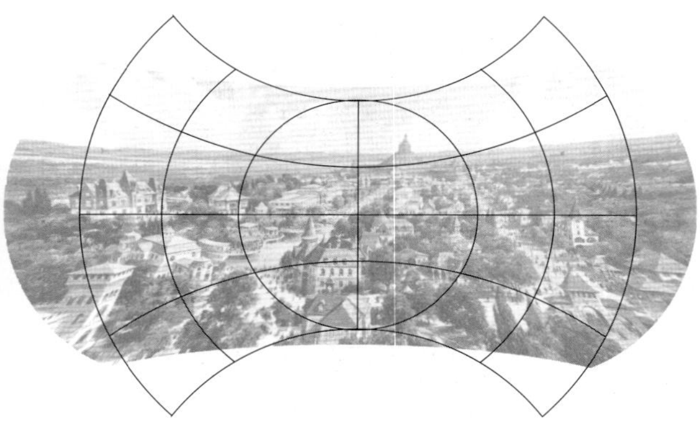

VENEDIG IN WIEN
ENGLISCHER GARTEN
ENGLISCHER GARTEN

Ursula Storch

DIE WELT IN REICHWEITE
Imaginäre Reisen im 19. Jahrhundert

Das Panorama

Im Jahr 1787 meldete der Ire Robert Barker ein Patent unter dem Titel "nature at a glance" (die Natur auf einen Blick) an und sicherte sich damit für die folgenden vierzehn Jahre alle Rechte für seine Erfindung, das Rundgemälde oder Panorama.[1] Kernpunkt der Idee war, ein illusionistisch gemaltes 360-Grad-Rundumbild, anfangs vorwiegend Stadtansichten, bei natürlich wirkender Beleuchtung auszustellen, wobei der Betrachter auf der Besucherplattform in der Mitte des Raumes in exakt der Distanz gehalten wurde, die dem Eindruck der Illusion am förderlichsten war. Zu einer Zeit, als das Reisen nur für eine verschwindende Minderheit möglich war, mußte diese Erfindung auf Begeisterung stoßen, umso mehr, als die geringe Eintrittsgebühr allen Bevölkerungsschichten eine imaginäre Reise im Panorama erlaubte. Das erste optische Massenmedium war erfunden.[2]

In der Allgemeinen Theaterzeitung konnte man 1827 in Wien folgendes über "die Kunst, ohne Kosten und bedeutende Unbequemlichkeit zu reisen"[3] lesen:

"Wir wandern mit Captain Parry zum Nordpol, - mit Casanova in die Bleykammern Venedigs, mit der "Aneide" in der Hand, zu dem Grabmal des unsterblichen Dichters zu Posilippo, und setzen dennoch keinen Fuß aus unsern gesegneten friedlichen Mauern, brauchen uns weder von zudringlichen Sonnenstrahlen, noch von rauhen Nordwinden molestiren, oder von Postillons und schlechten Knüppelwegen maltraitieren zu lassen, kurz, wir nehmen eine interessante Schilderung der gewünschten Stadt, und reisen per Extrapost der eigenen Füße ins - Panorama."[4]

Das erste 360-Grad-Gemälde, das in Wien gezeigt wurde, war Robert Barkers London-Panorama, für welches 1801 im Prater ein eigener Rundbau aus Holz errichtet wurde.[5] 1804 war dann an derselben Stelle ein von den bekannten Wiener Malern Laurenz Janscha und Carl Postl gemaltes Wien-Panorama zu sehen, das in der Folge in verschiedenen Städten Deutschlands, in Skandinavien und St. Petersburg gezeigt wurde.

Ein anderes in Wien produziertes und vorgeführtes Panorama, Johann Maelzels "Feuersbrunst von Moskau", das mechanische und musikalische Zusatzeffekte besaß, erregte auf seinen Reisen nach New York, Boston, Philadelphia und Baltimore großes Aufsehen.[6] Im Prater waren in den nächsten Jahren Panoramen von Prag, Gibraltar, London und Paris zu sehen. Von letzterem war Goethes Schwager Heinrich Clauren so beeindruckt, daß er in seinen "Kurzen Bemerkungen auf langen Berufswegen" darüber schrieb:

"Die Täuschung ist so ergreifend, daß der Gedanke, dieß alles im Prater bei Wien zu sehen, den Anschauenden schwer eingeht. Je länger man weilt, je lebendiger tritt die Unmöglichkeit, daß dies alles das Zauberwerk eines Pinsels seyn soll, vor die Seele [...]."[7]

Oft konnte man am Eingang zum Panorama für wenig Geld eine Kurzbeschreibung des ausgestellten Gemäldes kaufen, die dem "in der Stadt Fremden" die wesentlichsten Sehenswürdigkeiten erläuterte.

In den achtziger Jahren entstanden weitere Panoramagebäude in Wien, die von der Société anonyme Austro-Belge des Pan- et Dioramas betrieben wurden, und folglich vorwiegend Panoramen französischer und belgischer Herkunft zeigten, darunter "Cairo", "Die Belagerung von Paris" und "Rom 1849". Mit Aufkommen der Fotografie war das Interesse an Panoramen allerdings in ganz Europa zurückgegangen, der Film löste sie schließlich endgültig ab.[8]

6.4
Das Panorama im Prater, um 1815

6.16
Plakat für eine Zimmerreise, 1824

Das Diorama und andere Sonderformen des Panoramas

Jacques Louis Mandé Daguerre, später einer der Erfinder der Fotografie, erweiterte die Illusion des Panoramas in seiner Erfindung des Dioramas 1822 in Paris.[9] Der drehbare Zuschauerraum konnte vor zwei verschiedenen, jeweils 14 x 22 Meter messenden Bildern positioniert werden, die beidseitig bemalt waren. Wechselte die Beleuchtung langsam von Auflicht zu Durchlicht, meinte man, einen Handlungsablauf in der Szenerie wahrnehmen zu können. Zur räumlichen Illusion war also die zeitliche hinzugekommen. Wie das Panorama erfüllte auch das Diorama den Zweck, den Besuchern die Welt zu zeigen, allerdings stellte das Diorama eine Unterhaltung für das gehobene Bürgertum dar, da die Eintrittspreise auf Daguerres Betreiben relativ hoch waren.[10]

In Wien waren in den dreißiger Jahren drei Dioramen des Breslauer Malers Augustin Siegert zu sehen. Sie stellten die Ruinen des Theaters von Taormina, den Golf von Neapel und den Golf von Pozzuoli und Bajä dar.[11]

Als weitere Sonderform des Panoramas gab es ab etwa 1850 das Moving Panorama, einen langen bemalten Leinwandstreifen, der am Publikum vorbei, von einem Zylinder ab und auf einen anderen aufgerollt wurde. Als Theaterdekoration waren derartige Moving Panoramas in England schon zu Beginn des 19. Jahrhunderts verwendet worden.[12] in Wien setzte man um 1825 eine solche Wandeldekoration in dem Stück "Der erste Mai" von Rainoldi im Leopoldstädter Theater zur Darstellung des Läuferrennens vom Praterstern zum Lusthaus ein.[13] Ihre Blütezeit erlebten die Moving Panoramas mit der Darstellung der großen amerikanischen Flüsse wie des Mississippi, des Missouri oder des St. Lawrence-Stroms. Eine deutsche Erfindung war dann das Pleorama, ein doppeltes Moving Panorama, bei dem die dazwischenliegende Betrachterplattform als schaukelndes Boot ausgeführt war. In der gleichen Weise funktionierte auch Hugo d'Alesis Mareorama, das noch bei der Weltausstellung 1900 in Paris eine Schiffsreise durch das Mittelmeer an Deck eines Dampfers simulierte.[14]

Eine Spezialität des deutschsprachigen Raums waren die diversen Kleinpanoramen[15], deren Vorteil vor allem darin lag, daß sie leichter transportierbar und billiger waren. Dazu gehörten Halb- und Dreiviertelpanoramen, die mit optischen Linsen betrachtet werden konnten, Guckkästen oder auch einfache Tafelbilder. Angekündigt wurden diese Kleinpanoramen unter den verschiedensten Bezeichnungen wie "Zimmer-Panorama", "Malerische Reise", "Europorama" oder "Optische Zimmerreise".

"In einem Zimmer sitzen und doch reisen, ist desto angenehmer, da weder Staub, noch Zoll- und Visitationswesen, die Reisenden inkommodiert.", stellte Moritz Gottlieb Saphir 1827 fest.[16] Eine in Wien 1830 veranstaltete Zimmerreise, die sich "Pano-, Dio-, Kosmo-Rama-Gallerie" nannte, versprach eine "Spazierfahrt durch Italien in einer halben Stunde"; außerdem war ein Raum als Lesekabinett eingerichtet, wo man die einschlägige Reiseliteratur nachlesen konnte.[17] Ebenfalls zu den Kleinpanoramen zählte man die Cosmoramen, eine Zusammenstellung von Bildern einzelner Gegenden, die bei künstlicher Beleuchtung durch vergrößernde Gläser zu betrachten waren.[18]

Die Laterna magica

Mit Hilfe der Laterna magica, einer Erfindung des 17. Jahrhunderts, konnten Ansichten ferner Länder und ihrer Sehenswürdigkeiten auch projiziert betrachtet werden. Handelte es sich dabei anfangs ausschließlich um die handgemalten Bildunikate von Vortragsreisenden, so konnten gegen Ende des Jahrhunderts seriell gefertigte

Glasstreifen zum Thema Reisen für die Laterna magica-Apparate der bürgerlichen Kinderzimmer in jedem Spielwarengeschäft gekauft werden. Die renommierte Herstellerfirma Gebrüder Bing bot unter anderem etwa folgende Bildserien an:

"Naturphänomene, Eisregion, Nilbilder, Tropische Landschaften, eine hervorragend farbenprächtig ausgeführte Serie von 48 Bildern auf 12 Glasstreifen mit erläuterndem Text." oder

"Leben und Treiben in den Vereinigt. Staaten von Nordamerika, hübsches Sortiment, bestehend aus 12 langen Glasstreifen mit je 4 Scenen mit erläuterndem Text." oder sogar

"Reise um die Erde. Darstellung einer Reise v. Bremerhafen über Gibraltar, Suez-Kanal, Indien, China, Japan, Australien, Capstadt und England zurück: Land und Leute durch 48 künstlerische Illustrationen mit Beschreibung, vorgeführt in 12 langen Glasstreifen."[19]

Das Stereoskop

Mit Erfindung der Fotografie war ein neues Medium geschaffen, das wirklichkeitsgetreue Abbilder der Welt lieferte. Reisebilderserien, sogenannte "Voyages photographiques", waren schon Ende der fünfziger Jahre sehr beliebt.[20] Besondere Faszination aber erregte die Betrachtung von Fotografien mittels des Stereoskops, einem optischen Gerät, das Sir Charles Wheatstone um die Mitte des 19. Jahrhunderts im Zusammenhang mit Studien zum binokularen Sehen entwickelt hatte: Zwei knapp nebeneinander aufgenommene Fotografien wurden durch zwei Linsen betrachtet, wodurch ein dreidimensionales Bild entstand. Die Stereoskopie galt bald als die Vollendung der Künste, da ihr sogar die räumliche Darstellung der Natur möglich war. Um 1880 erreichte die Begeisterung für das stereoskopische Sehen ihren Höhepunkt mit dem Kaiserpanorama August Fuhrmanns, einem hölzernen Zylinder von fünf Metern Durchmesser, der jeweils 25 Personen gleichzeitig die Möglichkeit bot, Stereoskopbilder, die von einem Zuschauer zum nächsten weiter bewegt wurden, zu betrachten.[21] Beworben wurde das Unternehmen mit dem Satz "Durch das Kaiser-Panorama ist das Problem gelöst: Die Welt mit der Welt bekannt zu machen.".[22] Und ein oftmaliger Besucher des Kaiserpanoramas meinte dazu: "Gute Stereoskopbilder also vermitteln uns den Anblick von Personen, Landschaften, Straßenszenen, Gebäuden und Schiffen in solcher Weise, daß die Illusion eine fast vollständige ist. [...] Die allwöchentlich wechselnden Bilder-Serien des Kaiser Panoramas führen uns in alle Teile der Welt und sind der beste Ersatz für eine Reise um die Erde."[23]

Die Eisenbahnreise

Die allgemeine Reisesehnsucht hatte sich um die Jahrhundertmitte mit der Errichtung der ersten Eisenbahnlinien in Europa zu einem regelrechten Reisefieber entwickelt.[24] Auch die verfügbare Reiseliteratur nahm zu: Reisebriefe, Reisetagebücher, Reisenovellen wurden zu beliebten Genres.

Die Eisenbahnreise brachte allerdings nicht nur eine Ausweitung des geographischen Horizonts, sondern auch Veränderungen der Wahrnehmung mit sich. Die Reisenden empfanden anfangs das bisher innige Verhältnis zum durchreisten Raum durch die ungewohnte Geschwindigkeit als zerstört[25] und meinten, das erhöhte Tempo reduziere die Wahrnehmung der Welt auf ein Minimum. So zum Beispiel Adelbert Chamisso:

"[...] man fährt wie eine abgeschossene Kanonenkugel über die Erde dahin, und wenn man heimkommt, soll man rings ihre Höhen und Tiefen erkundet haben."[26]

Gerüche und Geräusche der vorbeiziehenden Landschaft waren im fahrenden Zug unmöglich wahrzunehmen,[27] und auch der Gesichtssinn mußte sich den neuen Gegebenheiten, einer "panoramatischen" Sehweise,[28] anpassen: Während der unmittelbare Vordergrund so schnell vorbeiraste, daß er nur verwischt gesehen werden konnte, verschoben sich auch die weiter entfernten Landschaftssegmente ständig in ihrer Lage zueinander, sodaß permanent neue Perspektiven sichtbar wurden. Nachdem der anfängliche Schock überwunden war, gewöhnten sich die Reisenden schnell an die rasende Bilderflut vor dem Zugsfenster, ja sie fingen an, sie gewissermaßen unter einem neuen Aspekt zu genießen: "Die Eisenbahn bildete die neu erfahrbare Welt der Länder und Meere selber zum Panorama aus. Sie verband nicht bloß zuvor entfernte Orte miteinander, indem sie den überwundenen Weg von allem Widerstand, Unterschied und Abenteuer befreite, sie wendete vielmehr die Blicke der Reisenden, da das Reisen selbst so bequem und allgemein wurde, nach außen und bot ihnen die reiche Nahrung wechselnder Bilder dar, welche während der Fahrt die einzige mögliche Erfahrung ausmachten."[29]
Was lag für das Unterhaltungsgeschäft näher, als mit den bewährten illusionistischen Mitteln imaginäre Bahnfahrten anzubieten? Im Prater gab es beispielsweise 1895 eine Dioramabahn, mit welcher man die von dem bekannten Wiener Maler Gilbert Lehner wiedergegebene Reise von Genua nach Nizza unternehmen konnte; im Jahr darauf wurde ein Fahrdiorama Abbazia - Konstantinopel eingerichtet, das von den berühmten Dekorationsmalern Angelo Rottonara und Hans Kautsky angefertigt worden war.[30] Noch 1919 gab es im Prater den "Zentralbahnhof", dessen Eingangsbereich als Bahnhofshalle mit wechselnden Lichtsignalen eingerichtet war. Ein "gut gearbeiteter künstlicher Schaffner" lud zum Mitfahren ein, und im Gerüttel des fahrenden Zuges konnte man schließlich die Illusion einer Reise Wien - Konstantinopel, Wien - Nizza oder Wien - Paris erleben.[31] Eine ganz ähnliche Unterhaltung, wenn auch in größerem Stil, hatte es 1900 auf der Weltausstellung in Paris gegeben: In einem Ausstellungspavillon konnte man eine Fahrt mit der "Transsibirischen Eisenbahn" unternehmen. Die Besucher saßen dabei in echten Waggons, vor deren Fenstern eine Dreiviertelstunde lang Ansichten der 10.000 Kilometer langen Strecke zwischen Moskau und Peking gezeigt wurden.

Die kinematographische Reise

Der Blick aus dem Zugsfenster auf die vorbeiziehenden Bilder, real oder imaginär, stellte in jedem Fall eine Parallele zur Kinosituation dar. Und so läßt sich auch das Motto Georges Méliès', des großen französischen Pioniers des Filmtricks, gleichermaßen auf Eisenbahn und Kino anwenden: "Le monde à portée de la main" - "Die Welt in Reichweite".[32] Auch der Cinématographe der Brüder Lumière hatte schon 1896 mit dem Slogan "Wöchentlich abwechselnd neue Bilder aus allen Weltgegenden."[33] geworben. Im Weihnachtsprogramm etwa wurden Szenen aus Lyon, Neapel, Boston, New York, Moskau und Paris gezeigt.[34] Und "The Royal Bio Co.", das "größte und vollkommenste Unternehmen auf dem Gebiete der Kinematographie", das 1907 in den Wiener Sophiensälen unter anderem "Die Arlbergbahn", "Hochseefischerei", und "Westafrika" zeigte, druckte folgenden Satz auf sein Programmblatt: "The Royal Bio Co. führt den Besucher mit seinen Bildern durch die ganze Welt."

6.46
Leopold Carl Müller:
Bildnis des Dieners Hassan, 1882

Orient und Exotismus

Doch bleiben wir noch einen Augenblick bei den Veränderungen, die die Erfindung der Eisenbahn nach sich zog.

Noch zu Goethes Lebzeiten war der Orient eine Gegend am anderen Ende der Welt gewesen, von der man wohl phantastische Dinge gehört hatte, die selbst zu bereisen aber nahezu undenkbar war. In seinen "Wahlverwandtschaften" läßt er die junge Ottilie diese Mischung aus Ängstlichkeit und Desinteresse so ausdrücken:

"Es gehört schon ein buntes, geräuschvolles Leben dazu, um Affen, Papageien und Mohren um sich zu ertragen. Manchmal, wenn mich ein neugieriges Verlangen nach solchen abenteuerlichen Dingen anwandelt, habe ich den Reisenden beneidet, der solche Wunder mit anderen Wundern in lebendiger alltäglicher Verbindung sieht. Aber auch er wird ein anderer Mensch. Es wandelt niemand ungestraft unter Palmen, und die Gesinnungen ändern sich gewiß in einem Lande, wo Elefanten und Tiger zu Hause sind."[35]

Zwar hatte man wiederholt Forschungsreisen ausgerüstet, wie etwa diejenige, die Kaiser Franz I. 1817 anläßlich der Verheiratung seiner Tochter Leopoldine mit dem portugiesischen Kronprinzen nach Brasilien initiierte, doch die Strapazen dieser abenteuerlichen Reisen waren enorm und wurden fast ausschließlich unter dem

6.57
Cercle Oriental auf der Wiener Weltausstellung, 1873

Aspekt, wissenschaftlich verwertbares Material zu sammeln, unternommen. Die ab und zu nach Europa gelangten Bewohner anderer Kontinente bestaunte man etwa in derselben Weise, wie das erste lebende Krokodil (1821) oder die erste Giraffe in Wien (1828).
Im Zuge der Relativierung von Raum und Zeit durch die Entwicklungen der modernen Technik verloren herkömmliche Kategorien wie Nähe und Ferne ihre Bedeutung.[36] Während also innerhalb Europas die Eisenbahnlinien die Entfernungen schrumpfen ließen, rückten die Länder des Orients näher. Der Orient übernahm quasi die frühere Rolle Italiens. Einflußreiche Maler wie Carl Leopold Müller oder Hans Makart unternahmen in den siebziger Jahren beispielsweise Reisen nach Ägypten. In der Folge wurden orientalisierende Malerei und Interieurs in Wien zu Modeerscheinungen, die Fremdheit verschwand, ja man entwickelte ein richtiggehendes Faible für alles Exotische. "Europa wurde grau, und die Exotik blühend."[37], wie Dolf Sternberger es auf den Punkt brachte. Indem man sich aber mit exotischen Versatzstücken in den eigenen vier Wänden umgab, holte man sich sozusagen die Welt ins Haus.

Ein Ausstellungsbesuch als imaginäre Reise
Genau das machte man auch im Rahmen der Weltausstellung 1873 in Wien: Man holte sich die Welt ins Haus. Die verschiedenen Teilnehmerstaaten stellten nicht nur ihre gewerblichen Erzeugnisse und künstlerischen Produkte vor, sondern sie errichteten auf dem Ausstellungsgelände im Prater auch etwa 200 kleinere Pavillons in den für die einzelnen Länder charakteristischen Baustilen, in denen unter anderem Gastronomiebetriebe untergebracht waren.
"Es lebe die Ausstellung! Sie stillt das Verlangen aller nach fremden Himmelsstrichen sich sehnenden Gemüther, ihr ist es zu danken, wenn wir so schnell - fast noch schneller, als auf den Zauberschwingen der Phantasie - in jene fernen Reiche gelangen, zu denen es uns immer und immer mit märchenhaft magischer Gewalt hinzieht. [...] Wohin wünschen Sie zu reisen? Nach China, Japan, Persien, Stockerau? Wählen Sie ganz nach Belieben. Was früher in dem Bereiche des Praters nur billiger, auf harmlose Gemüther berechneter Scherz war, das ist nunmehr voller, theurer Ernst geworden. Früher nämlich standen vor den 'Ringelspielen' [...] Männer mit starken Stimmen und heiter lächelnden Gesichtern, und sie schrien: 'Bitte, aufzusteigen, gleich fahren wir nach Paris. Kostet nur zwei Kreuzer, Kinder zahlen dasselbe. Rrrrrreinspaziert! Eilzug nach St. Petersburg,' und wir Kinder fuhren lustig drauf los [...]."[38]
Es ist ein Zeitgenosse der Weltausstellung, der hier zwei Arten von imaginären Reisen einander gegenüberstellt: die Praterillusion der "Reise" mit dem Ringelspiel in eine ferne Stadt, und die dreidimensionale, begehbare Illusionswelt einer gigantischen Ausstellung, auf welcher man im Palast des Vizekönigs von Ägypten die Räumlichkeiten des Harems besichtigen, im amerikanischen Indianerzelt einen Longdrink nehmen und im türkischen Kaffeehaus die Wasserpfeife rauchen konnte.
"Da man die ganze Welt an einem Punkt zusammenführt, erspart der Besuch einer Weltausstellung die Weltreise. Die mühelos genossene Retortenwelt ersetzt die Wirklichkeit."[39], stellt Werner Hoffmann rund hundert Jahre später fest.
Auf dem Weltausstellungsareal fanden auch nach der Jahrhundertwende noch große Ausstellungen statt, die in ähnlicher Weise die Kulturen anderer Länder und Kontinente in den Wiener Prater transferierten. Bei der Ersten Internationalen Jagdausstellung 1910 etwa waren vor allem Jagdbauten in regional unterschiedli-

6.21
"Africa" im Neuen Elysium, um 1840

chen Stilen zu besichtigen, zum Beispiel ein englisches Jagdhaus, ein deutsches Jagdschloß, eine norwegische Jagdhütte und ein ganzes afrikanisches Jägerdorf. Für die Österreichische Adria-Ausstellung 1913 hingegen wurden an einem eigens angelegten Ausstellungssee, in dem der Dampfer "Wien" mit dem Ausstellungsrestaurant vor Anker lag, bekannte Gebäude der adriatischen Küste nachgebaut.

Reisen zu Kontinenten und Planeten

Ein biedermeierlicher Vorläufer für imaginäre Reisen durch die verschiedenen Kontinente war in den vierziger Jahren des 19. Jahrhunderts das Wiener Vergnügungsetablissement "Neues Elysium" gewesen. In diesem weitläufigen Souterrainlokal in der Johannesgasse konnte man nämlich eine "Wanderung durch die vier Welttheile" unternehmen, die in den verschiedenen Räumen mit Hilfe als typisch empfundener Versatzstücke und Dekorationen eingerichtet waren. Gleich hinter der Garderobe kam der Besucher nach "Asien", wo acht große Elefantenfiguren in der Vorhalle die Beleuchtungskörper trugen und "asiatisch" gekleidete Serviererinnen und Musiker für Bedienung und Unterhaltung der Gäste sorgten. Weiter gelangte man nach "Europa", das einerseits als "gemüthliches Europa" mit Heurigenatmosphäre, einem Maibaum und einer Tirolerhausfassade, andererseits durch das "elegante Europa", einen modernen Tanzsaal, dargestellt wurde. Direkt anschließend lag "Africa". Dieser Raum war als "morgenländisches Militär-Zelt" eingerichtet, aus dem man die (gemalte Ansicht der) Pyramiden von Gizeh und die Sphinx sehen konnte. Hier wurde das Essen von Mädchen im "afrikanischen Costume" serviert. Aus der afrikanischen Abteilung führte "[...] ein mit Rohr bedeckter Gang, gleichsam das Innere einer Indianer-Wohnung, nach "Amerika". Hier befindet sich der Beschauer in einem tropischen Walde. Ueber seinem Haupte wölben sich Palmen, Mimosen, Aurakarien, hier plastisch nachgebildet, und lassen nur sparsam den blauen Himmel durchblicken. Mehr Genuß biethet sich Jenem, welcher auf der hier schlangenförmig angelegten Eisenbahn auf den von Pferden gezogenen Wägen eine Eisenbahnfahrt unternimmt, denn er sieht hier die Gegenden von Neu-York, den Chimborasso vom Plateau von Tapia, fährt an dem dreifachen Absturz eines Wasserfalles vorbei, [...] und gelangt zur Einfahrt in den Hafen von Rio-Janeiro, wo sich links der Zuckerhutberg, [...] und rechts der Pico präsentieren. Hier fährt der Bahnwagen in eine Grotte, durch deren offene Höhlungen man eine vollkommene Ansicht von Rio-Janeiro, abermals einen lebendigen Wasserfall und das k. Lustschloß San Christofano gewahrt, und dann wieder an den Punkt der ersten Ausfahrt gelangt."[40]

In der folgenden Saison wurde das Etablissement noch durch die Abteilung "Australien" erweitert. Auch diesen Kontinent durchreiste man im Elysium mit einem auf Schienen laufenden Wagen. Australien präsentierte sich in erster Linie als "Sonneninsel mit einer großen Tropfstein-Muschelgrotte", in der "originelle" Musik zu hören war. 1842 sollte ein neuerlicher Umbau für ein volles Haus sorgen: Zusätzlich wurde nun sogar eine "Reise in den Mond" angeboten.[41] – die Reisesehnsucht der Wiener hatte den Boden der Realität verlassen.

Auch 1910 konnte man sich übrigens der Illusion einer Reise auf den Mond hingeben, und zwar im Prater. Es handelte sich dabei um eine Nachahmung der von Leopold Kronau 1903 im Vergnügungspark Coney Island gezeigten "Reise nach dem Monde im Luftballon", allerdings wählte man in Wien das viel fortschrittlichere Flugzeug als scheinbares Transportmittel: "Der Besucher sah vom Flugzeug auf Wien, durchflog dann Gewitterwolken

6.28.1
Venedig in Wien, 1895

und sichtete den Mond, auf dem er auch wohlbehalten landete."[42] Zu einer imaginären Reise auf einen noch entfernteren Planeten hatten die Wiener schon 1902 Gelegenheit gehabt, als in der Rotunde das "Fest auf dem Mars" veranstaltet wurde.[43] Die Wände wurden für diesen Anlaß mit panoramaartigen Gemälden von phantastischen Marslandschaften dekoriert, und in der Raummitte konnte man ein "Marstodon", ein elefantenähnliches Tier von eindrucksvoller Größe - vermutlich aus Papiermaché - bestaunen.

"Gruß aus Venedig in Wien"

Doch zurück zu Realistischerem: Eine der faszinierendsten Reiseillusionen im ausgehenden 19. Jahrhundert war sicherlich "Venedig in Wien". Unter dieser Bezeichnung eröffnete Gabor Steiner 1895 seinen großzügigen Vergnügungspark auf dem Areal des ehemaligen Kaisergartens im Prater. Ähnliche Schaustellungen hatte es wenige Jahre zuvor bereits in London und Kopenhagen gegeben. Die Entwürfe für die Nachbildungen venezianischer Bauten - darunter die Porta del Arsenale, der Palazzo Dario, der Palazzo Triuli und der Turm von Murano - sowie für das mit Gondeln befahrbare Kanalsystem hatte der Architekt Oskar Marmorek geliefert. In den Gebäuden waren Gastronomiebetriebe sowie Werkstätten und Verkaufsstände venezianischer Kunsthandwerker untergebracht.[44] 1901 wurde "Venedig in Wien" in die "Internationale Stadt im Prater" umgebaut, die Kanäle und Paläste verschwanden und machten japanischen, ägyptischen und spanischen Straßenansichten Platz.[45]
Nach dem Motto "Keine Reise ohne einen Ansichtskartengruß in die Heimat" hielten sowohl die Ausstellungsveranstalter als auch viele Unternehmer von Reiseillusionen im Prater Ansichtskarten zum Verkauf bereit. Mit Bildern und Aufdrucken wie "Gruß aus Venedig in Wien", "Gruß vom Eismeer im k.k. Prater" oder "Gruß aus dem Siamesen-Dorf" versehen, konnte der "Reisende" Zeugnis von seinem Ausflug in eine andere Welt ablegen.

Der "Homo viator" des 20. Jahrhunderts

Reisen, sogar in die entlegensten Teile der Erde, sind im 20. Jahrhundert zu einer Alltäglichkeit geworden. Das moderne Transportwesen, professionelle Reiseveranstalter mit Angeboten, die auf die unterschiedlichsten Bedürfnisse reagieren, und nicht zuletzt ein Mehr an Freizeit, haben es breiten Bevölkerungsschichten möglich gemacht, die Welt "im Original" kennenzulernen. Gleichzeitig gibt es heute ein größeres Angebot an imaginären Reisen denn je zuvor: Man denke nur an Film, Fernsehen und die neuen Medien, die uns tagtäglich die Welt ins Haus liefern. Im Vergleich zum 19. Jahrhundert hat sich allerdings unsere Wahrnehmung grundlegend verändert: Das permanente Überangebot von Bildern aus allen Ländern der Erde hat sowohl unsere Neugier, als auch die Rezeptionsfähigkeit reduziert. Wir meinen, aufgrund dieser Bilder die gesamte Welt zu kennen und haben letztlich doch nur sehr vage Vorstellungen von ihr. In einer Anmerkung Jacques Le Riders zu Botho Strauß' Stück "Groß und klein" (1978) wird genau dieser Sachverhalt angesprochen:
"Der Homo viator der Moderne durchschreitet die mit Videobildern tapezierten Zwischenwände. Er erfährt den Rausch einer All-sicht, er glaubt an die Ubiquität des Blickes, die ihm die unmittelbare Übertragung von allen Bildern des Planeten verschafft. Nichts entgeht ihm. Aber er sieht nichts. Die moderne Welt ist groß und klein zugleich. Vermessen und eingeengt. Vervielfacht und verdünnt."[46]

1 Scott Wilcox: Erfindung und Entwicklung des Panoramas in Großbritannien. In: Sehsucht. Das Panorama als Massenunterhaltung im 19. Jahrhundert. Bonn 1993, S.29
2 Wenzel Jacob: Vorwort. In: Sehsucht. S.11
3 zitiert nach: Stephan Oettermann: Das Panorama. Geschichte eines Massenmediums. Frankfurt am Main 1980, S.227
4 a.a.O., S.227f
5 zur Geschichte des Panoramas in Wien: a.a.O., S.222-230 und S.234-238
6 vgl.: Joseph Earl Arrington: John Maelzel, Master Showman of Automata and Panoramas. In: The Pennsylvania Magazine of History and Biography. Bd.LXXXIV, Jänner 1960, Nr.1
7 zitiert nach: Stephan Oettermann: Das Panorama. S.228
8 ds.: Riesenrundgemälde: Bilder ohne Rahmen. In: Sehsucht. S.125
9 ds.: Durchscheinbilder - Dioramen: Bewegung durch Licht. In: Sehsucht. S.194f
10 Barry Daniels: Daguerre - Theatermaler, Dioramist, Photograph. In: Sehsucht. S.39ff
11 Stephan Oettermann: Die Reise mit den Augen - "Oramas" in Deutschland. In: Sehsucht. S.46
12 Scott Wilcox: Erfindung und Entwicklung des Panoramas in Großbritannien. In: Sehsucht. S.34
13 Vana Greisenegger-Georgila: Theater von der Stange. Wiener Ausstattungskunst in der zweiten Hälfte des 19. Jahrhunderts. Wien, Köln, Weimar 1994, S.15
14 Stephan Oettermann: Moving Panorama: Der bewegte Horizont. In: Sehsucht. S.230f
15 ds.: Die Reise mit den Augen - "Oramas" in Deutschland. In: Sehsucht. S.47f
16 zitiert nach: Sehsucht. S.207
17 Stephan Oettermann: siehe Exponat IV.19. In: Sehsucht. S.217
18 Beate Stopfer: Hubert Sattler (1817-1904). Materialien zur Monographie eines Reisemalers. In: Jahresschrift 22 (1976) des Salzburger Museums Carolino Augusteum. Salzburg 1977, S.107
19 Rückseite eines Erläuterungsheftchens der Firma Gebrüder Bing, Nürnberg zu: Bilder für Laterna Magica. Neue Märchen. o.O., o.J.
20 Walter Benjamin: Das Passagen-Werk. hrsg. von Rolf Tiedemann. Frankfurt am Main 1982, Bd.2, S.837
21 Marie-Louise von Plessen: Der gebannte Augenblick. Die Abbildung von Realität im Panorama des 19. Jahrhunderts. In: Sehsucht. S.17
22 Flugzettel des Kaiserpanoramas aus dem Jahr 1913(?)
23 ebenda
24 Egon Friedell: Kulturgeschichte der Neuzeit. München, 3. Auflage 1980, Bd.2, S.1029
25 Wolfgang Schivelbusch: Geschichte der Eisenbahnreise. Zur Industrialisierung von Raum und Zeit im 19. Jahrhundert. Frankfurt am Main 1989, S.52
26 Adelbert Chamisso: Reise um die Welt. Berlin 1979, S.229; zitiert nach: Hans Christoph Buch: Die Nähe und die Ferne. Bausteine zu einer Poetik des kolonialen Blicks. Frankfurt am Main 1991, S.59
27 Wolfgang Schivelbusch: Geschichte der Eisenbahnreise. S.53
28 a.a.O., S.166f
29 Dolf Sternberger: Panorama oder Ansichten vom 19. Jahrhundert. Frankfurt am Main 1974, S.46
30 Hans Pemmer, Nini Lackner: Der Prater. Von den Anfängen bis zur Gegenwart. Neu bearbeitet von Günter Düriegl und Ludwig Sackmauer. Wien, München 1974, S.288
31 a.a.O., S.213
32 Katalog Deutsches Filmmuseum Frankfurt am Main: Perspektiven. Zur Geschichte der filmischen Wahrnehmung. Dauerausstellung 1: Vom Guckkasten zum Cinématographe Lumière. Frankfurt am Main 1986, S.31
33 Programm: Die lebende Photographie dargestellt durch den "Cinématographe" der Herren Auguste und Louis Lumière aus Lyon. Weihnachtsprogramm 1896
34 ebenda
35 Johann Wolfgang von Goethe: Wahlverwandtschaften. hrsg. von Hans-J. Weitz. Frankfurt am Main 1972, S.173f; zitiert nach: Hans Christoph Buch: Die Nähe und die Ferne. S.39
36 Hans Christoph Buch: Die Nähe und die Ferne. S.113
37 Dolf Sternberger: Panorama. S.47
38 F. Groß: Im türkischen Kaffeehause. nicht bezeichneter Zeitungsausschnitt in der Sammlung Pemmer (Historisches Museum der Stadt Wien), Wien 1873
39 Werner Hoffmann: Das Irdische Paradies. Motive und Ideen des 19. Jahrhunderts. München, 2. Auflage 1974, S.111
40 Charakteristisch-Bildliche Darstellung und Erklärung zur unterirdischen Wanderung durch die vier Welttheile in J. Daum's Elisium in Wien. Wien 1840
41 Program als Wegweiser und Erklärung zur unterirdischen Wanderung durch alle 5 Welttheile sammt der Reise in den Mond in J. Daums Elisium in Wien. Wien 1841
42 Hans Pemmer: Der Prater. S.274
43 a.a.O., S.143
44 a.a.O., S.152f
45 a.a.O., S.155
46 Jacques Le Rider: Die moderne Blindheit und die postmoderne Wiedergewinnung der Vision. In: Alfred Kolleritsch, Günter Waldorf (Hrsg.): manuskripte 115. Graz 1992, S.130

Das Panorama

Im 19. Jahrhundert existierte eine Vielzahl von Möglichkeiten, die Welt kennenzulernen, ohne tatsächlich Wien verlassen zu müssen. Eine frühe Form der imaginären Reise war das Panorama, eine Erfindung, die sich, von London ausgehend, schnell in der gesamten westlichen Welt ausbreitete. Schon 1801 wurde in Wien das erste Panorama in einem eigens dafür aufgestellten hölzernen Rundbau im Prater gezeigt. Bei dämmriger Beleuchtung konnte sich der Betrachter des 360-Grad-Rundgemäldes von einer abgegrenzten Besucherplattform in der Mitte des Raumes aus der Illusion hingeben, tatsächlich in der perspektivisch und in allen Details exakt wiedergegebenen fremden Stadt zu sein. Bei niedrigen Eintrittspreisen strömten die Menschen zu dieser neuen Attraktion - mit dem Panorama war das erste Massenmedium erfunden worden.

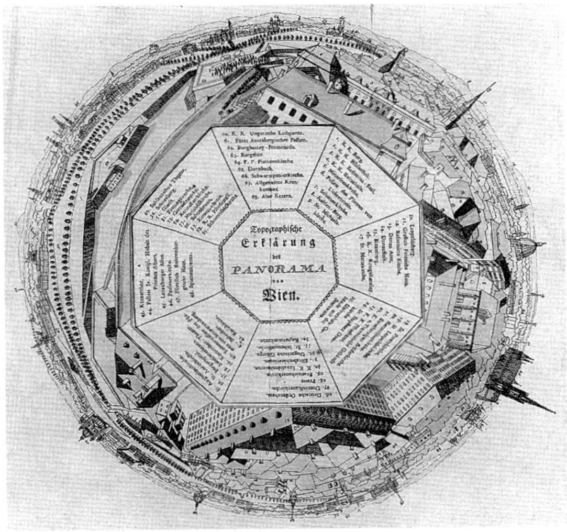

6.3

6.1
Panorama von Wien, im Vordergrund die Hofburg, 1898
Friedrich Kuranda nach Reichl
Sepiapinsel und -feder, 173 x 394
Bez. li. u.: "Reichl 1898", re. u.: "Graph. Atelier Friedrich Kuranda Wien XVIII."
HM, Inv. Nr. 18.053

6.2
Das Panorama im Prater, 1815
Jakob Alt
Aquarell, 27,3 x 41,9
Bez. re. u.: "J. Alt. 1815."
HM, Inv. Nr. 15.167
Das erste Panoramagebäude in Wien wurde 1801 als hölzerner Rundbau von dem Engländer Robert Barker im Prater errichtet. Anfänglich wurde hier ein Panorama gezeigt, das London darstellte. Nach kurzer Zeit verkaufte Barker das Gebäude an seinen ursprünglichen Gehilfen William Barton, der nach einem Wien-Panorama ein Rundgemälde der Stadt Prag vorführte. Im Zuge der Invasion französischer und bayrischer Truppen wurde das Panoramagebäude zerstört.

6.3
Erläuterung zum Panorama von Wien, um 1804
Kolorierter Kupferstich, 27,8 x 29
Beschr. Mi.: "Topographische Erklärung des Panorama von Wien."
HM, Inv. Nr. 48.814/1
Das Wien-Panorama war das zweite Rundgemälde, das in dem 1801 von dem Engländer Robert Barker errichteten Panoramagebäude im Prater gezeigt wurde. Die Maler Laurenz Janscha und Carl Postl hatten das riesige Gemälde in minutiöser Kleinarbeit angefertigt. Als dieses Panorama später in Leipzig gezeigt wurde, lobte der Ankündigungszettel seine Realitätstreue mit folgenden Worten: "Der unbefangene Zuschauer wird nicht allein bei seinem Eintritte durch die Reinheit und Eleganz angenehm überrascht, sondern kommt sogar nach einigen Minuten in Versuchung, zu glauben, daß es nicht Gemählde, sondern Wirklichkeit sey."

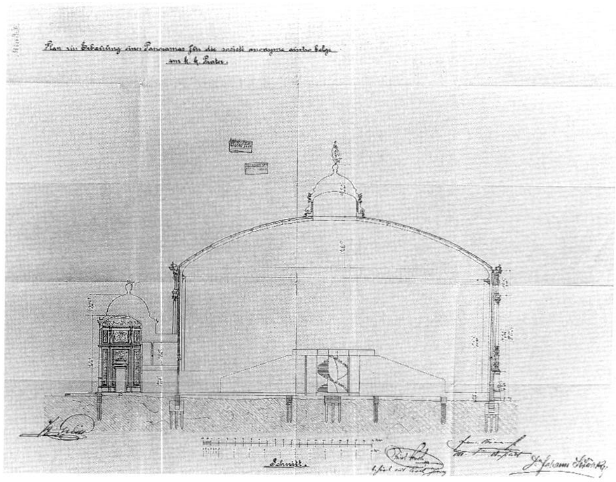

6.5

6.4

Das Panorama im Prater, um 1815

Laurenz Janscha

Kolorierter Kupferstich und Radierung, Pl.: 31,3 x 42,9, Bl.: 37,8 x 50,6

Bez. li. u.: "Gezeichnet und gestochen von L. Janscha.",
Mi. u.: "In Wien bey Joh: Cappi [...]"

Beschr. u. deutsch, französisch: "Ansicht des Panorama beym Eingang im Prater."

HM, Inv. Nr. 15.168

1811 errichtete William Barton an derselben Stelle, an der sein erstes Panorama gestanden war, einen neuen Rundbau, auf dessen Dach als zusätzliche Attraktion eine Camera obscura eingerichtet wurde. Eröffnet wurde das Gebäude mit einem Panorama von Gibraltar. Besondere Begeisterung rief das Paris-Panorama bei den Wienern hervor, das 1814 zu sehen war. In den folgenden Jahren wurden wechselweise vor allem die bereits bekannten Rundgemälde ausgestellt, sodaß das Besucherinteresse etwas zurückging. Nachdem das Panoramagebäude 1847 durch einen Brand schwer beschädigt wurde, mieteten sich diverse andere Schaustellungen ein.

Abbildung im Textteil

6.5

Aufriß des Panoramas der "Société anonyme Austro-Belge" im Prater, 1880

Franz Neumann

Tuschfeder auf Wachspapier, 61,2 x 79

Bez. re. u.: "Franz Neumann. 1880. für Architekt. [...]"

Beschr. li. o.: "Plan zur Erbauung eines Panoramas für die societé anonyme austr belge im k. k. Prater.", Mi. u.: "Schnitt."

HM, Sammlung Pemmer Nr. 16/145/15

Der Gebäudeschnitt des "Neuen Panorama" zeigt den gedeckten, dunklen Gang, der zur Raummitte führte, von wo man über eine Wendeltreppe die mit einem Geländer abschließende Aussichtsplattform erreichte. Eine von dort kreisförmig ausgehende schräge Fläche verwehrte dem Betrachter den Blick auf die untere Kante des Rundgemäldes, wodurch die Illusion eines tatsächlichen Ausblicks noch unterstützt wurde. Da man sich auf dem Weg zur Aussichtsplattform nahezu im Dunkeln befand, wirkte das - ebenfalls aus Gründen der konsequenteren optischen Täuschung - nur dämmrig beleuchtete Panoramagemälde dennoch wie vom Sonnenlicht bestrahlt.

6.6

6.6

Das "Neue Panorama" im Prater, um 1885

Lichtdruck, 26,7 x 42,3

HM, Inv. Nr. 63.360

Im Jahr 1881 errichtete die "Société anonyme Austro-Belge des Pan- et Dioramas" im Prater einen Eisenfachwerk-Kuppelbau mit einer steinernen Eingangshalle, der ein Jahr später als "Neues Panorama" mit dem Riesenrundgemälde "Kairo" von Emil Wauters und einem Diorama "Sobieski mit seinen Alliierten auf dem Kahlenberg" eröffnet wurde. In den folgenden Jahren lag der thematische Schwerpunkt vor allem auf historischen Darstellungen, z. B. "Die Belagerung von Paris" von Philippoteaux, oder "Rom 1849" von Philippet gemalt. Wie der Vorgängerbau ebenfalls durch Brand zerstört, wurde das "Neue Panorama" 1892 in das Zirkus Busch-Gebäude umgebaut.

6.7

"Neues Panorama k. k. Prater: Der Einzug der Russen in die Festung Kars [...]", Plakat, 1885

Fotoreproduktion nach: Lithographie, 95 x 126,5

WStLB, Sign. P 9.458

6.8

Plan zu einem Gebäude für das Kaiser-Panorama im Prater, 1897

Oskar Marmorek

Tuschfeder, 48 x 73,1

Bez. u.: "Arch Marmorek", re. u.: "Architekt Oskar Marmorek." und "J. Schnitzer I. Kantg. 3."

Beschr. li. o.: "Plan zu einem Gebäude für das Kaiser Jubiläums-Rundgemälde im K. K. Prater. auf dem sogenannten Circusplatze.", li. u.: "Wien, am Juli 1897.", Mi. u.: "Vorder-Ansicht."

HM, Sammlung Pemmer Nr. 16/143/8

Anläßlich der Kaiser-Jubiläumsausstellung im Jahre 1898 wurde noch einmal ein großes Panoramagebäude an der Ausstellungsstraße errichtet, und zwar von dem Architekten Oskar Marmorek. Hier wurde das "Kaiser-Jubiläums-Bild" gezeigt, das das Leben Kaiser Franz Josephs von seiner Kindheit an illustrierte. In einem angrenzenden Raum waren auch sieben historische Dioramen-Bilder zu sehen, die einzelne Ereignisse aus dem Leben des Kaisers zum Gegenstand hatten. Darunter befanden sich Szenen wie "Einzug der Kaiserbraut Prinzessin Elisabeth aus Bayern in Wien", "Die Schlacht bei Lissa", oder "Franz Joseph I. mit a.h. Seinen Jagdgästen in Mürzsteg".

Kleinpanoramen, Ausstellungen und der Exotismus

Sogenannte Cosmoramen, Dioramen, optische Zimmerreisen, etc. boten ebenfalls die Möglichkeit, sich mit der Welt bekannt zu machen.

Mit großen Ausstellungen wie der Weltausstellung 1873 holte man sich gleichsam die Welt ins Haus: Die internationalen Teilnehmerstaaten präsentierten ihre gewerblichen Erzeugnisse zum Teil in Gebäuden, die im Stil der jeweiligen Herkunftsländer errichtet worden waren.

Nicht zuletzt durch die Weltausstellungen wurde man auch mit den Ländern des Orients vertraut. Bekannte Wiener Maler wie Hans Makart oder Leopold Carl Müller unternahmen in den siebziger Jahren beispielsweise Reisen nach Ägypten; orientalisierende Malerei und Einrichtungsgegenstände wurden zu Modeerscheinungen.

6.10.1

6.9

"Sattler's Cosmoramen. Zweite Ausstellung", Plakat, um 1845

Typensatz, 56 x 44,4

WStLB, Sign. D 64.522

Als Cosmoramen bezeichnete man großformatige Ansichten, die, oft als Zusatzprogramm zu einem Panorama, durch optische Linsen betrachtet werden konnten. Hubert Sattlers insgesamt über hundert Reisebilder stellen einen der letzten Höhepunkte der Cosmoramenmalerei dar. Er entwarf sie auf seinen zahlreichen Reisen, die ihn etwa 1842 nach Italien, Griechenland, in die Türkei, nach Syrien, Ägypten und Lybien, oder zwei Jahre später nach Nubien, Arabien und auf den Sinai führten. 1850 bereiste er Nord- und Südamerika und sammelte dabei vor allem in New York, Boston, Philadelphia, Mexiko, auf den Westindischen Inseln und in Yukatan Material für weitere Cosmoramen.

6.10.1-3

Drei Cosmoramen

Hubert Sattler

6.10.1

Salzburg im Winter, um 1840/45

Öl auf Leinwand, 92 x 124

Salzburger Museum Carolino Augusteum, Inv. Nr. 7004/49

Dieses Cosmorama Hubert Sattlers wurde um 1845 in Wien gezeigt, wie aus obenstehendem Plakat hervorgeht.

6.10.2

Atmeidan, der Hauptplatz von Konstantinopel, 1843

Öl auf Leinwand, 104 x 132,5

Salzburger Museum Carolino Augusteum, Inv. Nr. 9077/49

6.10.3

Das Dampfboot Meteor im Sturm, 1846

Öl auf Leinwand, 102 x 130

Salzburger Museum Carolino Augusteum, Inv. Nr. 5660/49

Abbildung im Farbteil

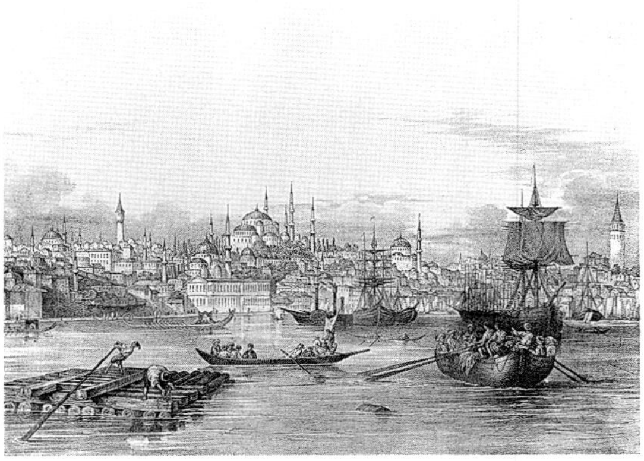 

6.15

6.11
Tischpanorama "Vordere Brühl", um 1800
Fünf Gouachen, auf Karton kaschiert und ausgeschnitten, 1,2 - 22,2 x 49,6 - 51,5
Beschr. am Originalumschlag: "Vordere Brühl Luft Nro. 6"
HM, Inv. Nr. 87.016/1-5

6.12
Tischpanorama "Helenental bei Baden", um 1800
Fünf Gouachen, auf Karton kaschiert und ausgeschnitten, 1,4 - 18,5 x 49,6 - 50,8
Beschr. am Originalumschlag: "Helenen Thal bey Baden Luft Nro. 6"
HM, Inv. Nr. 87.015/1-5

6.13
Tischpanorama "Maria Zell", um 1800
Fünf Gouachen, auf Karton kaschiert und ausgeschnitten, 1,6 - 23,3 x 49,5 - 51,7
Beschr. am Originalumschlag: "Maria=Zell Luft Nro. 6"
HM, Inv. Nr. 87.018/1-5

6.14
Panorama der Kaiser Ferdinands-Nordbahn von Wien bis Wagram, 1839
Joseph Folwarczny
Sechs kolorierte Lithographien, als Leporello aneinandergeklebt, 12,5 x 222,7
Bez. li. u.: "Gez. u. lith. v. Joseph Folwarczny"
Beschr. u.: "Ansicht No 1. Ferdinands Nordbahn, Abfahrt des Wagenzuges vom Bahnhofe in Wien. Ansicht No 2. Fahrt der Sicherheits Locomotif über die erste Eisenbahn=Brücke. Ansicht No 3. Fahrt des ganzen Wagenzuges über die zweite Eisenbahnbrücke. Ansicht No 4. Fahrt über Florisdorf. Ansicht No 5. Fahrt ausser Florisdorf nach Wagram. Ansicht No 6. Ankunft des Wagenzuges auf der ersten Eisenbahnstation."
HM, Inv. Nr. 55.585/1-6

6.15
Diorama von Konstantinopel bei Tag und bei Nacht mit Feuerwerk, um 1840
Kreidelithographie, beidseitig bedruckt, 38 x 46
Bez. re. u.: "Herausgegeben v. M. Trentsensky in Wien. No 8"
Beschr. li. u.: "Europa's Hauptstädte für die Optik No VI/7", Mi. u.: "Constantinopel."
HM, Inv. Nr. 94.205/17
Dieses im Verlag Trentsensky billig hergestellte Blatt stellt die einfachste Form des Dioramas dar. Im Unterschied zum Panorama ist das Diorama so gemalt, daß der Wechsel von Auf- zu Durchlicht verschiedene Szenerien sichtbar werden läßt und damit der Eindruck eines Handlungsablaufs entsteht.
Abbildung auch Seite 219

6.16
C. Hoers "Außerordentlich große Ausstellung einer Magisch, dann Mechanisch und Plastischen Zimmerreise [...]", Plakat, 1824
Typensatz und Holzschnitt, 58,5 x 45,5
WStLB, Sign. D 64.522
1824 wurde in Wien, Ecke Stephans- und Stock-im-Eisen-Platz, in zwölf Räumen ein "Grand Cabinet ou Voyage en Chambre" gezeigt. Solche Zimmerreisen bestanden zumeist aus Guckkastenszenen, Projektionen oder Ansichten, die mit optischen Linsen betrachtet werden konnten. In späterer Zeit wurden dafür auch Stereoskope eingesetzt. Zu sehen waren in diesem Fall die verschiedensten Weltgegenden und Ereignisse wie "Die Uiberschwemmung eines Haupttheiles von Petersburg" oder "Das Innere des Sonnentempels von Balbeck", aber auch "Der Wiener Brigittenau-Kirchtag, mit der Hauptaussicht auf Döbling".
Abbildung im Textteil

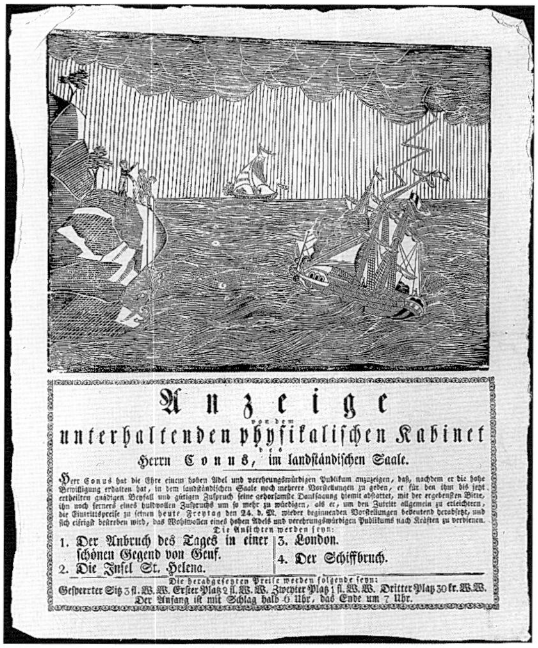

Anzeige
von dem
unterhaltenden physikalischen Kabinet
des
Herrn Conus, im landständischen Saale.

Herr Conus hat die Ehre einem hohen Adel und verehrungswürdigen Publikum anzuzeigen, daß, nachdem er die hohe Bewilligung erhalten hat, in dem landständischen Saale noch mehrere Vorstellungen zu geben, er für den ihm bis jetzt ertheilten gnädigen Beyfall und gütigen Zuspruch seine gehorsamste Danksagung hiemit abstattet, mit der ergebensten Bitte, ihn noch ferners eines huldvollen Zuspruchs um so mehr zu würdigen, als er, um den Zutritt allgemein zu erleichtern, die Eintrittspreise zu seinen heute Freytag den 24. d. M. wieder beginnenden Vorstellungen bedeutend herabsetzt, und sich eifrigst bestreben wird, das Wohlwollen eines hohen Adels und verehrungswürdigen Publikums nach Kräften zu verdienen.

Die Ansichten werden seyn:

1. Der Anbruch des Tages in einer schönen Gegend von Genf.
2. Die Insel St. Helena.
3. London.
4. Der Schiffbruch.

Die herabgesetzten Preise werden folgende seyn:
Gesperrter Sitz 3 fl. W. W. Erster Platz 2 fl. W. W. Zweyter Platz 1 fl. W. W. Dritter Platz 30 kr. W. W.
Der Anfang ist mit Schlag halb 6 Uhr, das Ende um 7 Uhr.

6.17

6.18

"Henri Dessort's Rund-Gemälde, bewegliches Pleorama und Cyclorama.", Plakat, 1852

Typensatz, 76 x 58,5

WStLB, Sign. D 64.522

1852 machte der aus Berlin stammende ehemalige Akrobat Heinrich Dessort Station im Wiener Panorama im Prater. Neben dem Panorama "Die Schlacht bei Waterloo oder Belle Alliance am 18. Juni 1815" zeigte er hier unter anderem sein "Bewegliches Pleorama, enthaltend: Das nördliche Amerika, die Reise zu Wasser von Quebek bis zum Nordpol." Das Pleorama zeichnete sich dadurch aus, daß die Zuschauerplattform in Form eines Schiffsdecks gestaltet war, an welcher zwei Moving Panoramas, also auf Zylinder gewickelte Endlosgemälde abgerollt wurden, gleichsam das vorbeiziehende Ufer darstellend. Das sogenannte Cyclorama, in den fünfziger Jahren in Deutschland weit verbreitet, war eine Aneinanderreihung voneinander unabhängiger Ansichten.

Für die erwähnte Nordamerika-Reise wurde folgendes in Aussicht gestellt: "Der Reisende besteigt in Quebeck ein Dampfschiff und besieht sich von dem hier sehr breiten St. Lorenzstrome aus seinen Abreisepunkt: Quebeck, Hauptstadt von Unter-Canada, breitet sich majestätisch in amphitheatralischer Gestalt aus. [...] Während die Reise nun im Cyclorama weitergeht, sieht man noch vor Quebeck das von Montreal kommende Dampfschiff "Diamant" in Feuer aufgehen. [...] Mehrmals wird das Auge von einzelnen Ansiedlungen am Ufer gelegen und von Urwäldern begrenzt, wo vorbeifahrende Dampfschiffe Holz einladen, g[e]lenkt. [...] Weiterreisend kommt man in unserem Cyclorama nach Grönland und Island. [...] Die Expedition von Franklin sieht man hier mit 2 Schiffen fest eingefroren, von thurmhohen Eisbergen umgeben. [...] Der 4800 Fuß über dem Meeresspiegel sich erhebende Vulkan Hekla zeigt sich während einer Eruption, seine Feuerg[ar]ben beleuchten weithin das Meer, auf welchem mehrere Wallfischfahrer ihren Fang vollziehen, immer zwischen hohen Eisbergen dahin fahrend, die Kämpfe zwischen Eisbären und Wallrossen hie und da mit ansehend [...] Der Beschauer nähert sich dem Ende der malerischen Reise, indem der von einem brillanten Nordlichte erhellte Nordpol alles Weiterreisen verhindert. Fest zur Eismasse gefrorne Matrosen von Franklins Expedition geben den traurigen Anblick, daß alles Vordringen in diese schauerliche Gegend unmöglich ist."

6.17

"Anzeige von dem unterhaltenden physikalischen Kabinet des Herrn Conus, im landständischen Saale.", Plakat, 1825

Typensatz und Holzschnitt, 46,2 x 36,8

WStLB, Sign. D 64.522

Bei herabgesetztem Eintritt sollten die folgenden Ansichten gezeigt werden:

"1. Der Anbruch des Tages in einer schönen Gegend von Genf. 2. Die Insel St. Helena. 3. London. 4. Der Schiffbruch."

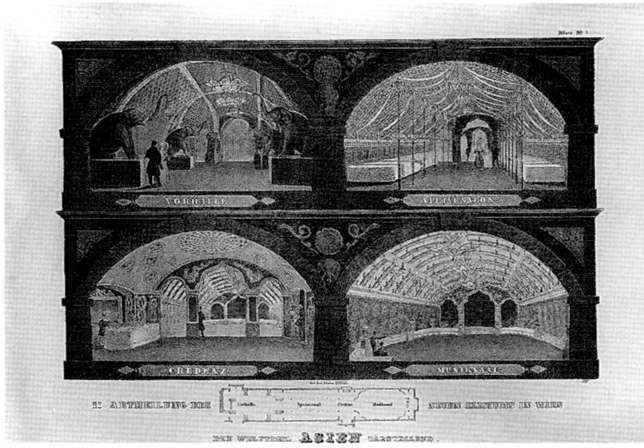

6.19

6.20

6.19

"Asien" im Neuen Elysium, um 1840

Franz Wolf

Kolorierte Kreidelithographie, 28,9 x 45,5

Bez. li. u.: "FW", Mi. u.: "Ged. bei Johann Höfelich"

Beschr. re. o.: "Blatt No. 1", u.: "1t. Abtheilung des Neuen Elisiums in Wien den Welttheil Asien darstellend."

HM, Inv. Nr. 70.202

Ursprünglich war das Elysium 1833 in den Tuchlauben eröffnet worden. 1840 übersiedelte das Vergnügungsetablissement in ein Souterrainlokal in der Johannesgasse, wo es in Neues Elysium umbenannt und luxuriös ausgestattet wurde. Besondere Attraktion war die Gestaltung der Räume nach verschiedenen Kontinenten, was den Besuch im Neuen Elysium zu einer "Wanderung durch die vier Welttheile" geraten ließ.

"Ueber eine bequeme Treppe, an der Garderobe vorbei, gelangt der Beschauer zuerst nach Asien, und nachdem er schon auf der Stiege mit den fremden Formen der asiatischen Baukunst sich befreundet, gelangt er in die inneren Gemächer eines indischen Nabob's. Die Vorhalle wird von acht Elephanten getragen, welche in ihren aufwärts geschwungenen Rüsseln zugleich den Licht-Apparat halten, und als Vorbild der indischen Riesenbauten dienen sollen. Ein daranstoßender Salon, dessen Decke mit einem goldgelben Netze und flammenden Kugeln bedeckt ist, und auf zarten Säulen zu ruhen scheint, welche ringförmig beleuchtete transparente Tulpen tragen, führt durch eine Abtheilung, in welcher die Credenz befindlich, und an welcher asiatisch gekleidete Mädchen serviren, zum eigentlichen Prunksaale, welcher in der hintersten Nische ein Orchester, deren Musiker asiatisch costumirt sind, birgt."

6.20

"Europa" im Neuen Elysium, um 1840

Kolorierte Kreidelithographie, 47,3 x 32,9

Bez. Mi. u.: "Ged. bei Johann Höfelich."

Beschr. Mi. u.: "II. und III. Abtheilung des Neuen Elisiums in Wien, darstellend: oben. Das gemüthliche Europa. unten. Das elegante Europa."

HM, Inv. Nr. 76.615/221

Aus der asiatischen Abteilung "führt der Verbindungsgang, in welchem sich der Geschmack der Decorirung vom Asiatischen entfernt und zum Europäischen übergeht, in ein Vestibul, aus welchem man in gerader Richtung zuerst in die Zweite Abtheilung, das gemüthliche Europa genannt, gelangt. Hier erblickt der Eintretende zuerst das Zeichen der Lust und Fröhlichkeit, einen geschmückten Maibaum, sein Ohr berühren bekannte, zum Herzen dringende Lieder und ländliche Musik; er findet sich von einer Waldgegend mit natürlichen Bäumen und der Fronte eines Tirolerhauses umgeben, dessen Gallerie auf bequeme Sitze zum ruhigen Genuß des hier Vorgetragenen einladen. Neben dieser Abtheilung [...] führt den Besucher eine breite Treppe in die dritte Abtheilung: "das elegante Europa", einen im modernsten Geschmacke decorirten Tanzsaal [...]."

6.21

"Africa" im Neuen Elysium, um 1840

Joseph Lanzedelly d. J.

Kreidelithographie, 43,8 x 31,5

Bez. li. u.: "Lanzedelli lith.", re. u.: "Ged. bei Johann Höfelich."

Beschr. Mi. o.: "Blatt No 3.", u.: "IVt. Abtheilung des Neuen Elisiums in Wien. Morgenländisches Krieger-Zelt darstellend den Welttheil Africa."

HM, Inv. Nr. 43.828/3

"In der [an Europa] daranstoßenden vierten Abtheilung, "Afrika" genannt, findet man auf einer reichbesetzten Credenz alle, unserem Gaumen wohlbekannten, erquickenden Erfrischungen, der darnach Verlangen Tragende genießt sie jedoch in Afrika, denn er befindet sich in dem Innern eines morgenländischen Militär-Zeltes, welches in Aegypten aufgeschlagen, und daher am obern Ende eine Aussicht auf den Tempel von Tenthyra, am untern Ende die Einsicht in das Innere eines geheimnißvollen Tempels und in der Ferne durch diesen den Anblick der Pyramiden von Gizeh und des Sphinx gewährt. Der Raum dieses Tempels ist für die Productionen aus dem Gebiethe der scheinbaren Zauberei bestimmt, worauf auch die aufgestellten Apparate hindeuten. Die an der Credenz beschäftigten Mädchen im afrikanischen Costume sollen als lebende Bilder diesen Welttheil charakterisieren."

Abbildung im Textteil

6.22

"America" im Neuen Elysium, um 1840

Franz Heinrich

Kolorierte Kreidelithographie, 37,2 x 26

Bez. li. u.: "F.Heinrich. lith", re. u.: "Ged. bei Johann Höfelich."

Beschr. Mi. o.: "Blatt No 4", u.: " Vt. Abtheilung des Neuen Elisiums in Wien. Darstellend den Welttheil America."

HM, Inv. Nr. 97.573

Aus der afrikanischen Abteilung "führt ein mit Rohr bedeckter Gang, gleichsam das Innere einer Indianer-Wohnung, nach "Amerika". Hier befindet sich der Beschauer in einem tropischen Walde. Ueber seinem Haupte wölben sich Palmen, Mimosen, Aurakarien, hier plastisch nachgebildet, und lassen nur sparsam den blauen Himmel durchblicken. Mehr Genuß biethet sich Jenem, welcher auf der hier schlangenförmig angelegten Eisenbahn auf den von Pferden gezogenen Wägen eine Eisenbahnfahrt unternimmt, denn er sieht hier die Gegenden von Neu-York, den Chimborasso vom Plateau von Tapia, fährt an dem dreifachen Absturz eines Wasserfalles vorbei, bewundert die Geschicklichkeit eines Indianers aus dem Stamme der Caboclos, auf dem Rücken liegend, die Vögel im Fluge zu schießen, die Art und Weise der Botocuden, die Unzen zu erlegen, wird mit ihren besonderen Eigenthümlichkeiten im nächsten Tableau bekannt, fährt an der brasilianischen Küste vorbei bis Bahia (oder San Salvador) und gelangt zur Einfahrt in den Hafen von Rio-Janeiro, wo sich links der Zuckerhutberg, die Forts Praya-Vermelha, Santa Cruz, im Hintergrunde Ilga do Lagem Villegagnon und rechts der Pico präsentieren. Hier fährt der Bahnwagen in eine Grotte, durch deren offene Höhlungen man eine vollkommene Ansicht von Rio-Janeiro, abermals einen lebendigen Wasserfall und das k. Lustschloß San Christofano gewahrt, und dann wieder an den Punkt der ersten Ausfahrt gelangt. Die von den Bäumen herabhängenden Wurzelfäden sind eine Nachahmung jener Schlingpflanzen in Brasilien, Vaimbé genannt, welche dort so häufig vorkommen, und zur Verfertigung aller Seile und Bogenschnüre dienen. In dieser Abtheilung leuchten Gasflammen aus dem Rachen brasilianischer Schlangen, Eidechsen und Vampyre, welche von Bäumen und Felsen sich herabschwingen, so wie auch lebendige Affen, Papageys und andere Vögel diesen Welttheil charakterisieren."

6.23

"Hauptansicht von Australien" im Neuen Elysium, um 1840

Franz Wolf

Kreidelithographie, 23 x 30,3

Bez. li. u.: "Gez. u. lith. v. Wolf.", re. u.: "Gedr. bei J. Rauh"

Beschr. Mi. u.: "Die Hauptansicht von Australien der VI. Abtheilung des Eliesiums in Wien. Blatt No 9."

HM, Inv. Nr. 19.883/1

6.24

6.24
"Muschelgrotte von Australien" im Neuen Elysium, um 1840
Franz Wolf
Kreidelithographie, 23 x 30,3
Bez. li. u.: "Gez. u. lith. v. Wolf", re. u.: "Gedr. bei J. Rauh"
Beschr. Mi. u.: "Die zwei Ansichten in der Muschelgrotte von Australien der VI. Abtheilung des Elisiums in Wien. Blatt No 10."
HM, Inv. Nr. 19.883/2
1841 wurde die "Wanderung durch die vier Welttheile" durch Australien ergänzt. Von Amerika "fährt man auf der Eisenbahn durch Felsengrotten in die neu eröffnete Localität, Australien genannt. Hier erscheint dem umherspähenden Auge Australien als eine Sonneninsel mit einer großen Tropfstein-Muschelgrotte, in welcher sich gleichfalls eine originelle Musik hören läßt; die Durchfahrenden werden bei diesem Anblicke sehr überrascht, auf der Eisenbahn wieder nach Amerika zurückbefördert."

6.25
"Eine Nacht in Venedig" im Wiener Augarten, 1834
Franz Wolf
Kolorierte Kreidelithographie auf Untersatzpapier, 26,5 x 36,3 (34,8 x 48,7)
Bez. li. u.: "F. Wolf del & lith", re. u.: "Lith. Inst. in Wien."
Beschr. u. deutsch, französisch: "Eine Nacht in Venedig. Großes Assemblée in dem k. k. Augarten in Wien, veranstaltet von J. Strauß den 31ten July 1834"
HM, Inv. Nr. 108.958
Abbildung im Farbteil

6.26
Venezianisches Hochzeitsfest im Elysium, 1842
Kreidelithographie, 32,6 x 37,4
Bez. re. u.: "W.", "Gedr. b. J. Rauh"
Beschr. u.: "Komische Gruppirung des Hochzeits-Zuges bei dem grossen Ballfeste betitelt Venetianisches Hochzeitsfest welches am 5. April 842, im Elisium in Wien statt fand. [...]."
HM, Inv. Nr. 19.885

6.27
Plan von "Venedig in Wien", 1896
Druck, 21 x 37,9
Bez. re. u.: "Architectur Atelier O. Marmorek"
Beschr. li. o.: "Situationsplan 'Venedig in Wien' im Englischen Garten am Praterstern"
HM, Inv. Nr. 174.236
1895 eröffnete Gabor Steiner im ehemaligen Kaisergarten im Prater seinen Vergnügungspark "Venedig in Wien". Ähnliche Schaustellungen hatte es wenige Jahre zuvor bereits in London und Kopenhagen gegeben. Nach Entwürfen des Architekten Oskar Marmorek wurden Nachbildungen venezianischer Bauten wie der Porta del Arsenale, des Palazzo Dario oder der Abbazia San Gregorio errichtet. In diesen Gebäuden waren Gastronomiebetriebe, sowie Werkstätten und Verkaufsstände venezianischer Kunsthandwerker untergebracht. Auf einem eigens angelegten Kanalsystem konnte man auch von der Gondel aus die venezianischen Fassaden betrachten.

6.28.2-5

6.28.1-5

Venedig in Wien, 1895

Fritz Luckhardt
Fünf Fotoreproduktionen nach:
Fotografien auf Karton,
jeweils 11,5 x 17,5,
in Leporello gebunden
HM, Inv. Nr. 172.549
Abbildung auch im Textteil

6.33

6.31

6.29

Eintrittskarte "Venedig in Wien", 1896

Druck, 5,5 x 9,1

HM, Inv. Nr. 174.318

6.30

Gondelkarte "Venedig in Wien", 1895/96

Druck, 5,2 x 7,6

HM, Sammlung Pemmer Nr. 6/2/99

6.31

Japanisches Straßenbild im Wiener Prater, 1901

Fotoreproduktion nach: Fotografie, 17 x 12

HM, Inv. Nr. 49.616/9

Gabor Steiners Vergnügungspark Venedig in Wien wurde alljährlich mehr oder weniger gravierenden baulichen Veränderungen unterzogen, um das Interesse der Besucher aufrecht zu erhalten. Im Jahr 1901 schließlich war von den venezianischen Palästen nichts mehr zu sehen. Venedig in Wien hatte sich in die "Internationale Stadt im Prater" verwandelt, in der japanische, ägyptische und spanische Straßenbilder zu sehen waren.

6.32

Transport einer Giraffe für die Wiener Menagerie, 1828

Eduard Gurk

Aquarell, 34,7 x 51,8

Bez. li. u.: "E. Gurk. fec. 1828."

Beschr. u.: "Zug von Gross-Höflein bis Wimpassing. [...]."

HM, Inv. Nr. 51.293

Mehmed Ali, der Vizekönig von Ägypten, machte 1828 Kaiser Franz I. eine Giraffe zum Geschenk. Per Schiff wurde sie über Venedig nach Fiume gebracht, von dort ging es zuerst zu Fuß, dann mit einem Transportwagen weiter. Schon auf ihrem Weg durch Agram, Warasdin, Steinamanger, Ödenburg, Wimpassing und Laxenburg nach Wien erregte diese erste lebende Giraffe in unseren Breiten großes Aufsehen. In Schönbrunn wurde sie in einem eigens erbauten Stallgebäude untergebracht. Unmittelbar nach ihrer Ankunft in Wien Mitte August veranstaltete ein Penzinger Wirt in seinem Gasthaus "Zur blauen Weintraube" ein Giraffenfest, bei dem die Kapelle "Galoppes à la Giraffe" spielte. Das Ereignis hatte schon im Voraus ein regelrechtes Giraffenfieber ausgelöst: Schon im Mai hatte das Singspiel "Die Giraffe in Wien (Alles à la Giraffe)" seine Erstaufführung im Leopoldstädter Theater erlebt. Eine hochgesteckte Damenfrisur trug die Bezeichnung "à la Giraffe", und es gab sogar eine Giraffentorte: Helle und mit Schokolade eingefärbte Kuchenmasse wurden abwechselnd in die Tortenform gefüllt, sodaß eine dem Giraffenfell ähnliche Musterung entstand. Unglücklicherweise litt die Giraffe an Rachitis der Hinterbeine und starb trotz ärztlicher Behandlung im Juni 1829. Erst 1852 war wieder eine lebende Giraffe in Wien zu sehen.

6.33

Die Giraffe mit zwei Wärtern während des Transportes nach Wien, 1828

Eduard Gurk

Aquarell, 35,2 x 50,4

Bez. re. u.: "Ed. Gurk. fec. 1828."

Beschr. u.: "Die Girafe in Ruhe am Morgen des Rast=Tages in der Remise zu Groß Höflein. mit dem Araber Pagi Alli Sciobary u. dem K. Thierwärter Aman."

HM, Inv. Nr. 64.751

Haggi Ali Schiobari war der ägyptische Betreuer der Giraffe. Von Wien aus war ihr der von Franz I. ausgesuchte Tierwärter Aman bis Venedig entgegengereist.

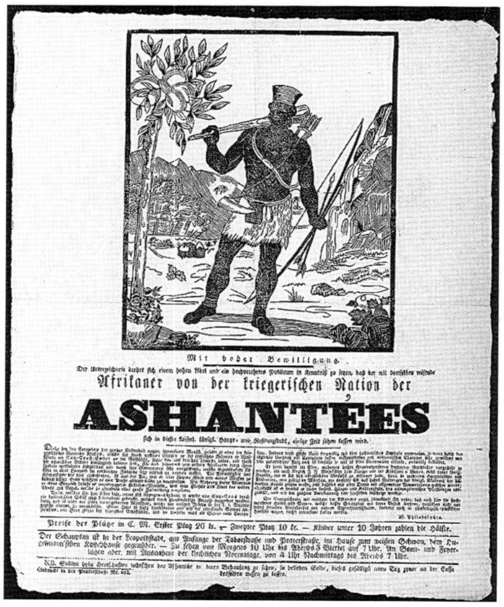

6.37

6.34
Menagerie des Hermann van Aken, 1833
Franz Wolf nach Johann Nepomuk Hoechle
Kolorierte Kreidelithographie, 30,2 x 45,2
Bez. li. u.: "Höchle del. 15 April 833 in Wien.",
Mi. u.: "Ged. im lith. Inst. in Wien", re. u.: "Wolf. lyth."
Beschr. Mi. u.: "Menagerie des Herman van Aken.",
li. u.: "Journal pitoresque"
HM, Inv. Nr. 179.482

6.35
"16 Tuchlauben 16. Wien. Urwald an den Ufern des Amazonenstromes in Brasilien", Plakat, um 1870/80
Druck, 28,1 x 21,3
WStLB, Sign. D 64.522
Die angekündigten Szenen aus dem Amazonasurwald waren von den bekannten Hoftheatermalern Hermann Burghart und Johann Kautsky angefertigt worden. Obwohl diese Urwaldgebiete noch kaum erforscht waren, fürchtete man bereits um ihre Zerstörung durch die einbrechende Zivilisation. Der "unentweihte Boden im Urzustande der Natur" sollte dem Betrachter vorgeführt werden. Der Illusionismus dieser Schaustellung läßt sich heute nur mehr aus den Erläuterungen des Programmhefts entnehmen: "[...] Zur Rechten sehen wir eine Anzahl Bäume von wahrhaft imponirender Größe, darunter eine Figueira von grotesker Gestalt. Ihr weicher, weißer Stamm besitzt nur geringe Festigkeit und die Wurzeln gehen nicht tief. Aber das Holz besitzt eine merkwürdige Plasticität; es setzt überall Verstärkungen an, die gleich Strebepfeilern hervortreten und vermag sich damit eine breite Basis und alle Stabilität zu geben. Dahinter erhebt sich die Siphonia elastica (der Kautschukbaum), jenes werthvolle Produkt des Urwaldbodens, dem die Gewinnsucht am gierigsten nachspürt. Links mengen sich hochstämmige und buschartige, stattliche und wieder kleinere und zierliche Palmenarten. [...]"

6.36
"Esquimaux-Indianer", Plakat, 1825
Typensatz mit Holzschnitt, 49,5 x 38,5
WStLB, Sign. D 64.522
"[...] Zwey junge äußerst interessante und bewundernswürdige Esquimaux-Indianer, ein Mann und eine Frau (in ihrer aus Seehundsfellen künstlich mit Rennthier-Sehnen genäheten Landestracht) von der Baffins-Bay am Nordpol, die vor kurzem durch den berühmten Kapitän Parry auf seiner Entdeckungsreise daselbst zuerst vorgefunden, und welche die ersten sind, die je nach Europa gekommen: Zugleich mit einer vortrefflichen und treu dargestellten Panoramischen Ansicht der Baffins-Bay, woselbst diese Esquimaux zuerst vorgefunden worden sind, nebst einer Ansicht der Land-Expedition vom Kapitain Franklin und der Kupfer-Insel. Zugleich ist auch ein schöner Esquimaux-Schlittenhund, nebst einem Neu-Seeländischen Häuptling eines kanibalischen Stammes am Südpol, zu sehen, der in seiner mit bunten Vogelfedern verzierten Landestracht, ganz so, als wenn er lebte, dargestellt und dessen präservirter und schön tatowirter Kopf besonders merkwürdig ist. [...]"
Ursprünglich war ein Eskimopaar mit Kind nach Europa gebracht worden, Mutter und Kind starben jedoch bald. So ersetzte der Veranstalter der Schau, Kapitän Hadlock, die Eskimofrau durch eine Engländerin. In Wien wurden die beiden "Eskimos" im Gasthaus zum Sperl in der Leopoldstadt vorgeführt. Sie zeigten einen Tanz, der die Heiratszeremonie darstellen sollte, und der mitgebrachte Schlittenhund zog den Eskimo in einem Schlitten durch den Sperlschen Tanzsaal. Im August 1825 demonstrierte er im großen Gartenbecken beim Oberen Belvedere den Umgang mit dem Kajak, er zeigte die Eskimo-Rolle und erlegte Gänse mit dem Wurfspieß.
(Lit.: Gerda Barth: Echte und falsche Exoten in Wien. In: Circus - gestern, heute. Heft 12)

6.37
"Ashantées", Plakat, um 1820/30
Typensatz mit Holzschnitt, 55 x 44
WStLB, Sign. D 64.522
"[...] Dieser bey den Europäern der großen Seltenheit wegen, interessante Mensch, gehört zu einer der kriegerischesten Nationen Afrika's, welche sich durch mehrere Einfälle in die englischen Kolonien in West-Afrika am Cap-Coast-Castel an der Goldküste, sogar bey uns berühmt gemacht haben, und durch die öffentlichen Blätter hinlänglich bekannt sind, sich auch besonders von andern Afrikanern durch ihren schönen muskulösen Körperbau und durch ihre Gewandtheit sehr auszeichnen, welche Eigenschaften sich selbe in ihrer Heimath im natürlichen Zustande sehr nützlich zu machen wissen. Der Behändigkeit und Körperstärke des hier anwesenden, ist aus der Art, wie er seine schwere Keule und andere Waffen zu führen pflegt (von welchem er eine Probe ablegt) leicht zu beurtheilen. Die Nahrung dieser Menschen in ihrer Heimath besteht in unzubereiteten Früchten-Wurzeln, und dem Fleische und Blute der wilden Thiere und Vögel, welche sie ebenfalls ohne große Zubereitung verzehren. Dieser, welcher sich hier sehen läßt, nennt sich Hoongoo-Rhyhoo; [...]. Seine Haut ist ganz dunkelbraun und wie der allerfeinste Sammt anzufühlen, sein Haar gleicht der spanischen Schafwolle, und da derselbe nicht als Sclave nach Europa kam, sondern diese große Reise freywillig mit dem holländischen Kapitain unternahm, so ward durch den täglichen Umgang mit Europäern dessen aufbrausender und mistrauischer Charakter sehr gemildert und von gutmüthiger Art; auch ist derselbe so viel es seine Nationalität erlaubt, anständig bekleidet. [...]"

6.39

6.40

6.38
"Der Ashanté in der Akademie der bildenden Künste in Wien", 1834
Franz Wolf nach Johann Nepomuk Höchle
Kolorierte Kreidelithographie, 32,3 x 41,6
Bez. li. u.: "Höchle del", re. u.: "F. Wolf lith."
Beschr. u. deutsch, französisch: "Der Ashanté in der Akademie der Bildenden Künste in Wien.", li. u.: "Journal pitoresque"
HM, Inv. Nr. 179.483
Abbildung im Farbteil

6.39
Ashantées im Wiener Prater, 1897
Wilhelm Gause
Gouache auf Karton, 19,9 x 43,7 (20,2 x 44,2)
Bez. li. u.: "W. Gause Juni 97"
HM, Inv. Nr. 55.804/7

Die vorliegende Gouache war ursprünglich eine von acht Füllungen eines dreiteiligen Paravents aus Kirschholz, die Wilhelm Gause im Zusammenhang mit der Ashantée-Ausstellung 1897 im Prater anfertigte.
Ab 1894 wurden im Tiergarten am Schüttel im Prater vor allem ethnologische Schaustellungen gezeigt. 1896/97 waren hier zum Beispiel Schwarze von der Goldküste zu sehen, die in den einfachen Hütten des eigens angelegten Ashantée-Dorfs lebten und ihre kunsthandwerklichen Erzeugnisse verkauften. Peter Altenberg ließ sich von ihnen zu seinem Buch "Ashantée" inspirieren.

6.40
Türken in einem Wiener Kaffeehaus, um 1830
Dietrich Monten
Öl auf Leinwand, 31,5 x 39,5 (im Rahmen 45 x 53)
HM, Inv. Nr. 13.493

6.41
Studienkopf eines bärtigen Türken, 1840
Friedrich Amerling
Öl auf Leinwand, 53 x 42,5 (im Rahmen 77 x 67)
HM, Inv. Nr. 10.122

6.42

6.42
"Gardien du Serail", um 1870/80
Eduard Charlemont
Öl auf Holz, 18 x 11,8 (im Rahmen 29,5 x 22,2)
Bez. li. o.: "E. Charlemont"
HM, Inv. Nr. 101.770

6.43
"Hammida" (Ägyptische Tänzerin), um 1875/80
Leopold Carl Müller
Öl auf Leinwand, 33, 8 x 24,2 (im Rahmen 57,5 x 48,5)
Bez. li. u.: "L. C. Müller"
HM, Inv. Nr. 24.893

6.44
Brustbild eines Arabers, um 1875/80
Leopold Carl Müller
Öl auf Leinwand, 33,5 x 22,5 (im Rahmen 55,5 x 45)
Bez. li. u.: "L. C. M"
HM, Inv. Nr. 27.323

6.45
Arabisches Mädchen, Wasser tragend, um 1875/80
Leopold Carl Müller
Öl auf Leinwand, 33,5 x 25 (im Rahmen 55 x 42,5)
Bez. re. u.: "L. C. Müller"
HM, Inv. Nr. 117.371
Abbildung im Farbteil

6.46
Bildnis des Dieners Hassan, 1882
Leopold Carl Müller
Öl auf Leinwand, 59 x 45,5 (im Rahmen 90 x 76,5)
Bez. li. u.: "Leopold Carl Müller Cairo [?] 1882"
HM, Inv. Nr. 47.785
Abbildung im Textteil

6.47.1-2

6.47.1-2

Lackkabinett mit Konsoltisch in japanischer Manier, Ende des 19. Jahrhunderts

Vermutlich Italien

6.47.1

Kabinett

H: 93, B: 72, T: 38

6.47.2

Konsoltisch

H: 77, B: 42

HM, Wertheimsteininventar Nr. 58

6.48

"Mohrenhocker", Ende des 19. Jahrhunderts

Holz geschnitzt und bemalt, Stoffbezug, H: 55, B: 68, T: 38

HM, Hermesvilla-Inventar

6.49

"Mohrentisch", Ende des 19. Jahrhunderts

Holz geschnitzt, H: 80, B: 73, T: 53

HM, Hermesvilla-Inventar

6.50

Orientalisches Tischchen, um 1880

Holz mit Perlmuttintarsien, H: 50,5, Dm: 43,5

HM, Hermesvilla-Inventar

6.51

Plan der Wiener Weltausstellung, 1873

Fotoreproduktion nach: Druck auf Molino, 51 x 59,5

Bez. li. u.: "Mit Vorbehalt des Nachdruckes für den Eigenthümer Achilles R. v. Gatti."

Beschr. o.: "Neuester Weltausstellungs-Orientirungs-Plan. Wien im Juli 1873."

HM, Inv. Nr. 68.437

Die Weltausstellung des Jahres 1873 fand in Wien statt. Ein dafür geeignetes Gelände fand sich im Prater, in der Krieau zwischen Wurstelprater, Donau, Heustadelwasser und Hauptallee. Mit einer Fläche von 2,335.000 Quadratmetern war dieses Areal zwölf Mal größer als bei der zweiten Londoner (1862) und fünf Mal größer als bei der zweiten Pariser Weltausstellung (1867). Zentrales Ausstellungsgebäude war der Industriepalast mit der Rotunde. Zusätzlich errichtete man auf dem Ausstellungsgelände ca. 200 kleinere Gebäude und Ausstellungspavillons in den verschiedenen Baustilen der Teilnehmerländer.

6.52

6.53

6.52

Nordamerikanischer Wigwam auf der Wiener Weltausstellung, 1873

Fotoreproduktion nach: Fotografie, 26,4 x 19,9
Bez. li. u. (in Spiegelschrift): "Löroy"
Beschr. Mi. u.: "Nr. 525. Nordamerikanischer Wigwam."
HM, Inv. Nr. 75.608/16

Man war sich sehr wohl bewußt, daß dieses "Indianer-Zelt" nicht wirklich authentisch, sondern eher ein der Wirklichkeit nachempfundenes Modell war. Trotzdem erfreute sich die darin untergebrachte Bar, an der Schwarze, "immer zum Lachen und Singen aufgelegt", bedienten, großen Zulaufs. Neben Kuchen und Backwerk, Eis und Früchten wurden hier vor allem Longdrinks angeboten: "Sherry-Cobbler, Mint-Julep, Catawba-Cobbler, Milk-Punsch und wie sie alle heißen, die stark mit Rum versetzten Getränke, die man mit Strohröhrchen aus halb mit Eisstückchen gefüllten Gläsern saugt, haben eine Menge von Liebhabern gefunden [...]." (Weltausstellungs-Album. Erinnerung an Wien 1873)

6.53

Der Achmedbrunnen auf der Wiener Weltausstellung, 1873

Fotoreproduktion nach: Fotografie, 25,9 x 19,2
Bez. re. u.: "Klösz"
Beschr. Mi. u.: "Nr. 920. der Achmedbrunnen."
HM, Inv. Nr. 75.608/19

Die Fontaine Achmet III., ein Ausstellungsstück der Türkei, war ein Nachbau des auf dem Platz vor der Aja-Sophia in Konstantinopel stehenden Brunnens. Der reiche Fassadenschmuck aus Arabesken, Rund- und Flachbogen, Säulen und vergoldeten Gittern setzte sich aus byzantinischen und orientalischen Elementen zusammen. Auf jeder Seite befand sich eine Nische mit Wasserbecken, Auslaufrohr und Hahn, daneben hingen an Ketten Schöpflöffel aus Messing.

6.54

Russischer Bauernhof auf der Wiener Weltausstellung, 1873

Fotoreproduktion nach: Fotografie, 19,3 x 25
Bez. re. u.: "Klösz"
Beschr. Mi. u.: "Nr. 917. Russischer Bauernhof, v. Winterhalter."
HM, Inv. Nr. 75.608/5

Auf der Weltausstellung 1873 wurden Bauernhäuser aus den verschiedensten Regionen gezeigt. Außer dem mit reichen Schnitzereien verzierten russischen Haus waren Bauernhöfe aus Ost-Galizien, Nord-Ungarn, Siebenbürgen, Vorarlberg, Kroatien, und aus dem Elsaß zu sehen.

6.55

Palais des Vizekönigs von Ägypten auf der Wiener Weltausstellung, 1873

Fotoreproduktion nach: Fotografie, 19,3 x 25
Bez. re. u.: "Klösz"
Beschr. Mi. u.: "Nr. 281. Palais Sr. Hoheit des Vize-Königs v. Egypten."
HM, Inv. Nr. 78.080/248

Charakteristisch für das Äußere der ägyptischen Baugruppe waren vor allem die Minaretts und die Kuppel der Moschee. Im Inneren war die kostbare Dekoration besonders beeindruckend: Die beiden zum Hof offenen Hallen hatten Plafonds mit reichem Gold- und Farbenschmuck, und sowohl der Harem als auch der Empfangssaal des Hausherrn für männliche Besucher waren verschwenderisch mit orientalischem Luxus ausgestattet. Darüber hinaus gab es die Nachbildung eines Felsengrabs, das etwa 2500 v. Chr. angelegt worden war, sowie ein einfaches ägyptisches Bauernhaus zu besichtigen.

6.56

6.56

"Japanesisches Gartenhaus" auf der Wiener Weltausstellung, 1873

Fotoreproduktion nach: Fotografie auf Karton, 19,7 x 24,8 (33,5 x 38,6)
Bez. li. u.: "Verlag der Wiener Photographen-Association für die Weltausstellung 1873", re. u.: "Unveränderlicher Photographischer Pressendruck von J. B. Obernetter."
Beschr. Mi. u.: "Nr. 462. Japanesisches Gartenhaus."
HM, Inv. Nr. 97.601/11

Das Gartenhaus der Japaner, zur Zeit der Weltausstellung noch als Japanesen bezeichnet, gehörte zu einer ganzen Gruppe japanischer Gebäude, deren Eingang von zwei großen bemalten Fahnen flankiert war. Die Gartenanlagen wurden von einem künstlich angelegten Bach durchquert, über den eine kleine Bogenbrücke zu dem einen der beiden als Gartenhaus gedachten Holzpavillons mit vorspringendem Dach führte. Eingegrenzt wurde die gesamte Anlage von einem Bambuszaun.

6.57

"Cercle Oriental" auf der Wiener Weltausstellung, 1873

Fotoreproduktion nach: Fotografie auf Karton, 20,1 x 25,5 (41,6 x 53,2)
Beschr. Mi. u.: "Nr. 636. Cercle oriental"
HM, Inv. Nr. 124.397/2

Der Cercle oriental vereinigte drei orientalische Baustile: den chinesischen, den arabischen und den türkischen. In seinem Erdgeschoß war das türkische Restaurant untergebracht. Über eine freiliegende Doppeltreppe gelangte man in das Obergeschoß, wo Naturprodukte und Erzeugnisse der Türkei ausgestellt waren. Im dazugehörigen Kaffeegarten befand sich neben anderen, kleineren Gebäuden auch der chinesische Teepavillon, dessen Wände unter dem geschweiften Dach spitz zuliefen. Als Vorbild für dieses auffallende Gebäude hatte eine chinesische Fischerhütte gedient.
Abbildung im Textteil

6.58

Interieur aus dem Orientalischen Museum in Wien I., Schottenring 16, 1875

J. J. Kirchner
Xylographie (Zeitungsausschnitt), 24,8 x 33,7
Bez. li. u.: "C. Angerer & Göschl ph."
Beschr. Mi. u.: "Ein Interieur aus dem Orientalischen Museum in Wien. Nach der Natur gezeichnet von J. J. Kirchner. (Siehe Seite 422)"
HM, Inv. Nr. 9.383

Bald nach Beendigung der Weltausstellung bildete sich ein Komitee zur Gründung eines orientalischen Museums in Wien. Hier sollten vor allem die Objekte, die im Cercle oriental gezeigt worden waren, so wie die darüber hinaus erworbenen Sammlungen des Orients und Ostasiens ausgestellt werden. Man erwartete sich davon großes Interesse der einheimischen Fabrikanten und Gewerbetreibenden, die sich hier Information über in Europa fremde Naturprodukte und Anregungen für die dekorative Gestaltung holen konnten. 1886 wurde das Orientalische Museum zum Österreichischen Handelsmuseum erweitert. Als dieses 1906/07 aufgelöst wurde, gelangte ein Teil der Sammlung an das Österreichische Museum für Kunst und Industrie (- das heutige Museum für angewandte Kunst), der andere Teil an das heutige Museum für Völkerkunde.

6.59.1

6.59.3

6.59.1-4

Vier Stereoskopbilder "Weltausstellung in Wien 1873"

Fotoreproduktionen nach: jeweils zwei Fotografien auf Karton, 8 x 7,6 (8,6 x 17,7)

6.59.1

Rotunde mit dem Schwanenbassin

Bez. am Karton li. und re. Rand, deutsch, französisch: "Weltausstellung in Wien 1873 / Verlag der Wiener Photographen-Association."

HM, Inv. Nr. 69.282/19

6.59.2

Indianischer Wigwam

Bez. auf der Rückseite: "Wiener Photographen Association für die Weltausstellung 1873."

Beschr. li. und re. Rand: "Bauten 1872. Weltausstellung 1873"

HM, Inv. Nr. 173.700/15

6.59.3

Ägyptische Baugruppe

Bez. auf der Rückseite: "Wiener Photographen Association für die Weltausstellung 1873."

Beschr. li. und re. Rand: "Bauten 1872. Weltausstellung 1873"

HM, Inv. Nr. 173.700/28

6.59.4

Mont-Cenis-Tunnel (Außenansicht)

Bez. auf der Rückseite: "Wiener Photographen Association für die Weltausstellung 1873."

HM, Inv. Nr. 173.700/12

Auch ohne Stereoskop können Sie die in diesem Katalog abgebildeten Stereoskopbilder dreidimensional sehen, und zwar so:

Halten Sie die Abbildung des Stereoskopbildes knapp vor ihre Nase. Entspannen Sie Ihre Augen und starren Sie geradeaus, so als würden Sie durch den Katalog hindurchschauen. Dann bewegen Sie das Bild langsam von sich weg, bis in Ihre gewohnte Leseentfernung, ohne dabei Ihren Blick zu verändern. Aus den zwei nahezu identen Teilen des Stereoskopbildes werden drei, das mittlere entwickelt sich mit etwas Geduld zu einem räumlichen Bild.

6.60.1

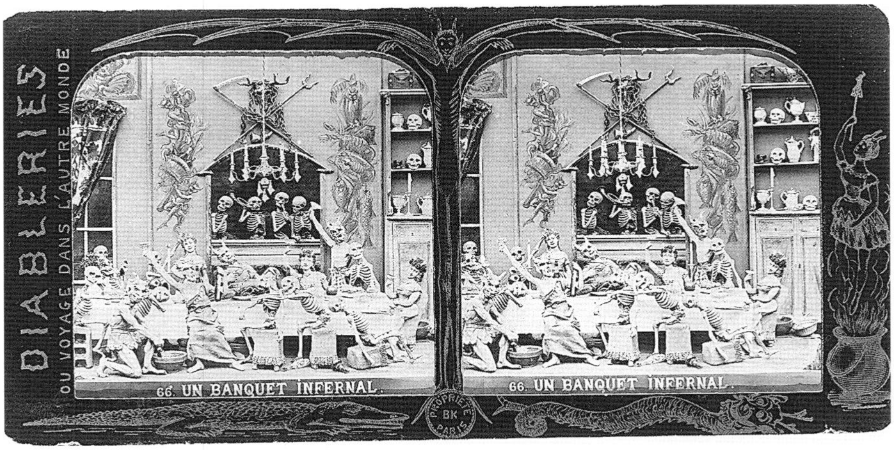

6.60.3

6.60.1-4

Vier Stereoskopbilder "Diableries ou voyage dans l'autre monde" ("Teufeleien oder Reise in die andere Welt"), Ende des 19. Jahrhunderts

Fotoreproduktionen nach: jeweils zwei Drucke, zum Teil aquarelliert, in Kartonrahmen, 7 x 7,1 (8,8 x 17,6)

6.60.1

Beschr. Mi. u.: "Satan malade"

HM

6.60.2

Beschr. Mi. u.: "Retour des courses en enfer"

HM

6.60.3

Beschr. Mi. u.: "Un Banquet infernal"

HM

6.60.4

Beschr. Mi. u.: "Madame Angot aux Enfers"

HM

6.61

6.61
Gesamtansicht der Jagdausstellung im Wiener Prater, 1910
Druck, 13,8 x 26,8
Bez. re. u.: "AKasimir Wien Mai 1910"
re. seitlich: "Eduard Hassenberger & Co., Wien I., Biberstrasse 14."
Beschr. u.: "Erste Internationale Jagdausstellung in Wien 1910, unter dem Allerhöchsten Protektorate Sr. kaiserl. und königl. Apostolischen Majestät des Kaisers Franz Joseph I."
HM, Inv. Nr. 159.212
1910 wurde auf dem ehemaligen Weltausstellungsgelände im Prater die Erste Internationale Jagdausstellung abgehalten. Für diese Ausstellung wurden Jagdbauten, begehbar und in Originalgröße, in regional unterschiedlichen Stilen errichtet. So gab es beispielsweise ein englisches Jagdhaus, ein deutsches Jagdschloß, eine norwegische Jagdhütte und ein afrikanisches Jägerdorf zu besichtigen.

6.62.1-2
Afrikanisches Jägerdorf aus Äthiopien auf der Jagdausstellung im Wiener Prater, 1910
Zwei Postkarten, 9 x 13,5 bzw. 13,7 x 8,8
Beschr. Mi. u.: "Erste Internationale Jagdausstellung Wien 1910 Afrikanisches Jägerdorf (Aethiopien)"
HM, Inv. Nr. 188.588/32 und 33

6.63

6.63

Gesamtansicht der Adria-Ausstellung im Wiener Prater, 1913

Lichtdruck, Bild: 21,5 x 42, Bl.: 35,7 x 54
Bez. re. u.: "A. Kasimir. 1913", "Kilophot Wien"
Beschr. Mi. u.: "Österreichische Adria-Ausstellung Wien 1913."
HM, Inv. Nr. 159.286

Die Österreichische Adria-Ausstellung fand 1913 im Wiener Prater statt und brachte abermals große bauliche Veränderungen auf dem ehemaligen Weltausstellungsgelände mit sich. Man legte einen künstlichen Ausstellungssee an, an dessen Ufer verschiedene bekannte Bauwerke der adriatischen Küste in Originalgröße nachgebaut wurden, etwa der Rektorenpalast von Ragusa, das Landhaus von Capo d'Istria oder die Porta marcella von Lussin. An der Mole des Ausstellungssees lag der Dampfer "Wien" - eine verkleinerte Nachbildung des gleichnamigen Lloyddampfers - mit dem Ausstellungsrestaurant vor Anker.

6.64

"Ca d'oro und Kampanile" auf der Adria-Ausstellung im Wiener Prater, 1913

Postkarte, 9 x 13,9
Bez. auf der Rückseite: "'Kilophot', G.m.b.H., Wien, XIX"
Beschr. auf der Rückseite Mi. o. (Stempel): "Österreichische Adria Ausstellung Wien 1913. Offizielle Postkarte.", li. u.: "Ca d'oro und Kampanile."
HM, Inv. Nr. 188.588/23

6.65

"Ca d'oro von Pirano" auf der Adria-Ausstellung im Wiener Prater, 1913

Postkarte, 13,9 x 8,9
Bez. auf der Rückseite: "'Kilophot', G.m.b.H., Wien, XIX."
Beschr. auf der Rückseite Mi. o. (Stempel): "Österreichische Adria Ausstellung Wien 1913. Offizielle Postkarte.", li. u.: "Ca d'oro von Pirano."
HM, Inv. Nr. 173.905

6.66

"Landhaus von Capo d'Istria" auf der Adria-Ausstellung im Wiener Prater, 1913

Postkarte, 9 x 14
Bez. auf der Rückseite: "'Kilophot', G.m.b.H., Wien, XIX."
Beschr. auf der Rückseite Mi. o. (Stempel): "Österreichische Adria Ausstellung Wien 1913. Offizielle Postkarte.", li. u.: "Landhaus von Capo d'Istria."
HM, Inv. Nr. 75.228/5

6.67

"Alt-Abbazia" auf der Adria-Ausstellung im Wiener Prater, 1913

Postkarte, 14 x 9,1
Bez. auf der Rückseite: "'Kilophot', G.m.b.H., Wien, XIX."
Beschr. auf der Rückseite Mi. o. (Stempel): "Österreichische Adria Ausstellung Wien 1913. Offizielle Postkarte.", li. u.: "Alt-Abbazia."
HM, Inv. Nr. 75.228/2

6.68

"Auf hoher See", Werbezettel der Adria-Ausstellung im Wiener Prater, 1913

Druck, 31,8 x 15
HM, Inv. Nr. 173.899

"[...] Das Publikum befindet sich sofort schon beim Eintritte in das Objekt auf einem der bequemen Dampfer, welche unser schönes adriatisches Meer befahren. - Links und rechts ein Blick in das weite Meer, das mit seinen kristallenen Fluten an die Küste brandet und liebliche Inseln umspült.
An dem Maschinengehäuse vorüber gelangt man aus der III. Klasse, die hier als Warteraum dient, in den Schiffsalon, einen geräumigen Saal, der durch seine einfache Eleganz recht anheimelnd wirkt. In diesem Raume bekommen die Besucher, welche sich jetzt die feste Vorstellung machen müssen, sie seien wirklich an Bord eines Schiffes, durch den sie betätigenden Mechanismus die Meinung, es sei alles reinste Wirklichkeit, was vorgeht, und nicht Täuschung und man befände sich wirklich: "Auf hoher See". [...] Durch das Heraufholen der Anker, Emporhissen der Boote, Kommandorufe des Schiffspersonales, verschiedene Signale, Nebelhornpfeifen usw. wird die Täuschung vollkommen. An den Fenstern ziehen reizende Seelandschaften und Marinebilder vorbei, lustige Delphine hüpfen aus der Flut und überholen das vorwärts eilende Schiff. [...] Es ist eine hochinteressante, Seekrankheit vollkommen ausschließende Fahrt, ein schöner Zeitvertreib für jedermann [...]"

Illusionistische Malerei
Illusionistische Wandgestaltung

Stillleben mit Standuhr, Rokokodame, Tüchern, Urkunden, Kalender, Dose und Fächer, 1909

Hans Bisanz

VERFÜHRUNGSKÜNSTE
Über malerischen Illusionismus

Sigmund Freud verbannte die ganze Kunst in das Reich der Illusionen. Er glaubte, sie von der Wissenschaft abgrenzen zu müssen, da nur diese der Wirklichkeit angehöre: "Die Kunst ist fast immer harmlos und wohltätig, sie will nichts anderes sein als Illusion. Außer bei wenigen Übergriffen ins Reich der Realität".[1] Es fällt schwer, dieses Pauschalurteil gelten zu lassen, das Freud vor allem fällte, um eine scharfe Grenze zwischen seiner Psychoanalyse und der Literatur zu ziehen.[2] Sieht man allerdings von den Vorwürfen der "Harmlosigkeit" und "Wohltätigkeit" ab und konzentriert sich auf die "Illusion", so wird man diese unbedingt mit einer der Kunstgattungen, der Malerei, in Verbindung bringen.
Die Illusion ist die Stärke und zugleich die Schwäche der Malerei. Sie kann alles vortäuschen und ist zugleich zu dieser Fähigkeit verurteilt, da sie immer an ihren Arbeitsbereich, die Fläche, gebunden bleibt. Der Maler kann, wenn man einmal von Überschreitungen - hinzumontierten Gegenständen oder hohem Farbrelief - absieht, im Gegensatz zum Architekten, Bildhauer und Kunsthandwerker keine wirklichen, greifbaren Objekte schaffen.
Daher war auch die Malerei niemals so strengen religiösen Verboten ausgesetzt wie etwa die Plastik: Dem Bildhauer wurde im Frühchristentum, im Judentum und im Islam die Anfertigung figürlicher Arbeiten - im Islam spricht man von "Figuren, die Schatten werfen" - verboten, da eine solche Kunst in unerlaubter Weise die göttliche Schöpfung des Menschen nachahmen würde.
Aber auch die Malerei unterlag, sogar in dem weniger bilderfeindlichen Frühchristentum, Einschränkungen, die bis ins Spätmittelalter wirksam blieben (in der byzantinischen Kunst und deren Nachfolge bis heute): Im Frühchristentum wurde die Arbeit des Malers einer strengen Bindung an die Fläche unterworfen, um in den zunächst ausschließlich religiösen Darstellungen keine Erinnerungen an dreidimensionale Körperhaftigkeit und Diesseitigkeit aufkommen zu lassen. Die Einstellung der frühchristlichen Kunst war antiillusionistisch, asketisch und flächenhaft-abstraktiv. Dem Betrachter - und zugleich Gläubigen - mußte der Abstand zwischen dem banalen Diesseits und dem raum- und körperlosen Jenseits immer bewußt bleiben.
Andererseits wurden in der Malerei immer wieder Versuche unternommen, durch einen Anschein von Dreidimensionalität die Bindung an die Fläche zu überwinden. Je überzeugender eine solche Dreidimensionalität mit malerischen Mitteln vorgetäuscht wurde, je größer die Raumtiefe und die Plastizität der Objekte wirkte, desto tiefer konnte der Betrachter ins Reich der Illusion verführt werden.
So führte schon vor der Askese der drei monotheistischen Religionen die Raum- und Körperbejahung der Antike zur Entwicklung eines malerischen Illusionismus, der nicht nur durch Plastizität der Figuren und Einfügungen architektonischer Elemente erreicht wurde, sondern auch schon durch Anwendung von Licht- und Farbeffekten. In der Odyssee vom Esquilin (ca. 80 v. Chr.) ist "die Malweise modern im damaligen und heutigen Sinne. Die freien, breiten Pinselstriche sind unverschmolzen nebeneinandergesetzt, um sich im Auge des Beschauers zur Erzeugung des Scheins einer schimmernden, lichterfüllten Wahrheit zu verbinden."[3] Virtuose Beispiele dreidimensional wirkender Figuren-, Architektur- und Landschaftsmalerei entstanden in Pompeji und Umgebung: "Alle Wände des Schlafzimmers [einer Villa in Boscoreale] waren mit raumerweiternden baulichen und landschaftlichen Aussichten bemalt, zu denen man, wie bei den Odysseelandschaften, zwischen hochroten Pfeilern mit goldgelben korinthisch-ionischen

Mischkapitellen hinausblickt. [...] In einigen Wandfeldern sind kleine Heiligtümer im Freien und vor Säulenhallen dargestellt, in anderen türmen sich Gebäude über Gebäude, Bürgerhäuser hier, Paläste dort."[4]
Diese illusionistischen Errungenschaften der Antike wurden im Frühchristentum zugunsten anderer künstlerischer Entwicklungsmöglichkeiten verworfen: Es kam nun wegen der "Wichtigkeit des Inhaltlichen" zu einer "Vernachlässigung der illusionistischen Mittel und der malerischen Modellierung, die der Antike zur Verfügung standen, zugunsten einer eindringlichen Zeichenkunst, die stark expressive Formen annehmen kann".[5]
Erst um 1300 wird erneut an antike Traditionen angeknüpft, als Giotto in der Arenakapelle in Padua "erstmalig wieder Scheinarchitektur zu illusionistischer Raumerweiterung" verwendet.[6]
Von entscheidender Bedeutung für die weitere Entwicklung war dann Masaccio mit seinen Fresken in der Brancacci-Kapelle von S. Maria del Carmine in Florenz (1426/27), "der nach fast anderthalb Jahrtausenden wieder 'normale' Proportionierung, Organik, Körperhaftigkeit und Räumlichkeit darstellt, mittels der Zentralperspektive die Fläche des Malgrundes durchbricht".[7]
In der Renaissance - bei Mantegna oder Melozzo da Forli - wurden Monumentalgemälde an Wänden und Decken noch als selbständige Bilder aufgefaßt, ebenso bei Michelangelo in der Decke der Sixtinischen Kapelle. Innerhalb dieser Selbständigkeit wurden die Figuren zunehmend mit illusionistischer Plastizität ausgestattet, ebenso die besonders im Manierismus immer häufiger auftretenden Scheinarchitekturen. Manieristische Experimente in der Tafelmalerei (bei Pontormo, Rosso, Beccafumi, Parmigianino oder Bronzino) führten zu unerwarteten Raumbehandlungen, denn diese Künstler "schaffen die Bildtiefenwirkung ab oder erweitern sie im Gegenteil ins Unendliche".[8]
Raumerweiternde Experimente fanden dann ihre Entsprechung in der Monumentalmalerei und führten im Spätmanierismus der 2. Hälfte des 16. Jahrhunderts bis zum illusionären Vertikalismus der "Schachtdecke" (etwa bei Tibaldi in der Universität Bologna), "wo gewaltige Architekturprospekte den Blick in ein verhältnismäßig kleines Stück Himmel führen. Für diese oft mehr mathematisch konstruierten als malerisch aufgefaßten Architekturmalereien entwickelt sich der Spezialistenstand der Quadraturmaler (Familie Alberti), der bis hoch in das 18. Jahrhundert seine für den Gesamteindruck wichtige Funktion neben den eigentlichen (Figuren-)Malern ausübt."[9]
Eine gesteigerte Anwendung der illusionistischen Möglichkeiten der Malerei findet sich im Frühbarock, bei den Brüdern Carracci in der Galleria Farnese in Rom, in der die wirkliche Architektur in eine täuschend ähnliche Scheinarchitektur übergeht. Dieses Programm erfährt durch scheinplastische Darstellungen eine besondere Bereicherung. "Die einzelnen Bilder der Galleria Farnese werden in ihren Rahmen von gemalten Statuen getragen [und] stehen auf gemalten Simsen [...]."[10]
Die Zusammenfassung der einzelnen Kunstgattungen führte im Barock zu einer harmonischen und zugleich figuren- und raumdynamischen Einheit, die erstmalig seit dem Ende des gotischen Kathedralprogramms wieder ein Gesamtkunstwerk bildete. Den Höhepunkt dieser barocken Einheit stellten die Arbeiten von Pietro da Cortona dar. Sein Deckengemälde im Palazzo Barberini in Rom (1633-1636), beispielgebend für ganz Europa, zeigt einen von architektonischem und figürlichem Prunk begleiteten Durchblick zum Himmel. Die wirkliche Welt mit dem Gebäude samt seinen Besuchern wird mit

der überirdischen Sphäre zu einer universalen Ganzheit verbunden.
In der illusionistischen Prunkentfaltung und der malerischen "Öffnung nach oben" zeigt sich der Unterschied zwischen dem barocken Gesamtkunstwerk und dem gotischen Kathedralprogramm, dem solche Merkmale fehlten und das andererseits einen weitaus größeren inhaltlichen Reichtum aufzuweisen hatte.
Ursache für diese Verschiedenheit war die inzwischen fortgeschrittene Verweltlichung der Kunst seit der Renaissance, als die Fürsten die städtischen Bürger als Auftraggeber ablösten.
Im Barock war diese Verweltlichung schon so weit fortgeschritten, daß profane Kunstwerke gleichwertig neben geistlichen bestehen konnten. Diese Angleichung wird durch zwei in Wien - in der Nachfolge Cortonas - entstandene Werke von Andrea Pozzo vergegenwärtigt: die Deckengemälde mit Scheinarchitekturen in der Jesuiten(Universitäts-)kirche (1703-1705) und im Palais Liechtenstein (1704-1708). An der Decke des Kirchengebäudes, aus dessen Langhaus Pozzo durch Umbauten und eine gemalte Scheinkuppel die Illusion eines Zentralbaus aufsteigen ließ[11], entstanden geistliche Themen (Anbetung der Hirten, Engelssturz); an der Decke des Palais malte er eine "Apotheose des Herkules". Rein theoretisch würde es einem ikonographisch völlig Ungebildeten nicht auffallen, daß es sich bei der einen Decke um ein religiöses, bei der anderen um ein mythologisches Thema handelt, so stark war die Integration im Rahmen der barocken Universalität, die auf dem "Bund von Thron und Altar" basierte.
Die Machtentfaltung dieses "Bundes" äußerte sich künstlerisch in einer illusionistischen Expansion weit hinter die Bildflächen der Gemälde hinaus, und zugleich, durch scheinbare Öffnung der Decken zum Himmel, weit über die Grenzen der Gebäude hinaus ins Universum. (Es muß auch an die Möglichkeit eines Illusionismus in umgekehrter Richtung erinnert werden: Die "nachschauenden" Porträts - von Tizian bis zu Orwell mit seinem "Big Brother" - die dem Betrachter anscheinend mit ihren Augen überallhin nachfolgen, sind Ergebnisse einer nicht hinter, sondern vor der Bildfläche wirksamen illusionistischen Expansion.)
Im Klassizismus zerfiel die barocke Einheit, die als Gesamtkunstwerk auch die Gleichwertigkeit von Architektur, Plastik und Malerei umfaßt hatte. Als Folge einer Rückbesinnung auf die Antike wurde nun die Bildhauerkunst zur vornehmsten Kunstgattung erhoben. An die zweite Stelle rückte die strenge, unkolorierte Zeichnung, da sie der (durch Mißverständnis der Antike) farblosen Plastik am nächsten stand. Die Malerei verlor an Bedeutung; auf ihre illusionistischen Möglichkeiten wurde verzichtet, da sie nicht den neuen Idealen von "edler Einfalt" und "stiller Größe" entsprechen konnten. (Eine spielerische Durchbrechung dieser Strenge waren die "Quodlibets", auf die noch eingegangen wird.)
Die Idee des Gesamtkunstwerks wurde erst im Historismus wieder aufgenommen und durch Rückgriffe auf vergangene Stile realisiert. Verkörperungen dieser Idee sind in Wien die Ringstraßenbauten als offizielle Manifestationen eines neuen Bundes von Thron und Hochfinanz. Als ein privates Beispiel imperialer Kultur entstand 1882-1883 die von Carl von Hasenauer für die Kaiserin Elisabeth erbaute Hermesvilla im Lainzer Tiergarten. In der Architektur und Ausstattung dieser als Landvilla und Jagdhaus konzipierten Anlage wurden repräsentative und zugleich persönliche Vorstellungen verwirklicht. Besonders zwei Räume zeigen eine spezifische Bezogenheit auf die Person der Kaiserin: das

Turnzimmer und das Schlafzimmer. Diese beiden Räume wurden 1883-1886, unter Rückgriffen auf vergangene Stile, mit reichen illusionistischen Programmen ausgestattet.
Das Turnzimmer erhielt Wandgemälde mit "mitturnenden" antiken Athleten, mythologischen Motiven und Ornamenten in Anlehnung an den pompejanischen "Kandelaberstil". Ausgeführt wurden diese Arbeiten vor allem von August Eisenmenger, unterstützt durch Hugo Charlemont und Adolf Falkenstein. (Wiedererinnerungen an die pompejanische Wandmalerei kamen nicht erst im Historismus auf, sondern schon am Beginn des 19. Jahrhunderts, im Empire, wenn man an das Wiener Beispiel des Empiresalons aus dem Palais Caprara-Geymüller im Historischen Museum der Stadt Wien denkt.)
Wurde die turnbegeisterte Kaiserin hier persönlich in die Tradition der von ihr so geschätzten mediterranen Kultur einbezogen, so wurde sie im Schlafzimmer in die Thematik ihres Lieblingsstückes, des "Sommernachtstraums" eingebettet.
Elisabeth "legte Wert darauf, in jedem Schloß, das sie bewohnte, ein Bild Titanias mit dem Esel zu besitzen, weil sie sich, wie sie selbst sagte, am 'Eselskopf unserer Illusionen, den wir unaufhörlich liebkosen [...], nicht satt sehen konnte."[12] Mit der Ausführung eines groß-angelegten malerischen Wand- und Deckenprogramms zum Thema "Sommernachtstraum" war Hans Makart beauftragt worden, dessen früher Tod die Heranziehung anderer Künstler, vor allem Rudolf Carl Hubers, nötig machte. Hugo Charlemont malte das Deckenbild ("Titania und Oberon in ihrem Wagen") mit wiederaufgenommener barocker Virtuosität; Franz Matsch sowie Gustav und Ernst Klimt führten nach Entwürfen von Julius Berger die Hohlkehlenmalereien aus. Der Illusionismus des Stückes, das zum Großteil in der freien Natur spielt, strahlt nach außen, in die landschaftliche Umgebung der Hermesvilla aus. Er könnte auch bis ins Biographische gereicht haben: Die Hochzeitsthematik des "Sommernachtstraums" könnte auch als Versuch gedeutet werden, an die eigene Hochzeit mit Franz Joseph zu erinnern und so die zunehmende Entfremdung zwischen den Ehegatten zu überbrücken. Wahrscheinlich fand aber Elisabeth das Schlafzimmer zu repräsentativ; sicher ist lediglich, daß ihr das Turnzimmer sehr gefiel.[13]

Während im höfisch bestimmten Barock der katholischen Länder die Künstler in ihren religiösen und mythologischen Themen das Überirdische anstrebten, wandten sich die Maler in der bürgerlichen Kultur der nördlichen Niederlande dem Diesseits zu. Ihr wichtigstes Anliegen im "goldenen" 17. Jahrhundert war die Eroberung der Wirklichkeit in der Landschaft, dem Interieur, dem Porträt und dem Stilleben.
Im Stilleben, einer nun auf dieser breiten Basis neuen Bildgattung, erfüllten sich bürgerliche Wünsche nach Wohlstand und Ansehen. Optisch konsumierbare Köstlichkeiten (im Küchen- und Früchtestilleben) oder Kostbarkeiten (im Blumenstück) entstanden als künstlerische Verklärungen des Alltags.
Das Stilleben eröffnete dem Maler neue Freiheiten: Er hatte hier nicht nur, wie bei Landschaft oder Interieur, die Wahl der Vorlage, sondern auch die Möglichkeit, die Wirklichkeit durch Zusammenstellung der Gegenstände nach eigenem Ermessen zu verändern. Schon hier liegt der Keim einer Überschreitung der Wirklichkeit ins Illusionistische, die noch weiter ging, wenn etwa in Blumenstücken von Jan van Huysum oder Rachel Ruysch - aus dekorativen Gründen - nicht zu gleicher Zeit Blühendes in der Vase vereinigt wurde. - Die Blumenmalerei der Holländer fand in der wiederum

bürgerlichen Kultur des Wiener Biedermeier ihre Fortsetzung: hier wurde Josef Nigg ihr bedeutendster Vertreter.
Ein völliges Umschlagen der Wirklichkeit in Illusion zeigen die "augentäuschenden" trompe-l'oeil-Stilleben, in denen den Objekten durch perspektivische Mittel sowie durch virtuose Licht- und Schatteneffekte eine scheinbare dreidimensionale Greifbarkeit verliehen wird. Einer der holländischen Hauptvertreter der trompe-l'oeil-Malerei, Samuel van Hoogstraten, schrieb in seiner "Inleyding tot de Hooge Schoole der Schilderkonst" (Rotterdam 1678) von der Malerei als einem "Spiegel der Natur, [...] die den Dingen, die dort nicht sind, den Anschein gibt, dort zu sein und auf amüsante und preiswürdige Weise betrügt".[14]
In der Gemäldegalerie der Akademie der bildenden Künste in Wien befindet sich ein Beispiel der Kunst Hoogstratens: "Stilleben mit Handtuch, Spiegel und Tasche an einer Schranktür" (1655). Der Künstler lebte in den frühen fünfziger Jahren des 17. Jahrhunderts in Wien - möglicherweise entstand das "Quodlibet" (trompe-l'oeil-Stilleben) aus Kalender, Druckschriften, Urkunden, Briefen, Brille, Schreibutensilien, Schere, Siegellack usw., von Jacob Hoffmann (1677) unter seinem Einfluß.

7.13
Josef Nigg
Blumenstilleben, 1839

"Quodlibet" ("was beliebt") ist laut Brockhaus (1929) "ein aus verschiedenen Teilen willkürlich zusammengesetztes Ganzes". In der Musik war es das scherzhafte gleichzeitige Überlagern verschiedener Gesangstexte; in der bildenden Kunst, vor allem dann im Klassizismus, das scheinbare Übereinanderlegen ausgebreiteter flacher Objekte (Spielkarten, Zeitungen, Geldscheine, Kalender, Kupferstiche, Musiknoten u. ä.) in einer einzigen Komposition. Das scheinbare Übereinanderliegen gewährt überraschende Überschneidungen und Durchblicke. Der klassizistischen Rangordnung der Kunstgattungen entsprechend überwiegt nun die Zeichnung; in der Beschränkung auf die Fläche wurde die klassizistische Ablehnung des vorangegangenen "raumbildenden" Illusionismus befolgt.
Eine Reihe weniger bekannter oder unbekannter Wiener Künstler hat sich mit diesen Scheincollagen beschäftigt - etwa hundert Jahre später entstehen die aus wirklichen Objekten zusammengesetzten Collagen von Picasso und Braque.
Damit endet der malerische Illusionismus. Er mündet einerseits in Fotografie, Film und Fernsehen, die nun - in ihren banalen Varianten - einem kunstfremden Publikum als Ersatz für wirkliche Kunst dienen. (Schon Heinrich Heine hatte über die Daguerreotypie gesagt, sie sei "ein Zeugnis gegen die irrige Annahme, daß die Kunst eine Nachahmung der Natur sei."[15]) Andererseits mündet der malerische Illusionismus, auf dem Weg über die Collage, in die aus Alltagsgegenständen zusammenmontierten "Stilleben" der PopArt. Hier wird die Illusion durch Verwirklichung zerstört. Das Auge wird nicht mehr getäuscht, denn alles ist wirklich vorhanden.

1 Sigmund Freud - Studienausgabe I. Frankfurt am Main 1969, S.588
2 Jean Starobinski: Psychoanalyse und Literatur. Frankfurt am Main 1973, S.98f
3 Karl Woermann: Geschichte der Kunst I. Leipzig 1922, S.460
4 a. a. O., S.462f
5 Heribert Hutter, in: Bildende Kunst III. Frankfurt am Main 1961, S.245
6 a. a. O., S.247
7 ebenda
8 Charles Sterling, zit. nach Jan Bialostocki: Stil und Ikonographie. Dresden 1965, S.60
9 H. Hutter, in: Bildende Kunst III, S.249
10 a.a.O., S.250
11 Dehio Wien, Aufl. 1973, S.27
12 Susanne Walther, in: Hermesvilla. Wien (Historisches Museum der Stadt Wien) 1986, S.21
13 Vgl. Gunther Martin, in: Hermesvilla. Wien (Historisches Museum der Stadt Wien) 1986, S.48
14 Zitat und weiteres über Hoogstraten s. Renate Trnek: Die holländischen Gemälde des 17. Jahrhunderts in der Gemäldegalerie der Akademie der bildenden Künste in Wien. Wien, Köln, Weimar 1992, S.238 (235ff)
15 Zit. nach: Marianne Kesting: Die Diktatur der Photographie. München, Zürich 1980, S.28

Das Stilleben war von jeher die Malereigattung gewesen, in der die illusionistische Gestaltungsweise am konsequentesten zum Tragen kam. Schon Plinius d. Ä. berichtete in seiner "Historia Naturalis" von dem griechischen Maler Zeuxis (5. Jh. v. Chr.), der Weintrauben so trügerisch echt gemalt hatte, daß Vögel davon angelockt worden waren. Obwohl der eigentliche Höhepunkt der Stillebenmalerei im 17. Jahrhundert anzusetzen ist, galt es auch im 19. Jahrhundert noch als höchste künstlerische Perfektion, Gegenstände naturgetreu wiedergeben zu können.
Das Quodlibet oder Trompe l'oeil stellt eine Sonderform des Stillebens dar, das verstärkt auf überzeugende Täuschung angelegt ist. Oft handelt es sich dabei um die Wiedergabe verschiedener Papiere, die auf einer Holzunterlage oder an der Rückseite eines Gemäldes angebracht zu sein scheinen.

7.1
Quodlibet, 1677
Hans Jacob Hoffmann
Öl auf Leinwand, 82 x 66 (im Rahmen 90 x 75)
HM, Inv. Nr. 59.329

7.2
Quodlibet: Gedenkblatt, 1802
Johann Pongratz
Tuschfeder und -pinsel, laviert und aquarelliert, 34,1 x 49,6
Bez. re. u.: "Gezeichnet von Joh: Pongratz Artill: Lieutenant"
Beschr. Mi. u.: "Kinder! die Asche eurer Aeltern sey eurem Angedenken einst Heilig.", re. u.: "Der Kinnetischen Familie gewiedmet von Johann Pongratz Artill: Lieutenant. 1802."
HM, Inv. Nr. 80.343

7.3
Quodlibet, 1805
Babette Koller
Tuschfeder, aquarelliert, 32,5 x 47,9
Bez. re. (auf einem Teil des Quodlibets): "Dessiné par Babette Koller."
Beschr. re. u. (auf einem Teil des Quodlibets): "Wienn, 1805."
HM, Inv. Nr. 60.068

7.4
Quodlibet, 1805
Babette Koller
Bleistift und Tuschfeder, aquarelliert, 31,6 x 46,6
Bez. re. u. (auf einem Teil des Quodlibets): "Dessiné par Babette Koller."
Beschr. re. o. (auf einem Teil des Quodlibets): "Wienn 1805."
HM, Inv. Nr. 60.069
Abbildung im Farbteil

7.5
Quodlibet, 1810
Franz Diethrich
Tuschfeder, aquarelliert, 11,4 x 18,4
(auf das Blatt geheftet: "Menuetti per Clavir Cembalo", Miniaturbroschüre, zwei Bll. mit Notenschrift, 2,6 x 3,3)
Bez. re. u. (auf einem Teil des Quodlibets): "Franz Diethrich"
HM, Inv. Nr. 87.358

7.6

7.6
Quodlibet, 1823
Robert Theer
Bleistift und Tuschfeder, aquarelliert, 25,7 x 34
Bez. Mi. (auf einem Teil des Quodlibets): "Robert Theer", Mi. re. (auf einem Teil des Quodlibets): "Anno 1823. 2ter Februar. Robert Theer."
HM, Inv. Nr. 69.330

7.7.1-4
Vorlageblätter für Fruchtstücke, um 1830
Joseph Trentsensky nach Ignaz Stenzel
Vier kolorierte Lithographien, 41,4 x 55 - 55,2
Bez. li. u.: "Ign: Strenzel fec:", re. u.: "Lith: u: zu haben bey J: Trentsensky in Wien."
HM, Inv. Nr. 47.173/1-4
Abbildung im Farbteil

7.8
Blumenstilleben, 1776
Jean Baptist Hälszel
Öl auf Kupfer, 39 x 32,5 (im Rahmen 52 x 45)
Bez. li. u.: "Jean Papt. Hälszel f. 1776"
HM, Inv. Nr. 101.660

7.9
Blumenstilleben mit Früchten, 1790
Johann Baptist Drechsler
Öl auf Leinwand, 38 x 48 (im Rahmen 51,5 x 61)
Bez. re. u.: "Drechsler f. 1790"
HM, Inv. Nr. 60.269

7.10
Blumenstilleben, um 1805
Johann Baptist Drechsler
Öl auf Holz, 38,7 x 30,8 (im Rahmen 59,5 x 51,5)
Bez. li. u.: "Drechsler fecit"
HM, Inv. Nr. 23.902

7.11
Blumenstilleben, 1818
Johann Knapp
Öl auf Leinwand, 105 x 81 (im Rahmen 129,5 x 104,5)
Bez. re. u.: "Johann Knapp fecit 1818."
HM, Inv. Nr. 65.751
Abbildung im Farbteil

7.12
Stilleben mit Trauben, um 1825
Sebastian Wegmaier
Öl auf Leinwand, 88 x 64,5
Dat. re. u.: "182[?]"
HM, Inv. Nr. 87.110

7.13
Blumenstilleben, 1839
Josef Nigg
Öl auf Leinwand, 79 x 63
Bez. li. u.: "Josef Nigg 839"
HM, Inv. Nr. 68.949
Abbildung im Textteil

7.14

7.20

7.14
Fruchtstück, 1839
Pauline von Schmerling
Öl auf Holz, 20 x 26 (im Rahmen 33 x 38,5)
Bez. re. u.: "Pauline 1839"
HM, Inv. Nr. 56.922

7.15
Obststück, 1846
Franz Xaver Petter
Öl auf Karton, 41 x 30 (im Rahmen 55 x 44,2)
Bez. re. u.: "Franz Xav.: Petter. 1846."
HM, Inv. Nr. 31.528

7.16
Blumenstilleben, Mitte des 19. Jahrhunderts
Josef Lauer
Öl auf Leinwand, 62,7 x 49,7 (im Rahmen 79,3 x 66,5)
Bez. li. u.: "Jos: Lauer."
HM, Inv. Nr. 50.521

7.17
Stilleben mit Nautilusbecher, Rosen und Weintrauben
Adam Schäffer
Öl auf Holz, 45 x 37,5 (im Rahmen 68 x 60)
Bez. re. u.: "Ad. Schäffer"
HM, Inv. Nr. 41.747

7.18
Stilleben mit Alpenblumen und Erdbeeren, um 1870/80
Adele Schuster
Öl auf Holz, 57 x 65
Bez. li. u.: "Adele Schuster."
HM, Inv. Nr. 44.998

7.19
Stilleben aus dem Atelier Hans Makarts, um 1880
Hugo Charlemont
Öl auf Leinwand, 124,5 x 82 (im Rahmen 151 x 109)
HM, Inv. Nr. 76.102

7.20
Stilleben mit Lobmeyergläsern, 1886
Max Schödl
Öl auf Holz, 34 x 25 (im Rahmen 64 x 55)
HM, Inv. Nr. 117.451

7.21
Stilleben, Ende des 19. Jahrhunderts
Camilla Friedländer
Öl auf Holz, 16 x 12 (im Rahmen 26 x 21,5)
HM, Inv. Nr. 28.060

7.22

Stilleben mit Standuhr, Rokokodame, Tüchern, Urkunden, Kalender, Dose und Fächer, 1909

Hans Hamza

Öl auf Holz, 36,9 x 50,4 (im Rahmen 53,5 x 67)

Bez. re. u.: "Hans Hamza"

HM, Inv. Nr. 70.589

Abbildung auch am Kapitelanfang

Für die illusionistische Ausgestaltung ganzer Innenräume können verschiedene Effekte herangezogen werden.

Perspektivisch exakte Scheinarchitektur kann direkt an die Wand gemalt werden oder aber auch im Verband eines gerahmten Bildes eine zusätzliche Dimension im betreffenden Raum öffnen. Durch die Verwendung von Spiegeln können ebenfalls reizvolle illusionistische Raumeffekte erzielt werden.

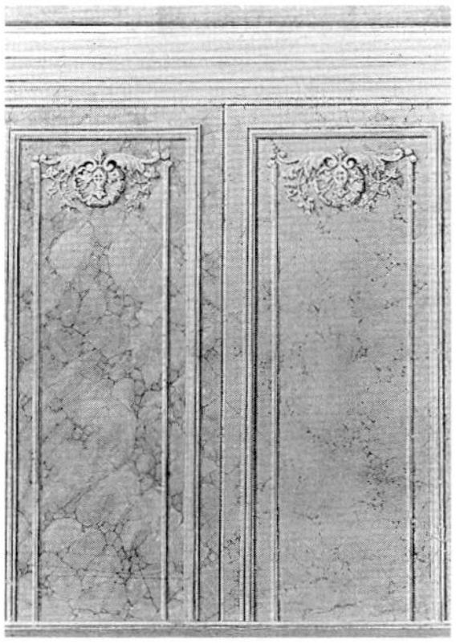

7.27.2

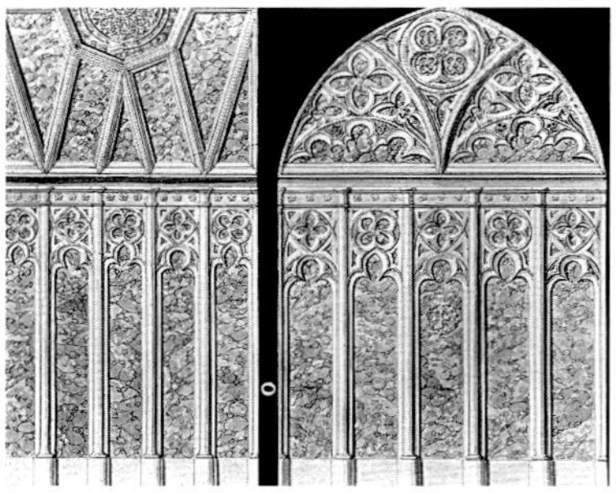

7.27.5

7.23

Szene aus Grillparzers "Sappho", 1872

Josef Machold

Aquarell, 92 x 96 (im Rahmen 120 x 125)

HM, Inv. Nr. 44.816

7.24

"Wein", Ende des 19. Jahrhunderts

F. Rinner

Öl auf Leinwand, 91 x 93 (im Rahmen 99 x 100)

HM, Inv. Nr. 25.064

7.25

Entwurf für ein Deckengemälde "Apotheose der Maria Theresia", 1898

Eduard Veith

Öl auf Leinwand, 71 x 140 (im Rahmen 96 x 164); vier ovale Tondi: jeweils 20,5 x 14,5

HM, Inv. Nr. 117.416

o.a. Abbildung

7.26

Deckengemälde "Galante Zeit", um 1900/10

Eduard Veith

Öl auf Leinwand, 149,5 x 244 (im Rahmen 161 x 256)

Sign. li. u.: "E. Veith"

HM, Inv. Nr. 65.972

7.27.1-6

Vorlageblätter für Wanddekorationen mit Scheinarchitektur, um 1800

Sechs Gouachen, 27,2 - 36,4 x 18,6 - 28,4

HM, Inv. Nr. 34.877/27, 48.539/21, 123.114/4, 167.914, 167.918, 167.919

7.28

Entwurf für die Wandgestaltung in einem Kaffeehaus, um 1900

Reinhold Völkel

Bleistift, aquarelliert, auf Karton, 24,3 x 25 (35,4 x 35,2)

Bez. Mi. u. (Stempel): "Gebr. Völkel Kunstatelier Wien, V. Wiedner Hauptstr. 84"

HM, Inv. Nr. 141.327

7.29

Entwurf für ein Wand-Detail in einem Musiksalon, um 1900

Reinhold Völkel

Bleistift, aquarelliert, 31,3 x 18,1

HM, Inv. Nr. 141.330

7.30

7.33

7.30
Entwurf für die Wandgestaltung in einer Hotelhalle, um 1900
Reinhold Völkel
Bleistift, aquarelliert, auf Karton,
18 x 24,6 (29,5 x 36,4)
HM, Inv. Nr. 141.322

7.31
Entwurf für die Wandgestaltung in einem Kaffeehaus, um 1910
Reinhold Völkel
Bleistiftzeichnung auf Karton, 24,8 x 29 (36,1 x 39,7)
HM, Inv. Nr. 141.354

7.32
Innenansicht des Café Eckl, Wien VII., Neubaugasse 38, vor 1911
Siegfried Schramm
Fotoreproduktion nach: Fotografie auf Untersatzpapier,
22,8 x 28,7 (31,8 x 40,3)
HM, Inv. Nr. 34.845/4

7.33
Innenansicht des Gasthauses "Zur großen Tabakspfeife" Wien I., Trattnerhof, 1911
Karl Wenzel Zajicek
Bleistift, aquarelliert und Gouache, 27,1 x 34,5
Bez. u.: "K. Zajicek 1911"
HM, Inv. Nr. 38.934/3

Dekorationen

8.20
Orientalische Dekoration im Kaufhaus Stafa

Oft wird das 19. Jahrhundert als Epoche der Tapezierer, Dekorateure und Zuckerbäcker bezeichnet - das Prinzip der Dekoration dominierte die verschiedensten Lebensbereiche.

Für Festveranstaltungen wurden Räume durch themenspezifische Dekorationen in andere Welten verwandelt. Das Warenangebot in den neuen Großkaufhäusern drapierte man, verschiedenen Dekorationsmottos entsprechend, besonders phantasievoll, um damit bessere Verkaufszahlen zu erreichen, und die auf den großen Gewerbeausstellungen, wie etwa der Weltausstellung 1873, gezeigten Produkte wurden, bis zur Unkenntlichkeit verfremdet, in dekorativen Arrangements präsentiert.

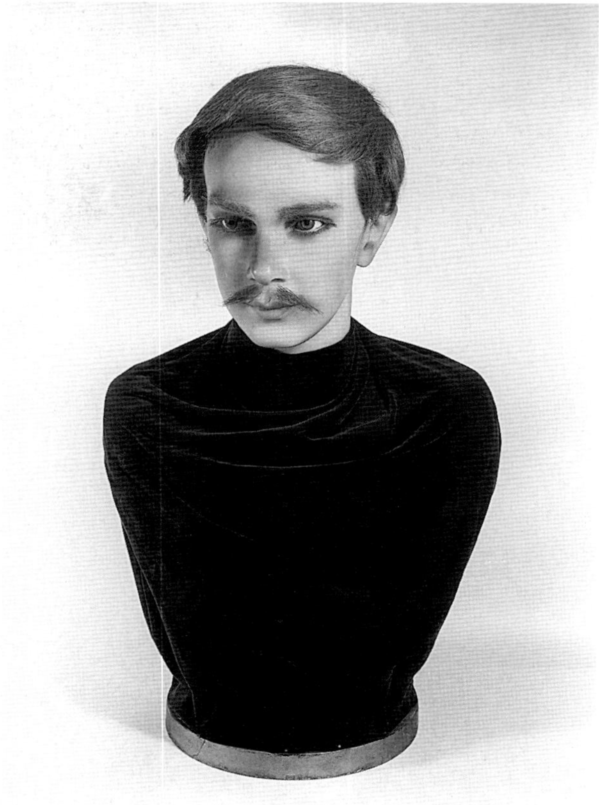

8.1

Franz Joseph I.

Wachsbüste mit Perücke, Augenbrauen, Wimpern und Barthaare aus natürlichem Haar, H: 63

HM, Inv. Nr. 42.745

Die Wachsbüste, die Kaiser Franz Joseph in jungen Jahren mit einem Oberlippenbart zeigt, diente als Geschäftsdekoration in dem Fortmüllerschen Friseurladen im Bürgerspital. Der Onkel des Geschäftsinhabers war der Hoffriseur Ewald.

8.2

8.4

8.2
Zugang zum Eispalast beim "Kinnel-Wirt", Wien XIV., Penzinger Straße 55, 1830
Joseph Trentsensky
Fotoreproduktion nach: Kreidelithographie, 27,3 x 34,7
Bez. re. u.: "Lithogr. bey J. Trentsensky in Wien."
Beschr. Mi. u.: "I. Zugang zu dem Eis-Saale für die russischen Ballfeste in Penzing"
HM, Inv. Nr. 19.106/1
In dem besonders strengen Winter des Jahres 1830 verwandelte der geschäftstüchtige Wirt Josef Kinnel auf die Anregung des Malers Eduard Gurk hin den Tanzpavillon seines Gasthauses "Zur Blauen Traube" in einen Eispalast, der ungeheures Aufsehen erregte. Vorbild dafür waren die in Petersburg auf der Newa errichteten populären Eispaläste. Dementsprechend wurde die Eröffnung am 13. 1. 1830 als "Russisches Ballfest" abgehalten. Die Glasscheiben der Fenster wurden durch Eisplatten ersetzt, das Gewölbe mit silberfarbenen Platten bedeckt und der Kerzenkranz um den Mittelpfeiler ließ den Saal in vielfach reflektiertem Licht erstrahlen. Den Zugang zum Eissaal schmückten "kolossalle Schneegebilde".

8.3
Im Eispalast beim "Kinnel-Wirt", Wien XIV., Penzinger Straße 55, 1830
Joseph Trentsensky
Fotoreproduktion nach: Kreidelithographie, 26,3 x 32,3
Bez. re. u.: "Lithogr. bey J. Trentsensky in Wien."
Beschr. Mi. u.: "II. Innere Ansicht des Eis-Saales für die russischen Ballfest in Penzing."
HM, Inv. Nr. 19.106/2

8.4
Dekoration im Sperlgarten, Wien II., Kleine Sperlgasse 2, anläßlich des Juristenfestes 1862
Fotoreproduktion nach: Fotografie auf Karton, 20,1 x 25 (31,5 x 44,5)
Beschr. Mi. u.: "Fest der Stadt Wien zu Ehren der Versammlung deutscher Juristen im 'Sperl' (24. August 1862.)"
HM, Inv. Nr. 23.560/1

8.5.1

8.5.2

8.5.1-4

"Secessionistisches Dorf" in der Rotunde, 1899

Vier Fotoreproduktionen nach: vier Fotografien auf Karton, 15,1 - 15,4 x 22,1 - 23 (18 - 18,5 x 24,1 - 24,4)
Bez. u.: "k. u. k. Hof- u. Univ.-Buchhandlung R. Lechner (Wilh. Müller) k. u. k. Hof-Manufactur für Photographie [...]"
HM, Inv. Nr. 17.616/2, 6, 9, 12

Das traditionelle Frühlingsfest im Prater, das ab 1886 meist in Verbindung mit einem großen Blumenkorso stattfand, wurde am 31. Mai 1899 in Form eines secessionistischen Festes gefeiert, bei welchem sämtliche Dekorationen und Kostüme dem Stil der Secession nachempfunden waren. In der Rotunde, die dafür in ein secessionistisches Dorf verwandelt wurde, feierte man ab 2. Juli ein viertägiges Volksfest mit einer Schönheitskonkurrenz, einer Bauernhochzeit und zahlreichen Vorführungen von Athleten und Artisten.

8.6.1-2

Festdekoration in den Sophiensälen, Wien III., Marxergasse 17

Zwei Fotoreproduktionen
Wien, Bezirksmuseum Landstraße

8.7

Arrangement von Werkzeugteilen der Firma Spear & Jackson auf der Weltausstellung 1873

Fotoreproduktion nach: Fotografie, 7,7 x 21,9
Bez. li. u.: "428b M. Frankenstein & Co."
HM, Inv. Nr. 78.080/25

8.8

In Form einer Orgel arrangierte Metallrohre und Maschinenteile auf der Weltausstellung 1873

Fotoreproduktion nach: Fotografie, 5,8 x 19,7
HM, Inv. Nr. 78.080/59

8.9

In Form eines Tannenbaumes arrangierte Weinflaschen auf der Weltausstellung 1873

Fotoreproduktion nach: Fotografie, 27 x 21,7
HM, Inv. Nr. 78.080/73

8.10

Arrangement von Baumstammscheiben und -querschnitten aus Portugal auf der Weltausstellung 1873

Fotoreproduktion nach: Fotografie, 25,5 x 19,8
Bez. re. u.: "1233. M. Frankenstein & Co."
HM, Inv. Nr. 78.080/75

8.11

8.13

8.11
In Form eines Springbrunnens arrangierte Wollfäden und -knäuel auf der Weltausstellung 1873
Fotoreproduktion nach: Fotografie, 25,7 x 19,8
Bez. re. u.: "Kramer."
Beschr. Mi. u.: "Nr. 313. Pavillon Oberleithner, Oesterreich. Gruppe V."
HM, Inv. Nr. 78.080/90

8.12
Dekorativ arrangierte Werkzeuge der Russischen Berg- und Hüttenwerke auf der Weltausstellung 1873
Fotoreproduktion nach: Fotografie, 25,3 x 19,5
Beschr. Mi. u.: "Nr. 414. Ausstellung der k. russischen Berg- und Hüttenwerke."
HM, Inv.Nr. 78.080/120

8.13
Arrangement von Kerzen und Seife der Brünner Firma Semmler & Frenzel auf der Weltausstellung 1873
Fotoreproduktion nach: Fotografie, 25 x 19,3
Bez. re. u.: "Klösz. 1340"
HM, Inv. Nr. 78.080/136

8.14
In Säulenform arrangierte Garnknäuel der Firma Lieser aus Pöchlarn auf der Gewerbeausstellung 1888
Fotoreproduktion nach: Fotografie auf Karton, 28,9 x 21,7 (48 x 36)
Bez. re. u.: "Photogr. von V. Angerer, Wien."
Beschr. o.: "Jubiläums-Gewerbe-Ausstellung Wien 1888", u.: "Rotunde. Ausstellungs-Object von H. Lieser in Pöchlarn."
HM, Inv. Nr. 124.025/4

8.15
In Form einer Landkarte der Donaumonarchie und eines Schreins für eine Kaiserbüste arrangierte Zwirnspulen der Firma Salcher & Söhne auf der Gewerbeausstellung 1888
Fotoreproduktion nach: Fotografie auf Karton, 21,4 x 17,3 (48 x 36)
Bez. re. u.: "Photogr. von V. Angerer, Wien."
Beschr. o.: "Jubiläums-Gewerbe-Ausstellung Wien 1888", u.: "Math. Salcher & Söhne Baumwollspinnerei."
HM, Inv. Nr. 180.711/4

8.16.1

8.17

Großer Glashof im Kaufhaus Gerngroß, Wien VII., Mariahilfer Straße 44/46

Fotoreproduktion

Wien, Österreichische Nationalbibliothek, Bildarchiv 100.813 E*(R)

Das Warenhaus Gerngroß wurde 1904 durch die Architekten Ferdinand Fellner und Hermann Helmer nach dem Vorbild westeuropäischer Jugendstilarchitektur erbaut. Die Tradition des Wiener Warenhauses war um die Jahrhundertwende noch relativ jung. Sie hatte mit dem 1865 errichteten Verkaufslokal der Teppichfirma Ph. Haas & Söhne begonnen. Besonders viele Kaufhäuser entstanden in den Geschäftszentren Innenstadt (Wahliss, Krammer und Rothberger, Zwieback) und Mariahilferstraße (Esders, Herzmansky, Gerngroß, Stafa).
Bei der Gestaltung der Verkaufsräume legte man auf eine elegante, angenehme Verkaufsatmosphäre und auf ansprechende, übersichtliche Präsentation der Waren wert. Häufig wurde das ganze Lokal einem speziellen Motto entsprechend "verkleidet" und besonders aufwendig dekoriert.

8.16.1-2

Interieur der Galanterie- und Lederwarenhandlung Weidman, Wien I., Babenbergerstraße 7

Zwei Fotoreproduktionen nach: zwei Fotografien auf Karton, 27,5 x 22,7

Beschr. u.: "J. Weidman Wien Babenbergstrasse N. 7"

HM, Inv. Nr. 93.848/7, 12

Ein Blick in das Warenhaus A. Gerngroß während der Weißen Woche.
Nach einer photographischen Aufnahme.

8.18

8.20

8.18
Große Halle im Kaufhaus Gerngroß, Wien VII., Mariahilfer Straße 44/46, dekoriert anläßlich der "Weißen Wochen", 1916
Fotoreproduktion
Wien, Österreichische Nationalbibliothek, Bildarchiv 238.041 B(r)

8.19
Weihnachtsdekoration im Kaufhaus Stafa, Wien VII., Mariahilfer Straße, um 1920/30
Fotoreproduktion
Wien, Bezirksmuseum Neubau

8.20
Orientalische Dekoration im Kaufhaus Stafa, Wien VII., Mariahilfer Straße, um 1920/30
Fotoreproduktion
Wien, Bezirksmuseum Neubau
Abbildung auch am Kapitelanfang

Das Spiel mit dem Schein im Historismus

Sylvia Mattl-Wurm

HISTORISMUS IM INTERIEUR: ILLUSIONISTISCHE ZEITREISE ODER INDUSTRIELLE ALLMÄCHTIGKEIT

Zu den das 19. Jahrhundert beschäftigenden und charakterisierenden Phänomenen gehört schon am Beginn dieses Jahrhunderts die zunehmende Kenntnis früherer Kunstepochen. Pompejanische Salons (einziges erhaltenes Beispiel eines Pompejanischen Salons im Historischen Museum), die aufgrund der Ausgrabungen von Herculaneum und Pompeji zur Modeerscheinung wurden, ägyptisierende Zimmer (jüngst in der Ägyptomanie-Ausstellung im Künstlerhaus erstmals restauriert ausgestellt), gotisierend Romantisches (Laxenburger Gotik) stehen als charakteristische Beispiele für die zu Anfang des neuen Jahrhunderts breiter und auch präziser werdende Verfügbarkeit stilistischer Möglichkeiten. Die Wiener Möbelfabrik Danhauser - das erste Wiener Inneneinrichtungshaus (1814 gegründet) - etwa bot in den zwanziger Jahren Zimmer "in gothischem Geschmack" oder Objekte in "Blondelscher Manier", im sogenannten "Zweiten Rokoko" an.[1]
Gleichzeitig produzierte diese Möbelfabrik jene Möbelstücke, die zu den besten ihres Jahrhunderts gehören, und die nach Ende der "schreckensherrschaft des tapezierers" um 1900 wiederentdeckt und aufgewertet wurden.

Euphorisch schwärmte noch Ernst Bloch Mitte des 20. Jahrhunderts von der "Reinheit" und Unverfälschtheit des Biedermeier und stellte es diametral der Scheinwelt des Historismus gegenüber:
"Das Biedermeier hatte noch, mit besonderer Liebe, ungetünchte Wände oder solche in schlichtem Grün, seine Möbel waren so ehrlich klar, hellschön wie wenige andere vorher. Geraffter Mull ließ das Tageslicht doppelt weiß herein, es fiel auf die Vitrine und den Kirschbaumschrank, auf den reinen Rundtisch mit den schlanken Beinen und der wohlgestalteten Säule, die ihn trug, auf bescheiden-reiche Lyrastühle, auf das sanftmächtige Kanapee. Und wenn man damals auch dies ganze Wesen neugriechisch nannte, so war es doch völlig bei sich zu Hause, war überall mehr Sein als Scheinen [...]" - "[...] kopierter Fernzauber und maschinelle Butzenscheiben begannen. Ein reich werdendes Bürgertum legte sich ins Adelsbett, träumte dort vergangene Stile nach, altdeutsche, französische, italienische, orientalische, lauter Andenken. Eine immer wieder erstaunliche Lust kam auf, gar Kein-Sein in Scheinen zu verwandeln, die alltägliche Wohnung unter anderer Flagge segeln zu lassen. Reise-Ersatz, ja Reise-Überbietung in den eigenen vier Wänden wurde die Parole, teils als historische, teils als exotische. Von daher die Stoff-Drapiersucht der Gründerjahre, die Versammlung von Nippes, neureichen Potenzstil, Samt und Atlas durcheinander. Von daher Büffets als Ritterburgen, die Hellebarden und der Haremsspuk, die Moscheelampen und die Stierhörner - eine ganz rätselhafte Montage."[2]

Dennoch nimmt das Biedermeier vieles vorweg, was in dem an Geschwindigkeit berauschend zunehmenden Lebensalltag des Historismus dann kulminieren wird. So zeigen etwa die im Museum für angewandte Kunst erhaltenen Entwürfe für Draperien der Firma Danhauser vieles von dem, was zu Beginn des 20. Jahrhunderts dem Historismus angelastet wurde. Große Vorhänge werden malerisch und verschwenderisch um Stangen geschlungen, durch Kordeln zusammengehalten, mit Fransen gesäumt. Kanapees werden in gleicher Weise mit Draperien verhüllt und dekorativ behübscht.
Auch bei der Gestaltung des Raumes greifen die früher hauptsächlich am Rande des Raumes stehenden Möbelstücke immer mehr in den Raum aus und nehmen ihn damit in Besitz.

9.13
Porzellan mit Marmor-Steindekor, 1807

9.7
Papierkorb in Form eines Foliantenstoßes, um 1825

Bei den Einzelmöbeln ist eine gewisse Disfunktionalität auszumachen - Schreibschränke werden zu kleinen Monumenten und entpuppen beim Öffnen ein architektonisches Innenleben mit Eingang in einen Tempel. Kleinmöbel wie etwa Hygienemöbel (Papierkorb, Zimmerklo, Kat. Nr. 9.6, 9.7) erhalten Verdeckungscharakter.
Schon im Biedermeier entsteht auch der Typus des weichen, üppig dekorierten Sitz- und Polstermöbels (Sofas, Kanapees, Diwane, große schwere Polstersessel, oft zur Gänze vom Stoff überzogen und die Holzkonstruktion vermummt). Diese deutlich vom Orient inspirierte Entwicklung war einerseits in der Malerei des Eugène Delacroix wie in der Literatur eines Gustave Flaubert erstmals medialisiert worden.

Um die Mitte des 19. Jahrhunderts setzt schließlich der temporeiche Umgang mit Interieur-Moden vollends ein: ob Neugotik, Neorenaissance, Neobarock, Drittes Rokoko, Louis Seize II. Epoche ... ägyptisch, griechisch, römisch - alles ist verfügbar.
Der Architekt wird zum Gesamtinnenausstatter und ermöglicht aufgrund seines Fachwissens jegliche Entscheidung für einen Stil. "Wollt ihr ein barockes schlafzimmer? Er macht euch ein barockes schlafzimmer. Wollt ihr einen chinesischen spucknapf? Er macht euch einen chinesischen spucknapf. Er kann alles in allen stilarten [...]", beschreibt Adolf Loos die nunmehrige Herrschaft des Architekten.[3]

Die Illusion der allgegenwärtigen Verfügbarkeit wurde durch eine schier endlose Reihe an Erfindungen und Entwicklungen der industriellen Produktion und Fertigung erzeugt. Das maschinell erzeugte Serienstück löst das handwerkliche Einzelprodukt ab. (Ein besonders wichtiges Beispiel der Wiener Kunstindustrie ist u. a. der seit 1842 in Wien produzierte Thonetstuhl aus in feuchter Wärme gebogenem Buchenholz, benannt nach dem Erfinder des Holzbiegeverfahrens, Michael Thonet. Thonetstühle fanden übrigens anfänglich in Wien als leichte Bestuhlung, goldgefaßt, im Liechtensteinschen Stadtpalais Verwendung.)

"Materialtreue" und "Qualitätsbewußtsein" wird dem Jahrhundert, je älter es wird, und je mehr neue Ersatzstoffe zur Verfügung stehen werden, immer mehr abhanden kommen. Erste Ansätze, Materialillusionen herzustellen, finden sich im Kunstgewerbe schon Ende des 18., Anfang des 19. Jahrhunderts, jedoch scheint die Begeisterung dem Kuriosen verhaftet bzw. die technische Intervention im Vordergrund zu stehen. Durch Bemalung von Porzellantassen etwa soll eine Marmor-, Holz- oder Hornstruktur vorgetäuscht werden, durch verschiedene Aschenbeimengungen beim Produktionsprozeß des Glases entstehen Gläser, die auf den ersten Blick wie aus Stein wirken. Die Vielfältigkeit dieser böhmischen Produktionen wurde unter dem Begriff "Steingläser" subsumiert. Sorgfältig bemühte sich das sogenannte Fabriksproduktenkabinett - eine Gründung Kaiser Franz I. - all diese wissenschaftlichen Versuche zu katalogisieren und in einer Art technischem Kabinett zu belegen.[4] "Täuschungsmanöver" aus Ersparnisgründen sind ebenfalls bekannt. Bald nach 1800 produzierte die Möbelfabrik Danhauser geschnitzte, später statt dessen aus Masse geformte Imitationen für bronzene Möbelbeschläge fabriksmäßig.[5] Vielfach werden im Möbelbau die teuren Schnitzereien durch formgepreßte Reliefornamente aus Holzmasse (Grundmasse: Sägemehl mit Leimzusatz und Farbe) ersetzt.
Es entstehen gewisse Modeerscheinungen wie etwa

Schmuck aus Eisen, Glas oder Haar. Kurzfristig werden Möbel aus Eisenguß en vogue, die sich jedoch aufgrund ihres Gewichts bald als unbequem erwiesen (für Wien: Fa. August Kitschelt). Auch Möbelanfertigungen aus Papiermaché (vor allem bei Möbeln des Zweiten Rokoko, im Österreichischen Museum für angewandte Kunst sind einige Bilderrahmen erhalten) sind bekannt. Papiermachéarbeiten waren im übrigen schon gegen Ende des 18. Jahrhunderts zu einem beliebten Material der Innenarchitektur geworden. In Modeln geformt, ersetzten sie Steinmetz- bzw. Stuckornamente an Plafonds, Wänden und Türen.

Die zweite Hälfte des 19. Jahrhunderts wurde schließlich vollends von Surrogaten überschwemmt. Sie sollten im Interieur hauptsächlich kostbare Stoffe vortäuschen. Surrogate waren vor allem auch ein gesellschaftliches Phänomen: Sie standen vor allem vom Mittelstand abwärts hoch im Kurs.
Durch "Beschichten und Überziehen"/ "Oberflächenbeschichtung" gab man ein anderes Material vor: Gips und Zementbeschichtungen erzeugten den Schein des Steins, durch das Galvanisieren erhielten Gipsstatuen das Aussehen von Bronzeplastiken. Das Interieur wurde zur Gänze vom Surrogat durchdrungen. Stearingetränkter Gips ersetzte das teure Elfenbein, "holzbraun" gestrichene, aus Matrizen geformte Tonwaren imitierten Schnitzereien, mit heißen Eisenwalzen wurden "Patentintarsien" ins Holz eingebrannt und mit Spezialpinseln und -kämmen wurden "Holzmaserungen" auf Möbel aufgemalt, geschwärzte Eisen-, Zink- und Messinggüsse wurden als Schmiedeeisen ausgegeben, mit Bronzierung angestrichene und farbig lackierte Zinkgüsse traten an Stelle von Bronzen, Messing oder Tombak genannte Kupfer-Zinklegierungen mit galvanischer dünner Verkupferung wurden als Kupfer ausgegeben, bedruckte oder bemalte Strukturleinwand trat an Stelle von gewirkten Gobelins, Fußbodenteppiche wurden großflächig bedruckt, gepreßte Leder- oder Pappreliefs traten an Stelle von Lederschnitt und Treibarbeiten.[6]
Auf den ersten Blick sah demnach alles ein bißchen anders aus als nach dem ersten An- und Abkratzen. Surrogate leisteten dem allgemeinen Schwindel, einer Illusion, Vorschub und ließen eine kurzlebige Theaterwelt (universeller Dekorations-, Theater- und Kulissenschwindel, die Welt als welkendes Gesamtkunstwerk) entstehen.[7]
Die Unterscheidung von qualitativ hochwertigem Original und seriell gefertigtem Surrogat wurde immer schwieriger, das diametral abnehmende Materialbewußtsein veränderte die Wahrnehmung insgesamt. Wenn auch heute die meisten historischen Surrogate als primitiv und billig abqualifiziert werden, so leiteten sie doch die Kunststoffperiode des 20. Jahrhunderts ein. Auch der berühmte, aus tropischen Pflanzen gewonnene Kautschuk - seit den vierziger Jahren des 19. Jahrhunderts industriell verwertet - ist hier als Vorläufer der Plastikvariationen zu nennen. Mit Korkmehl vermischt, kam er 1873 unter dem Namen Linoleum in den Handel. Zelluloid - aus Schießbaumwolle und Kampfer - 1867 erstmals produziert, war bereits ein gänzlich synthetisches Material. Es wurde als Ersatzstoff für teure Hornartikel verwendet.

Weniger als Surrogat denn als Kunst-Natur kann man eine Reihe von Erfindungen bezeichnen, die große Umwälzungen herbeiführten, auf dem Metallsektor etwa die Erfindung des Aluminiums 1827 durch den deutschen Chemiker Friedrich Wöhler oder das erstmals in Preußen entwickelte "Weißkupfer" oder "Neusilber" aus

Nickel, Kupfer, Zink, welches ein riesiger Erfolg wurde. (Schon 1824 begann man mit der Fabrikation von Blechen aus der neuen silbrigen Legierung unter dem Namen "Argentan", in England entstand Britannia-Metall, in Frankreich Christoflemetal und Alfenide, später unter dem Namen Alpaka nach Deutschland verkauft.)

Nach den großen Gewerbeausstellungen der Biedermeierzeit (in Wien 1835, 39, 45), auf denen all die nationalen "Erfindungen und Interventionen" präsentiert worden waren, erreichten all diese Entwicklungen mit der ersten Weltausstellung 1851 in London eine neue, internationale Massenmedialisierung: sechs Millionen Besucher wanderten in fünf Monaten an hunderttausenden Objekten von 15.000 Ausstellern vorbei. Bisher ungeahnte Vergleichsmöglichkeiten innerhalb Europas Produktionen ließen einen gewaltigen Leistungs- und Konkurrenzdruck entstehen, darüber hinaus brachten die folgenden Weltausstellungen für die Masse erste visuelle Begegnungen mit außereuropäischer Kultur (1862 besonders mit Indien, erstmals werden auch Objekte aus China und Japan gezeigt, 1867 und 1873 in Wien wirken besonders die orientalischen Arbeiten Indiens und der Türkei, 1878 präsentiert sich in Paris erstmals Japan großflächig als Nation).[8] Weltausstellungen machten damals die europäischen Trends auch in bezug auf Möbel und Kunsthandwerk, Ornamentik oder Farbgebungen. So bewirkte die Weltausstellung von 1862 in der Folge ein Loslösen von französischen Einflüssen und eine Hinwendung zu Neorenaissance und Orientrezeption. 1873 - bei der Wiener Weltausstellung - beherrschte orientalisches Kunsthandwerk das Gesamtbild. Persien brachte erstmals Arbeiten ältester islamischer Kunst, was wiederum die Verarbeitung islamischen Dekors z. B. auf Gläsern (Firma Lobmeyer) beeinflußte.
Ein Beispiel des damaligen Orientfiebers ist in der Gründung des orientalischen Museums ("Cercle Oriental") zu sehen. 1874 begann es, unter der Leitung Arthur von Scalas Ägyptisches sowie (Volks)Kunst aus der Türkei, aus Tunesien, Algerien, Japan, China zu sammeln. Scala wurde 1897 Leiter des Museums für Kunst und Industrie, wodurch ein Großteil der orientalischen Sammlung und Bibliothek, Asiatika, Teppiche in dieses Museum kooptiert wurden.

Die Orientmode erreichte im Interieur in den siebziger und achtziger Jahren ihren Höhepunkt. Hof und Adel sowie das heimische Großbürgertum konnten das Fremde und Exotische aufgrund der gestiegenen Mobilität im Heim original nachvollziehen: Das österreichische Kronprinzenpaar Rudolf und Stephanie etwa richtete in der Hofburg (2. Stock über dem Schweizertor) ein nach seiner Einrichtung benanntes "Türkisches Zimmer" ein. Kaiserin Elisabeth stattete ihr Refugium auf Korfu, das Achilleion, mit orientalisierenden Möbelstücken, Paravents, Tischchen, Koranständer aus. Dieses sogenannte Achilleionmobiliar übersiedelte noch vor Elisabeths Ermordung 1898 in die Hermesvilla.

Das Türkische Zimmer des Kronprinzen Rudolf (einige wenige Stücke sind im Bundesmobiliendepot verwahrt) hatte dieser von seiner wissenschaftlichen Orientreise 1881 mitgebracht: rote Gardinen und Bucharateppiche, der Fußboden mit einem einfarbigen, roten Teppich belegt, darauf zahlreiche kleinere, meist orientalische Teppiche, aus verschiedenen Hölzern gearbeitete Möbelstücke, mit Silber, Elfenbein und Perlmutt-Intarsien verzierte Tabourets und ein schwarzer, mit roten und goldenen Leisten versehener Schreibtisch schufen in der

Hofburg die Illusion einer imaginären Reise.
Walter Benjamin spricht später von der Illusion von "Ferne und Vergangenheit", die mittels einer Fülle künstlicher Requisiten im Interieur vermittelt wird, vom "Etui des Privatmannes", das er sich schafft, und vom Interieur als "Zufluchtsstätte der Kunst".

Einem Journalisten machte das Türkische Zimmer des Kronprinzen Rudolf mit seinem exotischen Flair mehr den "Eindruck eines Künstler-Ateliers". Derartige Einrichtungen war man in Wien bestenfalls von Bankiers, Sammlern oder Künstlern - allen voran Hans Makart - gewohnt. Einordnungen dieses Ateliers als "asiatische Trödelbude" oder "sublime Rumpelkammer" lassen erkennen, wie schwer es geworden war, das "Echte" und "Unechte", das "Teure" und "Billige" zu unterscheiden.
Im Atelier Hans Makarts - es konnte täglich zwischen vier und fünf Uhr besichtigt werden und Hans Makart war in schwarzem oder braunem Samt, mit Pluderhosen und Gamaschen gekleidet, bei der Arbeit zu bewundern - entstand, als Äquivalent zu seiner Malerei, eine Scheinwelt, eine imaginäre Gegenwelt, eine bühnenhafte Kultstätte künstlerischen Schaffens, deren Hauptdarsteller der Künstler selber war.
"Das war kein kleines Museum [...] noch weniger ein Sammelsurium von echtwertigen Kunstschätzen von Plasticii, ein Raritätenladen im Sinne landläufiger Liebhaber. Wohl geriet man [...] vom Hundertsten ins Tausendste und schienen sich alle Zeitalter und Völker ein kosmopoltisches wie synchronistisches Stelldichein gegeben zu haben. Da begegnet man auf reich ornamentierter, deutscher Renaissancetruhe einem chinesischen Idol oder einem hellenistischen Anathema in Terracotta, unter einem Baldachin getragen von zwei spätrömisch gewundenen Säulen, der Armatur eines Geharnischten; in einem Spinde altitalienischer Arbeit prunkt eine Kollektion gold- und perlenbesetzter orientalischer Hauben [...] Smyrnaer und Gobelins verdecken die Wände [...]". "Abenteuerlich geformte Kronen, Ampeln, Leuchterweibchen [...] antikes und mittelalterliches Gewaffen [...] Boullemöbel oder Intarsiengestühl, Büsten, Tierskelette, Mumien, Oleanderbäume, Musikinstrumente" ergaben einen unwirklichen Raum, aufgeladen von Phantasien und Träumen. Mit den im Atelier inszenierten spanischen, niederländischen Kostümfesten schaffte sich Makart noch eine zusätzliche Ebene des Rückzuges aus der Realität in einen "unzeitgemäßen Traum".[9]

Karl Joris Huysmans' Roman "Gegen den Strich" ("A Rebours") hat als literarische Problematisierung des Interieurs, welches zu einer absoluten Scheinwelt mutiert, längst Kultcharakter erlangt. Des Romanhelden Des Esseintes' Lebensmüdigkeit führt zur Flucht vor und zur bewußten Ausgrenzung aus der nur auf den industriellen Fortschritt bedachten Gesellschaft und gleichzeitig zum Aufbau einer bis ins kleinste Detail komponierten Gegenwelt des Artifiziellen.
Wirklichkeit wird durch den Traum von der Wirklichkeit ersetzt, die gesamte Einrichtung erfolgt mit der Zielsetzung, sich aus der "vulgaire realité des faits" in eine Welt der Imagination zu katapultieren.
Wie bei Hans Makart wird der Phantasiewelt vor der Realität absoluter Vorrang eingeräumt, die sich des Esseintes durch Stimulantien, als Sammler und Genießer durch die Anhäufung von schönen Gegenständen aller Stilrichtungen, aller Zeiten, Länder schafft. Er läßt für sich ein künstliches Paradies entstehen und versucht schließlich doch, in die Wirklichkeit zurückzukehren. Doch weder in der Realität noch in der Realität des

Scheins kann er tatsächlich leben. Das künstliche Paradies erweist sich als Sackgasse - beispielhaft wird hier die Gefährdung des Menschen als reines Kunstprodukt und seiner ästhetischen Existenz vorgeführt.[10]

Lange Zeit wurde der historisierende Umgang mit den verschiedenen Stilen, der horror vacui, die Schaffung einer künstlichen Natur im Raum und damit die beständige Erzeugung einer Illusion ausschließlich negativ bewertet. "Die Herrschaft der Tapezierer" (und wesensähnlicher Architekten), die die Wohnungen zu Bühnenbildern drapiert hatten, war gegen Ende des Jahrhunderts bereits längst zerschlagen: Adolf Loos verordnete gegen diese "schreckensherrschaft" gegen "Samt und seide, seide und samt und makartbouquets und staub und mangel an luft und licht, und portieren und teppiche und arrangements, - gott sei dank, daß es nun vorbei ist" die Selbstgestaltung des Heimes.
Die Wohnung wurde durch die Hereinlassung von Licht, Luft, Sonne, durch das das Interieur durchziehende Weiß hygienisiert und damit desillusioniert. Unter dem Prätext auch des Mutes zur eigenen Geschmacklosigkeit wurde die Geschmackskultur des 20. Jahrhunderts im Interieur eingeleitet: "Euer Heim wird mit euch und ihr werdet mit eurem heime [...]. Für eure wohnung habt ihr immer recht."[11]

1 Christian Witt-Dörring: Der differenzierte Konsum. Das Wiener Möbel 1815-1848. In: Bürgersinn und Aufbegehren. Biedermeier und Vormärz in Wien 1815-1848. Katalog des Historischen Museums der Stadt Wien 1987, S.367ff
2 Ernst Bloch: Fernwunsch und historisierendes Zimmer. Das Prinzip Hoffnung 1938-47. Zit. nach: Packeis und Pressglas. Von der Kunstgewerbebewegung zum Deutschen Werkbund. Gießen 1987
3 Adolf Loos: Die herrschaft des tapezierers. In: Ins Leere gesprochen, Wien 1902
4 Fabriksproduktenkabinett
5 Barbara Mundt: Historismus. Kunstgewerbe zwischen Biedermeier und Jugendstil. München 1981. Zu den Surrogaten wurden für die Ausstellung keine Objekte ausgewählt.
6 a.a.O., S.19ff
7 Packeis und Pressglas. Von der Kunstgewerbebewegung zum Deutschen Werkbund. Gießen 1987
8 Jörn Bahns: Zwischen Biedermeier und Jugenstil. Möbel des Historismus. 1987
9 Robert Stiassny: Hans Makart und seine bleibende Bedeutung. Leipzig 1886. Wie zum gesamten Abschritt über das Makartatelier zit. nach: Christine Hoh-Slodczyk: Das Haus des Künstlers im 19. Jahrhundert. München 1985, S.83ff
10 Claudia Becker: Zimmer - Kopf - Welten. Motivgeschichte des Interieurs im 19. und 20. Jahrhundert. München 1990
11 A. Loos: Die Herrschaft des Tapezierers.

Nach dem Klassizismus um 1800 orientierte man sich vor allem in der zweiten Hälfte des 19. Jahrhunderts in Einrichtungsfragen vorwiegend an historischen Stilen. In der Zeit des Historismus entwickelte sich sogar eine Art Einrichtungskanon: Für Speisezimmer und Herrensalons schien zum Beispiel Mobiliar, das der deutschen Renaissance nachempfunden war, am besten geeignet. Für Schlaf- und Gästezimmer bevorzugte man den Stil Louis XIV., für Damensalons den Rokokostil. Die Bewohner dieser Räume konnten demnach, von Raum zu Raum gehend, eine Art imaginärer "Zeitreise" unternehmen.

Die Möbel "maskierten" sich nicht nur hinsichtlich ihrer historischen Zuordnung, sondern auch, was ihre Materialien und Funktion betraf: Gips gab sich als Marmor aus, Glas als kostbarer Stein, Holz als Bambus und im Bücherstapel verbarg sich ein Zimmerklo.

Flucht in die Vergangenheit, kombiniert mit dem Hang zur Maskerade vereinigten sich auch in dem Festzug, den Hans Makart 1879 anläßlich der Silbernen Hochzeit des Kaiserpaares inszenierte.

9.1

Klassizistischer Sekretär, um 1810/15

Obstholzkorpus, Ahornfurnier, schwarz gebeizt und politiert, Schnitzereien mit Branntweinvergoldung, feuervergoldete Bronzebeschläge, H: 149,8, B: 91,5, T: 50,6 bzw. 97,5 (aufgeklappt)

HM, Inv. Nr. 164.470

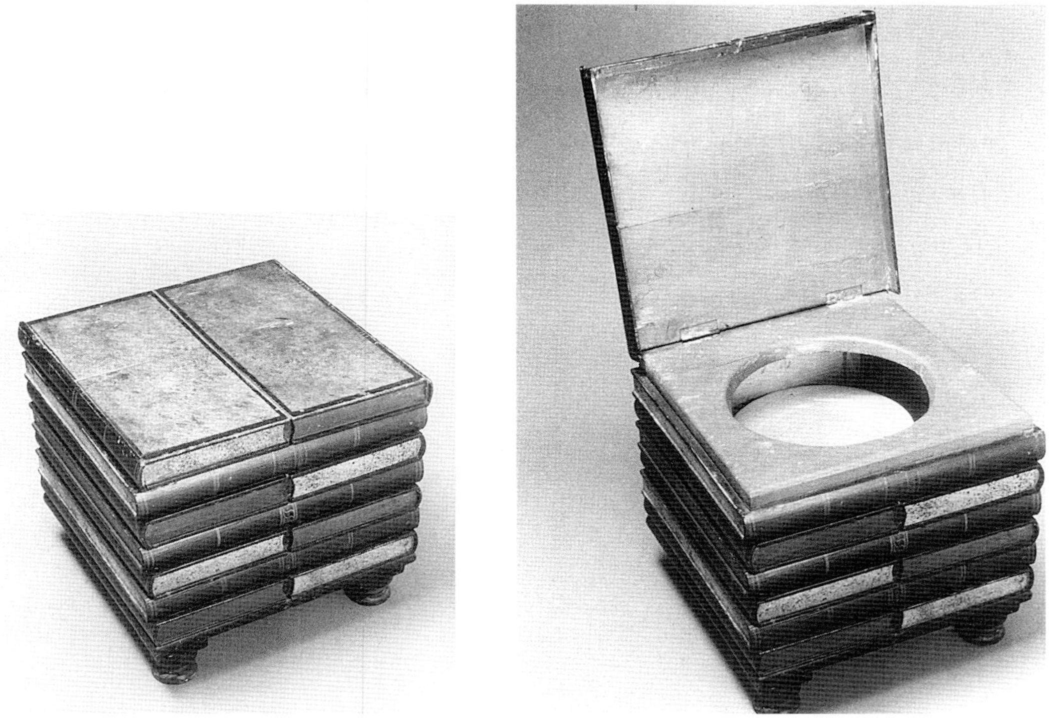

9.6

9.2
Sessel im Stil des Zweiten Rokoko, um 1835/40
Eschenholz massiv und furniert, Stoffbespannung um 1925/30,
H: 92,5, B: 45, T: 46
Wien, MAK - Österreichisches Museum für angewandte Kunst, Inv. Nr. H 2.742a

9.3
Sessel im neugotischen Stil, um 1840
Palisander mit Rosenholzintarsien,
H: 125, B: 45, T: 47, Sitzhöhe: 47
HM, Inv. Nr. 67.042/4

9.4
Fauteuil im Stil Louis XVI., um 1880
Aus dem Besitz der Schauspielerin Katharina Schratt
Holz, gestrichen, H: 100, B: 70, T: 60, Sitzhöhe: 40
HM, Inv. Nr. 194.998

9.5
Sessel für den Sitzungssaal des Österreichischen Museums für Kunst und Industrie im Stil der deutschen Renaissance, 1889
Oskar Beyer (Entwurf), Ignaz Reschenhofer (Tischlerarbeiten),
Paul Pollack (Leder- und Vergolderarbeiten)
Nußbaumholz, gedrechselt und geschnitzt, braunes Bockleder
mit vergoldetem Blinddruck, H: 88, B: 42, T: 46
Wien, MAK - Österreichisches Museum für angewandte Kunst, Inv. Nr. H 742

9.6
Zimmerklo in Form eines Foliantenstoßes, Anfang des 19. Jahrhunderts
Holz, Töpferei, H: 44, B: 46, T: 46
Gmunden, Sanitärmuseum Laufen

9.7
Papierkorb in Form eines Foliantenstoßes, um 1825
Wien
Mahagoni und Ahorn auf Weichholz furniert, Adern aus schwarz
gebeiztem Birnbaumholz, Metallränder, H: 70, B: 63, T: 38
Wien, Bundesmobiliensammlungen, "Ehemaliges Hofmobilien- und Materialdepot", MD 771
Abbildung im Textteil

9.8
Imitation einer Marmorsäule, Ende des 19. Jahrhunderts
Gips, schwarz bemalt, marmoriert, H: 101, B: 29, T: 29
HM

9.9

9.12

9.9
Imitation einer Marmorsäule, Ende des 19. Jahrhunderts
Holz, gelb marmoriert, mit rotem Samt überzogener Aufsatz, H: 123, Bodenplatte: 45 x 45
HM

9.10
"Knochen"-Sessel, um 1720/30
Holz geschnitzt, braun gebeizt, H: 107, B: 47, T: 40
Wien, MAK - Österreichisches Museum für angewandte Kunst, Inv. Nr. H 122

9.11
"Bambus"-Sessel, um 1880/90
Buchenholz gedrechselt, rot gefaßt, originale Bespannung: blauer Wollstoff mit Applikationsstickerei, H: 65, B: 46, T: 51
Wien, MAK - Österreichisches Museum für angewandte Kunst, Inv. Nr. H 2269 a

9.12
Schale mit Untertasse mit gemalter Holzstruktur und Landschaftsveduten, 1786/89
Wiener Porzellanmanufaktur
H: 6, Dm: 6,4 (Schale), 13,5 (Untertasse)
Unterglasurblauer Bindenschild, Jahresstempel: "86" (Schale), "89" (Untertasse), Malernummer: "12" (eisenrot) (= Jakob Peter) auf Schale, "31" (schwarz) (= Lorenz Kastner) auf Untertasse
HM, Inv. Nr. 199.697

9.13
Schale mit Untertasse mit Marmor-Steindekor, 1807
Wiener Porzellanmanufaktur
H: 7,5 (Schale), Dm: 14,5 (Untertasse)
Unterglasurblauer Bindenschild, Jahresstempel: "807", Weißdrehernummern: "60", "25" (Untertasse)
HM, Inv. Nr. 199.698
Abbildung im Textteil

9.14
Schale mit Untertasse mit Geweihdekor aus dem sogenannten "Krickelservice", 1839 oder 1859
Thun-Klösterle
H: 6,5, Dm: 8,5 (Schale), 15 (Untertasse)
Teil eines größeren Jagdservices
Eingepreßt: "104", "56" (Schale), "104", "19" (Untertasse)
Wien, Bundesmobiliensammlungen, "Ehemalige Hofsilber- und Tafelkammer", Inv. Nr. 180.036/1, 2

9.15
Schale mit Untertasse mit Muschelschneckendekor, 1827
Wiener Porzellanmanufaktur
H: 7, Dm: 12 (Schale), 15,5 (Untertasse)
Unterglasurblauer Bindenschild, Jahresstempel: "827", eingepreßt: "4" (Untertasse), Malernummer: "11" (= Karl Herzer) (Schale)
Wien, Bundesmobiliensammlungen, "Ehemalige Hofsilber- und Tafelkammer", Inv. Nr. 180.608/1, 2

9.22.4

9.16
Quadratische Schale aus dem sogenannten "Goldservice", 1814
Wiener Porzellanmanufaktur
Porzellan, komplett vergoldet, 27,5 x 27,8
Jahresstempel: "814", eingepreßt: "P"
Wien, Bundesmobiliensammlungen, "Ehemalige Hofsilber- und Tafelkammer", Inv. Nr. 180.505/11
Dieses Porzellan wurde von Franz II. für den Wiener Kongreß in Auftrag gegeben.

9.17
Potpourri-Vase, 1822
Graf von Bucquoi, Georgenthal
Roter Hyalith, H: 19,3 (15,9), Dm: 6,3
Wien, Technisches Museum, Inv. Nr. 22.080
Hyalithglas, häufiger tiefschwarzes als rotes undurchsichtiges Glas, wurde um 1820/30 in Südböhmen hergestellt.

9.18
Becher, 1830
Friedrich Egermann, Blottendorf
Lithyalin, H: 10,7, Dm: 8,1
Wien, Technisches Museum, Inv. Nr. 20.438
Lithyalinglas wurde um 1830 von Friedrich Egermann in Böhmen erfunden. Es handelt sich um in der Masse gefärbtes Glas, das durch seine verschiedenfarbige Marmorierung Edelsteine imitieren sollte.

9.19
Becher, 1832
Joseph Zich
Glas, H: 12,6, Dm: 9,2
Wien, Technisches Museum, Inv. Nr. 20.646

9.20
Becher, 1834
Haida
Lithyalin, H: 11,2, Dm: 8,9
Wien, Technisches Museum, Inv. Nr. 20.576

9.21
Marmoriertes Trinkglas, 1817
Tietzmann, Rochlitz
Lithyalinartiges Glas, H: 7,8, Dm: 6,8
Wien, Technisches Museum, Th. Nr. 11.252

9.22.1-4
"Alt-Wien" auf der Musik- und Theaterausstellung, 1892
Vier kolorierte Fotografien auf Karton, 16,5 - 16,7 x 22,6 - 22,7 (18 - 19,9 x 23,6 - 25,3)
HM, Inv. Nr. 108.390/1, 4, 6, 7
1892 fand auf dem Ausstellungsgelände um die Rotunde die Internationale Ausstellung für Musik- und Theaterwesen statt. Für dieses Ereignis errichteten Oskar Marmorek und Gilbert Lehner eine historische Nachbildung des Hohen Marktes, wie er zweihundert Jahre zuvor, also 1692, ausgesehen haben soll.

9.23
"Fahrende Leute" am "Veilchenfest", 1906
Fotografie auf Karton, 22,5 x 25,8 (29,6 x 35,7)
Bez. u.: "L. Grillich Hof-Photograph Wien. IV. Hauptstrasse 12"
Beschr. u.: "Veilchenfest zu Wien unter Otto dem Fröhlichen am 19. & 20. Mai 1906. Fahrende Leute"
HM, Inv. Nr. 77.788/3

9.24
Hans Makart

9.24
Frl. Meistinger

9.24.1-29

Künstler und Architekten als Teilnehmer des Kaiser-Huldigungsfestzugs. 1879

Neunundzwanzig Fotoreproduktionen nach: Fotografien auf Karton, 18,7 - 18,9 x 9,2 (20,7 x 10)

Bez. li. u.: "Angerer Wien, Theresianumgasse 4"

HM

Anläßlich der Silbernen Hochzeit des Kaiserpaares Franz Joseph I. und Elisabeth am 24. April 1879 veranstaltete die Stadt Wien einen großen Huldigungsfestzug, dessen künstlerische Planung und Gestaltung Hans Makart innehatte. Nach Vorbild von Albrecht Dürers "Triumphzug Maximilians I." entwarf Makart ein großartiges Spektakel im Stil der deutschen Renaissance, an dem 14.000 Personen in historischen Kostümen, hunderte Pferde und 27 dekorierte Festwägen beteiligt waren. Die fünf Abteilungen des Zuges umfaßten 1. die Gruppe der Studenten und Vertreter von in- und ausländischen Schützenvereinen, 2. die Abteilung der Vereine und der gewerblichen Genossenschaften, 3. den besonders prächtigen Teil der Künstler, in dem Makart selbst auftrat, 4. die Repräsentanten der modernen Hochgebirgsjagd und 5. die Mitglieder der Feuerwehren, der Veteranenvereine und der Niederösterreichischen Gesangsvereine.

Der Festzug verdeutlicht die zeitgenössische Popularität historischer Verkleidung. Das 16. Jahrhundert als Zeitalter des Handels, des Gewerbes, der Kunst und nicht zuletzt des erwachenden bürgerlichen Selbstbewußtseins diente der Gesellschaft des 19. Jahrhunderts als Vorbild und Metapher des eigenen Selbstverständnisses.

9.25
Aus der Gruppe "Die Eisenbahnen"

9.25
Carl Demel

9.26.6
Teilnehmer am Kaiser-Huldigungsfestzug

9.25.1-10
Gewerbetreibende als Teilnehmer des Kaiser-Huldigungsfestzugs, 1879

Zehn Fotoreproduktionen nach: Fotografien auf Karton, 13,4 - 13,9 x 9,8 - 10,1 (16,2 x 11,2)
Bez. u.: "Photographie und Verlag von J. Löwy, k. k. Hof-Photograph, Wien"
Beschr. u.: "Festzug in Wien am 27. April 1879."
HM, Inv. Nr. 124.411/3, Inv. Nr. 124.413/2, Inv. Nr. 124.414/1, 2, Inv. Nr. 124.420/3, 5, Inv. Nr. 124.422/2, 4

9.26.1-11
Teilnehmer des Kaiser-Huldigungsfestzugs, 1879

Elf Fotoreproduktionen nach: Fotografien auf Karton, 19,8 - 20,3 x 10,4 - 10,7 (20,6 - 21,6 x 10,7 - 11)
HM, Inv. Nr. 71.332/11, 12, 13, 14, 15, 17, 19, 20, 21, 22, 23

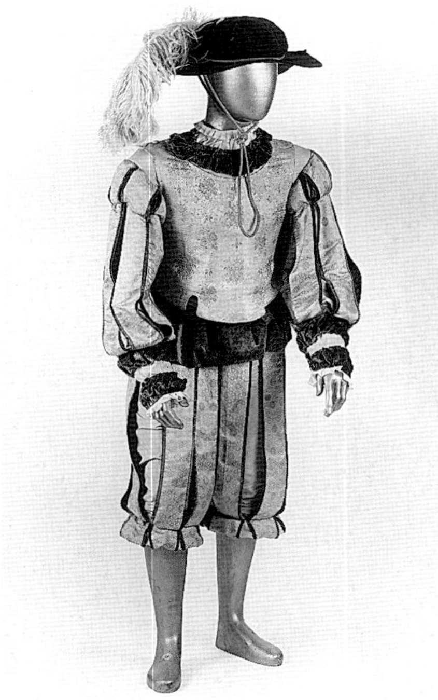

9.27

9.28

9.27

Herrenkostüm im Renaissancestil für den Kaiser-Huldigungsfestzug, 1879

Silberbrokat, Samt, Seide, Baumwolle, Rl.: 108

Dreiteiliges Ensemble, bestehend aus einem gerade geschnittenen Hemd mit weißem Krageneinsatz und geschlitzten Ärmeln, einem ärmellosen, gerade geschnittenen, an den Schultern zu knöpfenden Oberteil und einer geschlitzten Kniebundhose

HM

9.28

Damenkostüm im Renaissancestil für den Kaiser-Huldigungsfestzug, 1879

Samt, Baumwolle, Goldfäden, Rl.: 135

Kleid hochgeschlossen mit weißem Brusteinsatz und Stehkragen, verziert mit zwei Goldborten, tailliert geschnitten, lange Ärmel mit Puffen an Schultern und Ellbogen, Samtmaschen, Vorderteil mit Goldborten, Perlschnüren und Perlstickerei verziert. Rock in der Taille in Falten gelegt, ausgestellt geschnitten, Oberteil und Rock mit schwarzen Samtbändern besetzt.

HM

9.29.2

9.29.1-3

Teilnehmer des Kaiser-Huldigungsfestzugs 1908 mit barocker Kleidung und Bewaffnung

Drei Fotoreproduktionen nach: Fotografien
14,2 - 14,3 x 21,3 - 22,2
Bez. auf der Rückseite (Stempel): "Akad. Maler & Fotograf A. Karl Schuster [...]"
HM, Inv. Nr. 42.321/1, 3, 5

Am 12. Juni 1908 fand auf der Wiener Ringstraße ein großer Festzug zum 60-jährigen Regierungsjubiläum Kaiser Franz Josephs statt. Im ersten Teil des Festzugs illustrierten historisch kostümierte Gruppen bedeutende Ereignisse in der Geschichte des Habsburgerreiches. So gab es zum Beispiel eine Gruppe des 30-jährigen Krieges. Die Regierung und die Person Franz Josephs sollten durch diese bewußte Eingliederung in die große Tradition seines Geschlechts besonders gewürdigt werden.

(Ver)Kleidung

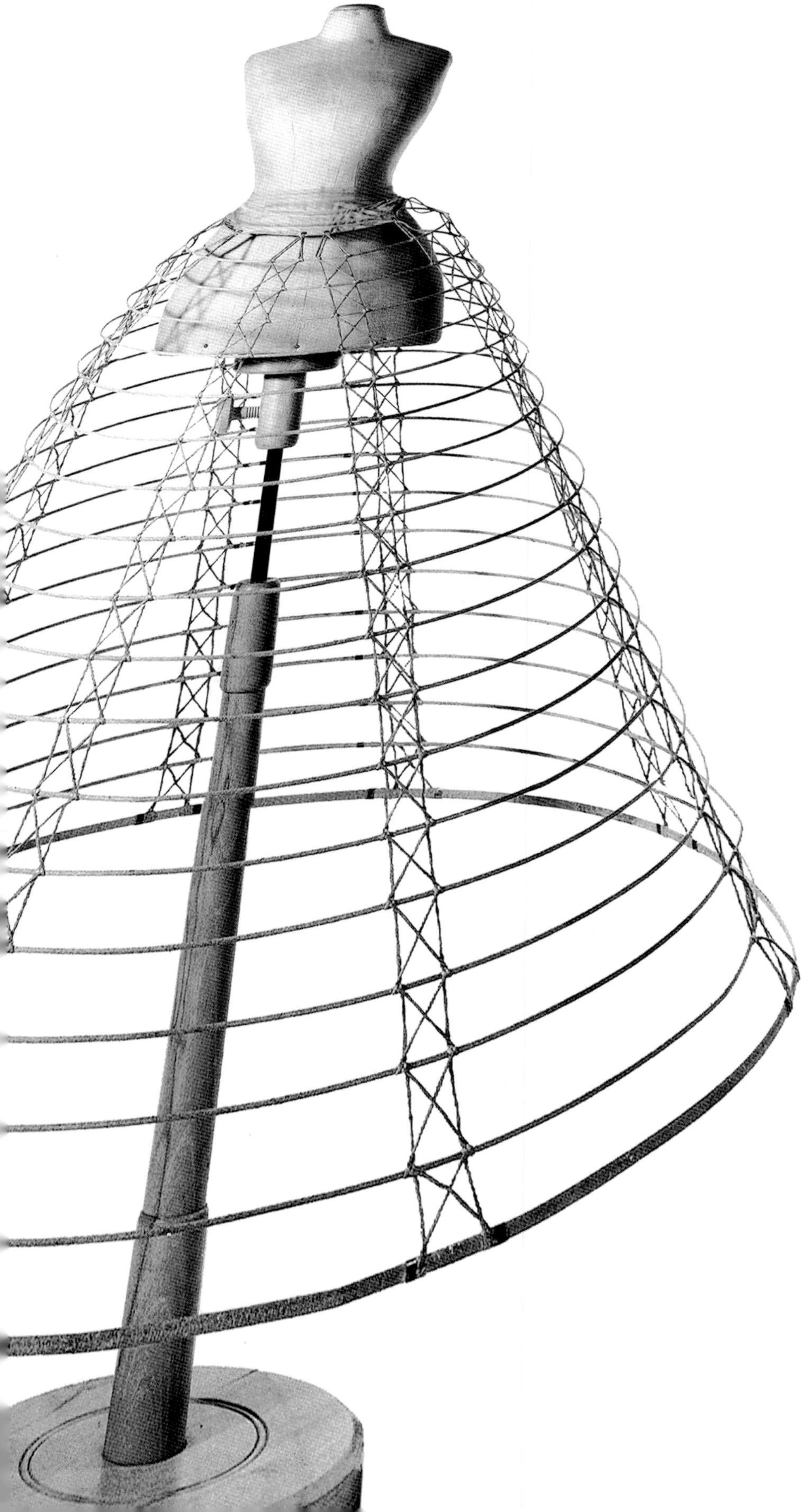

Regina Karner

DAS SPIEL MIT DEN FORMEN ODER ÜBER DIE VERÄNDERUNGEN DER WEIBLICHEN SILHOUETTE

Der Natur ist's nicht gewöhnlich.
Doch die Mode bringt's hervor.
Goethe: Faust II.

Betrachtet man die Silhouetten der Damenmode aus dem 19. Jahrhundert, erscheinen die Schultern einmal fallend, dann wieder steigend, die Taille wähnt man büstenhoch oder enggeschnürt, das Gesäß überproportional betont oder verschwindend, den Bauch hervorgehoben oder plattgedrückt. Beine und Füße treten kaum in Erscheinung, sondern sind verborgen unter langen, voluminösen Rockbahnen. Der natürliche Körper wird dabei zur modellierbaren Masse, die mittels verschiedenster Manipulationen der jeweiligen modischen Silhouette gerecht werden soll.

Denken wir nur an die Mode à la greque (1795 - ca. 1810). Das geistige Europa beschäftigte sich intensiv mit der Antike. Königin Mode ließ die Damenwelt griechischen Göttinnen gleich auftreten. Hauchdünne, durchsichtige Chemisenkleider mit tiefem Dekolleté, hochangesetzter Taille und gerade fallendem Rock wurden auf nackter Haut getragen. Eine volle, üppige Büste war gewünscht. Wer von der Natur vernachlässigt worden war, half mit Wachsbusen nach. Zu den "griechischen" Hemdchen trugen die Damen den Tituskopf, eine aparte Kurzhaarfrisur. Da viele ihre Haare nicht schneiden oder wieder nachwachsen ließen, setzten sie eine Perücke auf. Noch dazu wo es Mode war, des morgens eine schwarze, des mittags eine braune und des abends eine blonde Perücke zu tragen.

Zwei Jahrzehnte später wurde - vergleicht man sie mit geometrischen Formen - die zylinderförmige Silhouette von der kegelförmigen abgelöst. Der Geist der Romantik zauberte schmetterlingshafte Wesen, die den Eindruck des Zarten, Hinschmelzenden erweckten, auf die Modebühne. Ein freizügiges Dekolleté, abfallende Schultern, ballonartige Gebilde von Ärmeln, ein bauschiger Rock mit schwebendem Saum und eine Taille, biegsam wie ein Stengel, zeichneten die Silhouette aus. Dank des Korsetts war es so mancher Biedermeierschönheit möglich, leicht zehn Zentimeter Taillenumfang erfolgreich wegzuschnüren, um eine Wespentaille vorzutäuschen. Die Schinkenärmel wiederum wurden von Stahlfedern in Form gehalten. Und so manche Dame, deren Haarvolumen für die verspielten Frisuren mit Schleifen, Spiralen, Löckchen und Zöpfen nicht ausreichte, konnte aus einem reichen Sortiment an echten Haarteilen oder solchen aus Seide auswählen und nachhelfen.

Der bauschige Rock des Biedermeierkleides wurde immer weiter, ausladender und erfuhr seinen Höhepunkt in der Krinolinenzeit (1848 - 1867). Die Krinoline, ursprünglich ein mit Roßhaar versteifter Unterrock, in der Folge dann ein Stahlreifenkäfig, dominierte die Silhouette jener Jahre. Sie war notwendig, um den weiten, kuppelförmigen Rock in Form zu halten. So gewann man rein vom Optischen her den Eindruck, daß ein zierlicher, enggeschnürter Oberkörper mit schmalem Kopf und schlanken Armen auf einem Ungetüm von Rock, dessen Umfang bis zu acht Meter betrug, thronte. Die Frau wurde unnahbar, distanziert und die Krinoline umgab sie wie ein Schutzwall. Unwillkürlich taucht der Gedanke an die Dame ohne Unterleib auf. Doch wie hieß es damals: "......eine Dame habe keine Beine zu haben".
Auf die Krinoline folgte, nicht weniger monströs, die Tournüre. Ein halbmondförmiges Drahtgestell oder

10.12
Gesellschafts- und Promenadentoiletten, 1836

10.28
Tournürenunterrock, um 1874

Roßhaarkissen, das unter dem Kleid getragen wurde und einen überproportionalen Popo vortäuschte. Drapiert mit Fransen, Litzen, Bommeln, Borten und Spitzen glich er einem überladenen Ringstraßensalon der Gründerzeit. Erstrebenswert waren weiterhin eine schmale Taille und ein üppiger Busen. Dazu verhalf ein gut geschnittenes Korsett, das "Die Starken bändigen, die Gefallenen heben, die Getrennten vereinigen, die Abwesenden ersetzen" sollte.[1] Zusätzlich wurde der Oberkörper in ein mit Fischbein verstärktes Oberteil gezwängt, sodaß die Silhouette der Frau einer überdimensionalen Ente glich. Dazu trugen die Damen blonde und dunkle, hochaufgesteckte Lockenfrisuren. Doch wieviele hatte die Natur damit ausgestattet? Man griff zu Färbemitteln. Seife, Pottasche und Wasser ließen blonde Engel, griechisches Wasser dunkle Schönheiten erstehen.[2] Hautenge "Futteralkleider" mit reich garnierten Schleppen und hüftlangen Korsetts umspannten den Frauenkörper etwa um 1880 und ließen die Silhouette unheimlich schlank und lang erscheinen. Ihrer natürlichen Bewegungsfreiheit total beraubt, glitten die Damen mit ihren biegsamen Schlangenleibern lautlos über Parkett und Stufen. Einige Jahre später griff die Mode schon bekannte Formen aus dem Biedermeier auf. Weite Schinkenärmel, eine Wespentaille und ein ausschwingender Rock erzeugten die Silhouette einer Sanduhr. Um 1900 war die S-Linie, auch sans-ventre genannt, en vogue. Sie glich einem Schwanenhals und vermittelte den Eindruck des Fließens, das noch durch die Verwendung von weich fallenden Stoffen unterstrichen wurde.
Das Korsett schnürte die Taille ein, drückte den Busen hoch, den Bauch platt und das Gesäß hinaus. Ausladende, aufgesteckte Frisuren mit eingearbeiteten Haarteilen und Drahtgeflechten gaben dem Ganzen eine schwungvolle Note. Gerade, schlank und gestreckt war die Silhouette vor dem Ersten Weltkrieg. Lange Korsetts drückten den Busen hoch, ließen aber die übrigen weiblichen Formen verschwinden. Kleider aus längsgestreiften Stoffen betonten den Eindruck des langen, schlanken Körpers ebenso, wie die wagenradgroßen Hüte. Diese "hyperenge" Silhouette forderte aber nicht nur ein Korsett, sondern auch Fußfesseln, die die beiden Waden aneinanderbanden, um den engen, knöchellangen "Humpelrock" nicht zu sprengen.
Die bewußte Auseinandersetzung mit dem Körper in unserem Jahrhundert entwickelte neue Hilfsmittel, um die Figur zu manipulieren. Nur einmal noch wurde das Korsett, das sämtliche weiblichen Attribute wegschnürte, eingesetzt, um die knabenhaft schlanke Silhouette der zwanziger Jahre hervorzubringen. Die Frau trug ein kurzes Hängekleidchen und einen Bubikopf, der das kleine, geschminkte Gesicht mit den großen Augen umrahmte. Das Kindchenschema war geboren. In den fünfziger Jahren wiederum dominierten die weiblichen Formen. Rundungen waren in. Nachgeholfen wurde mit weichen Pölsterchen, sei es an den Hüften oder im BH. Es wirkte alles unheimlich natürlich, sinnlich, nicht so steif wie vor 100 Jahren. Hochhackige Schuhe trugen zu der kurvenbetonten Körperhaltung bei. Auf diese Eva folgte dann in den sechziger Jahren Twiggy. Ihre Silhouette glich der einer Bohnenstange. Ein Großteil der Weiblichkeit unterzog sich strengen Hungerkuren und Diäten, um diesem Ideal gerecht zu werden. Und heute steht es fast jeder Frau dank Technik und Medizin offen, ihren Körper so zu trimmen, daß er ihrer Illusion vom Schönsein entspricht. Der Ansturm auf Kosmetiksalon, Fitneßstudios und Schönheitschirurgen ist ungebrochen. Sie stählt ihren Körper in Kraftkammern, pflegt ihn auf Schönheitsfarmen, hält Diät oder läßt sich einfach das

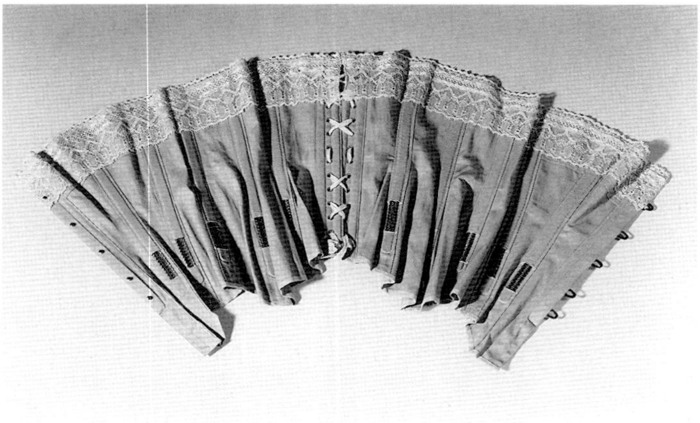

10.30
Korsett, um 1900

10.22
Balltoiletten, um 1892

Gesicht liften, die Nase korrigieren, Fett an Bauch, Po und Oberschenkeln absaugen, den Busen vergrößern oder verkleinern.

Man trägt, was einem gefällt, flotte Kostüme, verführerische Bodies, kurze oder lange Röcke, enge Hosen, aparte Blusen, raffinierte Kleider, anschmiegsame Pullover, Schnürstiefel oder Pumps - der Auswahl sind keine Grenzen gesetzt.

Das Imaginäre in der Mode ist immer neu, aufregend, berauschend, kann entweder langweilig oder unmoralisch interessant sein, oder eine Mischung aus allem - das zu bewirken ist nur die Mode - eine Königin der Illusion - imstande.

1 Gabriele Wittkop-Ménardeau: Unsere Kleidung. Frankfurt am Main 1985, S.66
2 Maria Jeolding-Gersterling (Hrsg.): Die Frisur. Ausstellungskatalog Museum für Kunst und Gewerbe Hamburg. 1990, S.195,197

Im 18. Jahrhundert waren die vornehmen Redouten in der Hofburg die einzigen Veranstaltungen, auf denen man maskiert erscheinen durfte. Erst in den Ballsälen und Vergnügungslokalen der späten Biedermeierzeit kam das Tragen von Larven wieder auf, und die Lust, mit einer Maske in eine fremde Rolle zu schlüpfen, wurde zu einem allgemein zugänglichen Faschingsvergnügen. In der zweiten Hälfte des 19. Jahrhunderts boten auch die Kostümfeste der Künstlervereinigungen Gelegenheit, sich zu verkleiden. Zu allen Zeiten wußte die Mode, mit ihrer wechselnden Linie Illusionen vom Körper zu wecken: Durch Korsett und Schnürbrust, Krinoline und Cul de Paris entstanden, dem jeweiligen Geschmack entsprechend, immer wieder neue Silhouetten, die keinerlei Schluß auf den tatsächlichen Körperbau mehr zuließen.

10.1

Maskenball im Redoutensaal der Wiener Hofburg, um 1815

Joseph Schütz

Feder, aquarelliert, 30,1 x 43,1

Bez. re. u.: "Jos. Schütz del."

Beschr. Mi. u.: "No. 6.", re. u.: "Excudatur K.K. Buch=Rev=Amt Wien den 15t. Febr 8" (teilweise abgeschnitten)

HM, Inv. Nr. 31.615

Das Tragen von Masken war im 18. Jahrhundert nur auf den vornehmen Tanzveranstaltungen des Adels in der Hofburg, den Redouten, erlaubt. Unter Joseph II., der sich allgemein für eine Lockerung der zahlreichen Veranstaltungsverbote des 18. Jahrhunderts einsetzte, wurden die Redoutensäle öffentlich zugänglich. Das beginnende 19. Jahrhundert gilt als Blütezeit der Wiener Tanz- und Ballkultur, die durch die Entwicklung des "Wiener Walzers", den Bau zahlreicher neuer Tanzlokale und den Aufschwung der Wiener Tanzmusik unter Josef Lanner und Johann Strauß ermöglicht wurde. Die Tradition der Maskenbälle lebte besonders im späten Biedermeier wieder auf.

10.2

10.2

Faschingsfest im Elysium, Wien I., Seitzergasse, 1834

Franz Wolf

Kolorierte Kreidelithographie, 31,5 x 41,6

Bez. li. u.: "Nach d. Nat. gez. u. lith. von F. Wolf."

Beschr. u. deutsch, französisch: "Die Reunion im Wasser und Feuerreich. Faschings=Spass in den Kellern des Seitzerhofes, genannt Elisium in Wien am 1ten Febr. 1834.", li. u. (teilweise abgerissen): "(Journal p)itoresque", re. u.: "Eigenthum der Herausgeber Wolf u. Weissenbach."

HM, Inv. Nr. 54.479

10.3

Maskierte Akademie im Redoutensaal der Wiener Hofburg, 1835

Franz Wolf

Kolorierte Kreidelithographie, 34,1 x 48,8

Bez. li. u.: "F. Wolf lith."

Beschr. u. deutsch, französisch: "Erste maskierte Akademie, in den k.k. Redouten-Sälen, den 11. Jänner 1835.", li. u.: "Journal pitoresque.", re. u.: "Eigenthum der Herausgeber Wolf und Weisenbach."

HM, Inv. Nr. 97.441

10.4

10.4

Schäferinnenkostüm, Ende des 19. Jahrhunderts

Naturfarbene Baumwolle mit Rosenmuster bedruckt, engtailliertes Oberteil mit rechteckigem Halsausschnitt, halblange Ärmel mit Volants, im Rücken zum Schnüren, vordere Mitte mit hellblauem Seidenatlaseinsatz, der in einer Schleppe ausläuft, Rock mit Raffungen, vordere Mitte mit hellblauem Seidenatlaseinsatz, Rl.: 149

HM, Inv. Nr. M 52

10.5

Damenfaschingskostüm "Pagat" (Karte aus dem Tarockspiel), 1888

Zweiteiliges Kleid aus rotem und grünem Seidensatin; Oberteil eng tailliert mit grober Goldspitze überzogen, tiefes Dekolleté, ärmellos, Rock in Falten gelegt, mit Goldspitze und rot-ecrufarbenen und grünen Satinbändern; überdimensionale Tarockkarte am Saum angenäht, Rl.: 134

HM, Inv. Nr. M 10.524

10.6.1-2

"Bajaderenkleid" mit dazugehörendem Kopfputz, um 1900

10.6.1

Kleid

Zartgrüne Seide, hochangesetzte Taille mit Metallgewebe und Perlenschnüren, lange Ärmel, gezogener Rock, im Rücken Hafterlverschluß, verziert mit Fransenborte, Rl.: 143

HM, Inv. Nr. M 8.071

10.6.2

Kopfputz zum Bajaderenkleid, um 1900

HM, Inv. Nr. M 7.605

10.7

Kostümball der Gesellschaft bildender Künstler, um 1860

August Gerasch

Xylographie (Zeitungsausschnitt), 25,4 x 35,6

Beschr. Mi. u.: "Kostümball der Gesellschaft bildender Künstler und Kunstfreunde in Wien, nach einer Originalzeichnung von A. Gerasch."

HM, Inv. Nr. 19.905

Künstlerfeste - auch Gschnasfeste genannt - waren eine Erfindung der bildenden Künstler Wiens. Ab 1850 wurden diese Künstlerfeste von der Albrecht Dürer-Gesellschaft und ab 1861 von der Gesellschaft bildender Künstler durchgeführt. Der Begriff "Gschnas" bezeichnete vermutlich ursprünglich die bei den frühen Künstlerfesten üblichen historisierenden Kostüme und Dekorationen. Der Zweck der Feste war karitativer Natur, wobei dank der niedrigen Besteuerung meistens hohe Einnahmen erzielt wurden.

10.8

Künstlerfest, um 1875

Fotografie auf Karton, 9,9 x 14,3 (10,8 x 16,5)

Bez. Rückseite: "Photographisches Atelier und Kunst-verlag des Victor Angerer in Wien Wieden Theresianumgasse N° 4"

HM, Inv. Nr. 134.259/2

10.9

Ausflug der Künstlergenossenschaft in die Lobau, 1890

Fotografie auf Karton, 10,2 x 13,4 (10,9 x 16,5)

HM, Inv. Nr. 74.721/121

10.10

10.13

10.10
Promenadentoiletten, 1798
Kolorierter Kupferstich,
Pl.: 17,9 x 10,7, Bl.: 19,6 x 12,1
Beschr. re. o.: "Tab. III."
HM, Inv. Nr. 50.482/190

10.11
Promenadentoiletten, 1809
Kolorierter Kupferstich, 21,4 x 11,7 (beschn.)
Beschr. re. o.: "Tab. III.", re. u.: "N. J. f. F. 1809. I."
HM, Inv. Nr. 50.482/192

10.12
Gesellschafts- und Promenadentoiletten, 1836
Kolorierter Kupferstich, Pl.: 22,4 x 26,5, Bl.: 22,6 x 28,1
Beschr. Mi. u.: "Englische Moden. Zwölftes Extra-Kupfer.", re. u.: "No 35."
HM, Inv. Nr. 20.799
Abbildung im Textteil

10.13
Hauskleid, 1848
Stahlstich, 30,2 x 23,2
Bez. li. u.: "J. Hasselwander del.", re. u.: "J. Sürch sc."
Beschr. Mi. u.: " Wiener Moden. Toilette von F. Bohlinger Kohlmarkt N° 1150. Wiener Zeitschr. No 205 den 12. Oktober 1848. XXXXL"
HM, Inv. Nr. 44.982/38

10.14
Frühlingskleider, 1852
Kolorierter Kupferstich, 21,8 x 14,6
Beschr. Mi. u.: "1. Mai 1852. Beilage zur allgemeinen Musterzeitung"
HM, Inv. Nr. 20.787/5

10.15
Sommerkleider, 1854
Kolorierter Kupferstich, 21,8 x 14,5
Beschr. Mi. u. : "1. August 1854. Beilage zur allgemeinen Musterzeitung."
HM, Inv. Nr. 20.792/7

10.16
Herbstkleidung, 1860
Kolorierter Kupferstich, 29,1 x 19,1
Bez. li. u.: "Jules David", Mi. u.: "Lamoureux imp. [...]", re. u.: "Reidler [?]"
Beschr. Mi. u.: "L 'Iris. Moniteur des Modes et des Beaux arts. [...]"
HM, Inv. Nr. 84.235/1

10.17

10.19

10.17
Herrenwintermoden, 1861
Kolorierter Kupferstich und Radierung, 28,7 x 21,7
Bez. li. u.: "Weiss del.", re. u.: "Andr. Geiger sc."
Beschr. Mi. u.: "Wiener - Moden. Original - Modeblatt. Verlag Stadt, Schwertgasse N° 357. Druck v. Soukup.", re. u.: "No 11."
HM, Inv. Nr. 84.240/7

10.18
Frühjahrs- und Sommertoiletten, 1864
Kolorierte Radierung, Pl.: 20,6 x 26,4, Bl.: 20,6 x 28,4
Bez. li. u.: "Weis del.", re. u.: "Pospischil"
Beschr. li. u.: "1.ter Mai 1864", Mi. u.: "Frühjahr und Sommertoiletten. Modellen, Etablissement, Stadt, Schwertgasse N° 3.", re. u.: "No 753."
HM, Inv. Nr. 84.321/2

10.19
Promenadentoiletten, 1872
Kolorierte Lithographie, 26,7 x 19,8
Bez. re. u.: "H Gretener"
Beschr. Mi. u.: "Victoria October 1872."
HM, Inv. Nr. 84.117/5

10.20
Haus- und Visitentoilette, 1880
Kolorierte Lithographie, 37,4 x 26,6
Beschr. Mi. u.: "Berliner Modenblatt April 1880. N° 594"
HM, Inv. Nr. 52.754/14

10.21
Mode für den Rennplatz, 1888/89
Titelblatt der Zeitschrift "Wiener Mode", Nr. 16
Chromolithographie, 32,1 x 22,5
HM, Inv. Nr. 52.755/9

10.22
Balltoiletten, 1892
Titelblatt der Zeitschrift "Wiener Mode", 5. Jg., Nr. 7
Chromolithographie, 32 x 23,4
HM, Inv. Nr. 52.756/16
Abbildung im Textteil

10.23
Ball- und Gesellschaftstoilette, 1900
Titelblatt der Zeitschrift "Wiener Mode", 8. Jg., Nr. 8
Chromolithographie, 32,9 x 23,8
HM, Inv. Nr. 52.756/94

10.24
Strandkleidung, 1903
Titelblatt der Zeitschrift "Wiener Mode"
Chromolithographie, 30,8 x 23
HM, Inv. Nr. 52.757/5

10.25
Sommer- und Reisetoilette, 1905
Chromolithographie, 32,3 x 23,4
Beschr. re. o.: "Wiener Mode"
HM, Inv. Nr. 52.757/35

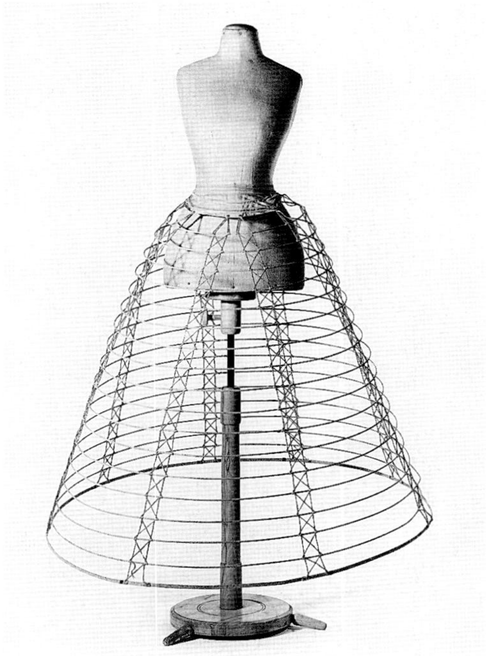

10.26

10.29

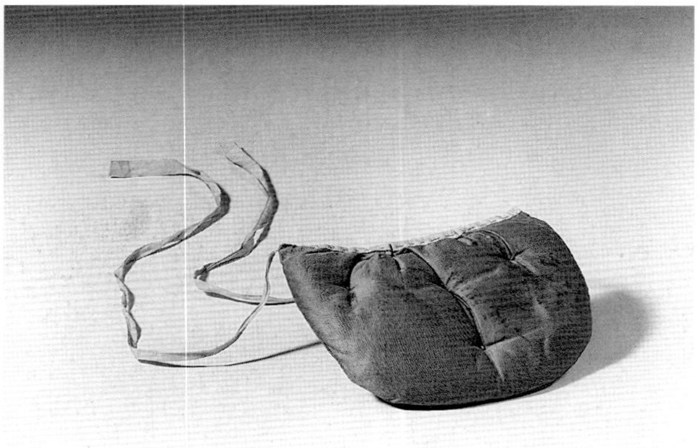

10.27

10.26
Krinoline, Mitte des 19. Jahrhunderts
Stahlreifen mit Baumwolle überzogen, verbunden mit Baumwollbändchen, Bund aus Baumwollköper, L: 96
HM, Inv. Nr. M 1.388

10.27
Cul de Paris, um 1870
Brauner Baumwollköper, wattiert, Leinen-Baumwollbänder zum Binden, H: 13, B: 18
HM, Inv. Nr. M 6.489

10.28
Tournürenunterrock, um 1874
Weiße Baumwolle, in rückwärtiger Mitte halbmondförmiges Metallgestell eingearbeitet, vordere Mitte zum Knöpfen, L: 90
HM, Inv. Nr. M 2.254
Abbildung im Textteil

10.29
Schnürbrust, Mitte des 18. Jahrhunderts
Cremefarbener Seidenbrokat mit buntem Blumenmuster, Mieder mit Fischbeinen verstärkt, im Rücken zum Schnüren, seitliche Hüftpölster, vordere Mitte Schneppe, Leinenfutter, Rl.: 44,5
HM, Inv. Nr. M 3.887

10.30
Korsett, um 1900
Graue Baumwolle, ecrufarbiger Spitzenbesatz, Haken- und Schnürverschluß, Metallmiederstäbe, T: 80, H: 37
HM, Inv. Nr. M 10.709
Abbildung im Textteil

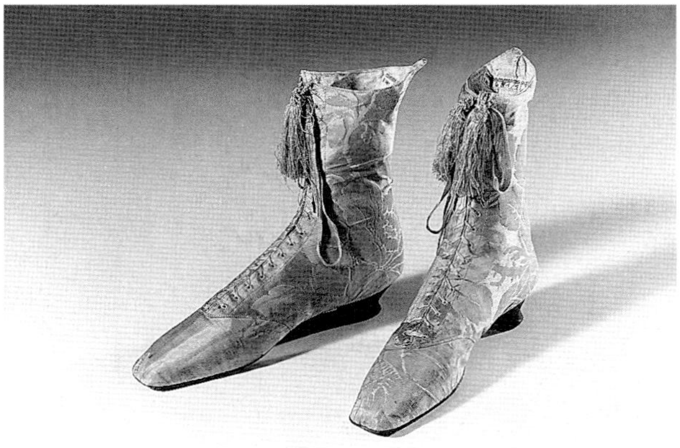

10.31

10.33

10.34

10.31
Damenstiefeletten, um 1868
Gelber Seidenbrokat, zum Schnüren, niederer Absatz, Ledersohle, Leinenfutter, verziert mit Seidenquasten, Sohlenlänge: 24,4
HM, Inv. Nr. M 2.681

10.32
Damenschuh, 1873
Schwarze Glattlederpumps mit Seidenstickerei, halbhoher geschweifter Absatz, beiges Satinfutter, Ledersohle, Sohlenlänge: 23,6
HM, Inv. Nr. M 2.653

10.33
Pumps mit Bleistiftabsätzen, um 1960
Ausführung: Domino Vienna I., Hessgasse 7
Grün gemusterter Seidenjacquard, hellbraunes Lederfutter, Ledersohle, Sohlenlänge: 26
HM, Inv. Nr. M 10.809

10.34
Sandalen mit Plateausohlen, 1974
Rosa Glattleder, seitlicher Schnallenverschluß, beiges Glattlederfutter, Ledersohle, Sohlenlänge: 21
HM, Inv. Nr. M 13.307

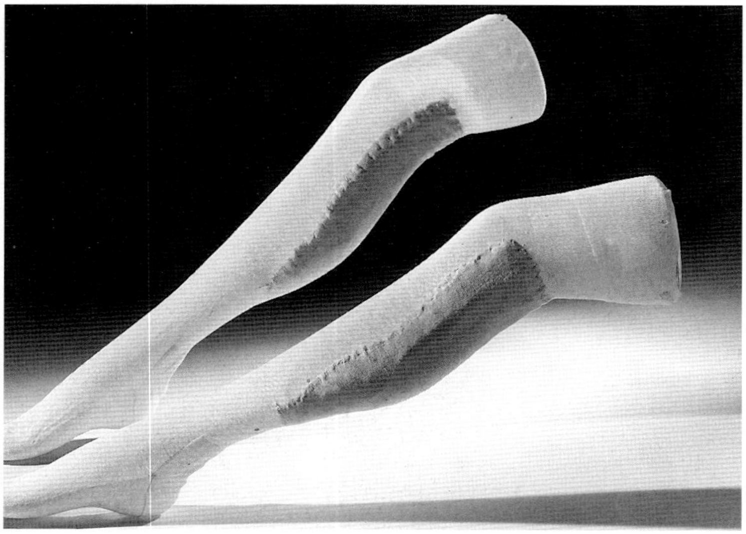

10.35

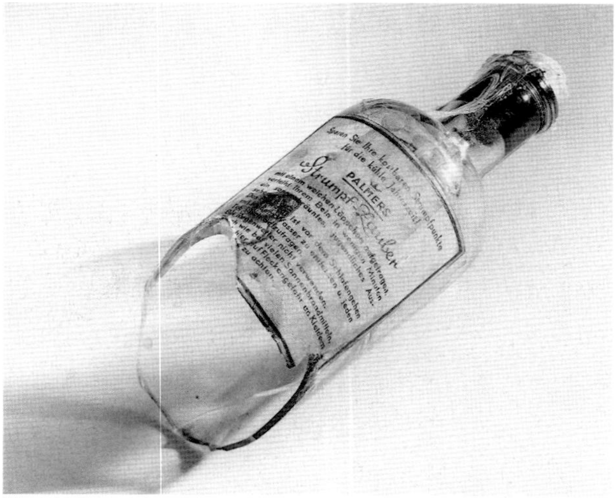

10.36

10.35

Strümpfe mit Wadenformern, 19. Jahrhundert

Ecrufarbene Baumwolle, wattiert, L: 77

HM, Inv. Nr. M 1.451

10.36

"Strumpfzauber", 1940-45

Glasfläschchen

HM, Inv. Nr. M 9.552

Der sogenannte Strumpfzauber, eine braune Flüssigkeit, wurde während des Zweiten Weltkrieges anstelle von Strümpfen auf die Haut der Beine aufgetragen. Sein Nachteil war, daß er sich bei Regen auflöste.

10.37

Fingerspitzenformer, Ende des 19. Jahrhunderts

Metallklammern in Schatulle, B: 12, H: 4, T: 5

HM, Inv. Nr. M 15.197

10.38

10.39

10.38
Haarteil, 2. Hälfte des 19. Jahrhunderts
Dunkelbraunes Lockenband, L: 27
HM, Inv. Nr. M 16.504

10.39
Falsche Wimpern, 1968
Echtes Haar, Schachtel: 10,7 x 5,4
HM, Inv. Nr. M 10.336

Porträtfotografie

Georg Diener

REQUISIT UND CHARAKTER

Bemerkungen zur Porträtfotografie im 19. Jahrhundert

"Er blätterte in den dicken, alten Alben mit Lichtbildern seiner Familie, die irgendwie zu Diotima gekommen waren, und je näher er den Anfängen dieser neuen Bildkunst zu blätterte, desto stolzer, kam ihm vor, hatten sich die Menschen ihr dargeboten. Sie setzten, wie man sah, den Fuß auf Felsblöcke aus Karton, die von Efeu aus Papier umsponnen waren; wenn sie Offiziere waren, stellten sie die Beine auseinander und den Säbel dazwischen; wenn sie Mädchen waren, legten sie die Hände in den Schoß und öffneten weit die Augen; [...] "[1] So erlebte Robert Musils "Held" Ulrich die Fotografie der sechziger Jahre des 19. Jahrhunderts. Sie steckte die Menschen in die unterschiedlichsten (Ver)Kleidungen, stellte sie in verschiedenste Umgebungen und versah sie mit den entsprechenden Accessoires.
Ganzkörperdarstellungen in bedeutungsvollen Posen dominierten. Der Staatsmann in Herrscherpose, den Blick in die Ferne schweifend, auf einen dicken Wälzer, die Bibel möglicherweise oder ein Gesetzeswerk, gestützt. Der Maler neben der Staffelei, der Dichter mit einigen Büchern - natürlich schreibend. Dann der Wissenschafter mit seinen Geräten, die Schauspielerin oder der Schauspieler in hingebungsvoller Pose und ein Bürger vor einem Vorhang, neben einem Tischchen, Säulchen, an ein Postament gelehnt ...
Es ging darum, "den Gegenstand [die dargestellte Person (Anm. d. Autors)] in eine künstlerisch schöne Beziehung zur Wirklichkeit zu setzen", "seinen Lebensverhältnissen angemessen".[2]
Standen die Fotografien der fünfziger und sechziger Jahre in einem ständischen, beruflichen oder kulturellen Zusammenhang, so werden gegen das Ende des Jahrhunderts die Kontexte zunehmend beliebiger, die den Wünschen oder Interessen der Protagonisten entsprachen - besondere Neigungen wie etwa Sport, Wandern, Natur. Alles war im Studio zu finden: Die gemalte Landschaftstapete, vielleicht mit einer Säule irgendwo, was neben der Natur auch auf kulturelle Interessen der Dargestellten verwies. Vor dieser konnte ein einsamer Wanderer ebenso wie eine Gruppe Radfahrer posieren. Ein gutes Studio hatte freilich mehrere Hintergründe zur Auswahl. Beim bekannten Wiener Fotografen Fritz Luckhardt konnte der berühmte Polarforscher Julius Payer sogar in einer gemalten Eis- und Schneelandschaft posieren. Neben diesen requisitorischen Illusionen gab es auch technische. Die bedeutendste war die Retouche. 1855 wurde sie von Franz Hanfstaengl vorgestellt[3] - nur ein Jahr, nachdem André Adolphe-Eugène Disdéri die Visitkartenfotografie hatte patentieren lassen. Unschöne Rundungen und Falten konnten solcherart aus der "Realität" entfernt werden. Die Fotografie wurde zu einer Mischung von Realität und Ideal. Darüber hinaus konnten Illustratoren korrigieren, was den Darstellungstraditionen widersprach oder Illusionen, wie etwa die eines Schneegestöbers erzeugen. Doppelbelichtungen waren eine andere technische Möglichkeit, Gespenster, Träume, Erinnerungen oder Verdoppelungen ins Bild zu bringen. Die Geliebte erschien aus dem Dunkel des Raumes oder der Offizier Carl Michael Ziehrer gab seinem Ebenbild in Zivil Feuer. Die Fotografie, das Medium der Realität schlechthin, gewann zunehmend an illusionistischem und surrealem Inhalt.
In den zwanziger Jahren dieses Jahrhunderts brauchte man nur mehr den Kopf durch ein Loch einer Kulisse zu stecken und war in fremden Ländern, modernen Flugmaschinen oder hatte einen sportlich durchtrainierten Körper. Schon in den 1860er Jahren gab es spanische Wände, die die Ecke eines Gartenhäuschens darstellten, durch welches die aufzunehmende Person her-

11.55
Scherzaufnahme
Carl Michael Ziehrer in Zivil- und Militärkleidung

aussah und sich mit jemandem unterhielt.[4]
Walter Benjamin wetterte gegen diese illusionistischen Verwendungsweisen. Gegen Bilder in "Lederschwarten mit abstoßenden Metallbeschlägen und den fingerdicken goldumrandeten Blättern, auf denen närrisch drapierte oder verschnürte Figuren – Onkel Alex und Tante Riekchen, Trudchen wie sie noch klein war, Papa im ersten Semester – verteilt waren und endlich, um die Schande voll zu machen, wir selbst: als Salontiroler, jodelnd, den Hut gegen gepinselte Firnen schwingend, oder als adretter Matrose, Standbein und Spielbein wie es sich gehört, gegen einen polierten Pfosten gelehnt. Noch erinnert die Staffage solcher Porträts mit ihren Postamenten, Balustraden und ovalen Tischchen an die Zeit, da man der langen Expositionsdauer wegen den Modellen Stützpunkte geben mußte, damit sie fixiert blieben [...] [B]ald [folgte] weiteres Beiwerk, wie es in berühmten Gemälden vorkam und darum 'künstlerisch' sein mußte. Zunächst war es die Säule und der Vorhang".[5]
Benjamin zitierte die "fähigen Männer" eines englischen Fachblattes aus den sechziger Jahren des 19. Jahrhunderts, die es schon damals erkannt hatten: "In gemalten Bildern hat die Säule einen Schein von Möglichkeit, die Art aber, wie sie in der Photographie angewendet wird, ist absurd: denn sie steht gewöhnlich auf einem Teppich. Nun wird aber jedermann überzeugt sein, daß Marmor- oder Steinsäulen nicht mit einem Teppich als Fundament aufgebaut werden."[6] Leider verstellte Benjamin mit seiner Argumentation den Charakter dieser Fotografien eher als ihn zu erhellen. Sogar von Zeitgenossen waren diese Bilder als Genrefotografie und nicht mehr als Porträtfotografie betrachtet worden. Den Unterschied zwischen Porträt und Genrefotografie stellte Otto Buehler schon 1869 fest: "Der gute Geschmack und der herrschende Geschmack des grossen Publikums"[7]. Benjamin tat damit nichts anderes, als den Kanon des guten Geschmacks der Eliten festzuschreiben. Das Porträt als Brustbild oder Kniestück vor neutralem Hintergrund – und damit vergleichsweise kontextfrei – stellte die Person weitgehend übersozial dar. "Es mag der Kopf eines Königs oder eines einfachen Arbeiters sein [...]. Es ist nur die reine Individualität: der Mensch an sich"[8], meinte Buehler. Für ihn gab es keinen Kompromiß zwischen diesen Formen: "entweder Genre oder Porträt."[9]
Zwar werden von diversen Autoren, von Otto Buehler bis Giselle Freund, diese beiden Formen bürgerlicher Repräsentation als soziale Frage angeschnitten, aber letztlich als Geschmacksfrage beantwortet. Damit bleibt offen, wie es zu dieser Differenzierung kommt.
Hans J. Scheurer kommt der Sache schon näher, wenn er den Geschmack des großen Publikums dessen Hoffnungen, Wünschen und Erwartungen zuordnet.[10]
Es ist die Menschensicht der Fotografen und des Publikums, die für die Selbstrepräsentation maßgeblich ist. Die Maßstäbe für die Porträtfotografie setzten die Pariser Fotografen der frühen fünfziger Jahre. Einige von ihnen wie Nadar, Carjat, Le Gray etc. haben mit Hilfe einer gütigen historischen Aufarbeitung das Stigma des Kommerzialismus überwunden. Damit können ihre Produkte als Kunst qualifiziert werden.[11]
Im Vergleich mit ihnen kann die unterschiedliche Menschensicht, die sich in der individualistischen und der klassenbezogenen Form der Selbstrepräsentation niedergeschlagen hat, demonstriert werden.
Die österreichischen Fotografen der vierziger Jahre haben möglicherweise ähnlich gefühlt wie ihre Pariser Kollegen. "Das war die Zeit, wo die Photographen Knebelbärte trugen und wie Maler aussahen [...]".

11.2
Atelier des Wiener Fotografen Louis Zwickl

schrieb Robert Musil.[12]
Tatsächlich waren viele Pariser Fotografen der Frühzeit Mitglieder einer Künstlerboheme, oft ehemalige Maler, die sich recht und schlecht im Kunstbetrieb durchgeschlagen hatten. Sie hatten zunächst vor allem arbeitsaufwendige, großformatige und teure Daguerreotypien hergestellt - Unikate auf poliertem Metall. Ab der Mitte der fünfziger Jahre, mit der Verbilligung des Verfahrens durch das Aufkommen einer einfachen Möglichkeit der massenhaften Vervielfältigung bei guter Qualität durch die Erfindung des Glasplattennegativs, sowie durch die Verkleinerung des Formats, erweiterte sich der Kundenkreis, veränderte sich die Klientel und damit auch der Charakter der Aufnahmen. Jene, die auf die Erwartungen des neuen Kundenkreises nicht reagierten, waren binnen kurzem ruiniert. Zunehmend waren Mitglieder des aufsteigenden Kleinbürgertums im Fotografengewerbe tätig. Die repräsentative Fotografie wurde

von nun an von Hintergrund, Vordergrund und Requisit beherrscht. Nach Wien kam die Visitkartenfotografie gegen Ende der fünfziger Jahre.[13]

Welches waren nun die Unterschiede in der Menschensicht, die diese gegensätzlichen Darstellungsformen hervorbrachten? Sowohl die Selbst- wie auch die Fremdeinschätzung der Boheme war extrem superlativisch. Negative Bezugsfigur war der Bürger.[14] Darunter verstanden ihre Mitglieder vor allem die Repräsentation einer angepaßten Lebensform.

Die Boheme teilte die Gesellschaft in zwei Klassen: Die bürgerliche und die nichtbürgerliche. Während die stereotype Selbsteinschätzung des Bürgers auf Werte wie "Ordnungsliebe, Reinlichkeit, Sparsamkeit, Arbeitsamkeit, Pünktlichkeit, wirtschaftliche Sicherheit und ehrenhafte Unabhängigkeit, guter Ruf, Verantwortlichkeit für Familie und Gemeinwesen"[15] gründete, war das Bild der Boheme von den Bürgern gespalten: Einerseits der Philister, der sich tragend und lastend in eine Hierarchie einfügte, andererseits der Bourgeois als Repräsentant von Geschäftswelt und Herrschaft der Reichen. Der Bourgeois war zugleich inferior und übermächtig, denn er schien den Markt zu beherrschen, auf dem auch die Kunst und die Künstler gezwungen waren, sich anzubieten. Das Philisterbild karikierte Klein- und Amtsbürgertum, das Bourgeoisbild das Groß- und Wirtschaftsbürgertum.[16]

Die Boheme wendete sich gegen Stabilität und erkannte objektive Normen, zugunsten freier Spontanität und der Spiritualität des Ich, nicht an. Sie nahm Partei für Innerlichkeit gegen die Äußerlichkeit der Besitz- und Konsumobjekte, stellte Gefühl gegen Vertrag und Institution, Phantasie gegen Rationalität, Utopie gegen das Gegebene und die Zweckfreiheit der Kunst gegen den politisch-wirtschaftlichen Utilitarismus.[17]

Die aus der Pariser Boheme hervorgegangenen Künstlerfotografen der kurzen Frühzeit hatten daher das Gesicht als Ausdruck des Charakters ins Zentrum gestellt. Doch die Boheme entkam nicht dem Beurteilungskriterium ihrer Zeit, daß der Mensch wäre, als was er erschiene. Doch setzte sie gegen die Äußerlichkeiten, die Stand und Beruf kennzeichneten, die Oberfläche des Gesichtes, das als gesellschaftlich abgehobene Äußerlichkeit angesehen wurde.

Physiognomik war zur Modewissenschaft der Zeit nach 1770 geworden. Johann Caspar Lavater (1741 - 1801) hatte mit seinem Buch "Physiognomische Fragmente" wesentlichen Anteil daran.[18] Auf der Grundlage der Maxime, daß innere und äußere, moralische und leibliche Schönheit einander bedingen, baute er sein Werk auf.[19]

Für Lavater bestimmte der Knochenbau die Züge des unbewegten Gesichts[20] und damit auch den Charakter. Die Boheme bediente sich in ihrer Selbstdarstellung dieses Konzeptes vielsagender Äußerlichkeiten. Doch begriff sie die Unklarheit dieses Charaktercodes, dessen Darstellung ein gestalterisches Moment verlangte - das eines Künstlers. 1856 schrieb daher Nadar: "Die Theorie der Photographie kann man in einer Stunde lernen, die Grundlagen der Praxis an einem Tag. Was man indessen nicht lernen kann, ist das Gespür für das Licht [...] Wie das Licht auf dem Gesicht liegt - dies muß man als Künstler erfassen. Man kann auch nicht lernen, wie man die Persönlichkeit des Modells erfassen soll."[21] Der Künstler ist es also, der dem Menschen - auch in der Fotografie - den Charakter ins Gesicht schreibt.

Man kann sagen, daß sich die Boheme in Abgrenzung gegen die Philister definierte, die sich in der Öffentlichkeit passiv verhielten und die Kunst als das Besondere des anderen (der Persönlichkeit des Künstlers)[22] erlebten. Der Bohemien hielt sich für diesen anderen. Das drückte sich auch in der Darstellungsweise der

11.22
Der Maler Hans Makart in inszenierter Selbstdarstellungspose

Der Maler Hans Makart: Charakterporträt, aufgenommen vom Bildhauer J. Scheidl, um 1860

Fotografen der Boheme aus. Sie setzten Charakterköpfe gegen die Anonymität der Klasse, des Berufes, des Standes. Freilich, "wer ein Charakterkopf ist, das wird gesellschaftlich konditioniert, unter anderem durch den Grad der Bekanntheit."[23]
Gegen jenes Bürgertum, das in der äußeren Erscheinung und der gesellschaftlichen Position sein Selbst darstellte, setzte die Boheme das ungeschminkte Antlitz als wesentlichsten Ausdruck der Persönlichkeit und der eigenen Position. Der Charakterkopf opponierte gegen die bürgerliche Selbstdarstellung. Die Oberfläche des Gesichts wurde so gegen gesellschaftliche Oberflächen wie ästhe-

tische Ideale, Pose, Mode, Stand, Beruf und Besitz gestellt.
Somit erwiesen sich beide Arten der Porträtfotografie als illusionistische Repräsentationen, die in unterschiedlichen Selbsteinschätzungen gründen. Keine konnte sich auf Dauer durchsetzen. Die Darstellung der Boheme (teure Unikate) mußte den Darstellungserwartungen der neuen Käuferschichten, die seit der Erfindung des Glasplattennegatives und des Visitkartenformats die Fotografie beherrschten, weichen. Die Stabilität, die diese Darstellungsform durch Kombination von Realität vermittelndem Medium Fotografie und zunehmend illusionistischen Elementen zu vermitteln suchte, konnte einer krisenanfälligen Realität nicht standhalten.[24] Die Bilder individueller Repräsentation wurden in der Folge als Zeichen (also als das, was sie waren) und nicht als Realitätsspiegelung verstanden.
Wo viele Autoren einen Verfall von Qualität sehen, liegen verschiedene Formen der Authentizität von Repräsentation vor. Die neuen Käuferschichten der verbilligten Fotografie setzten den Trend, bauten sich ins Requisit ein und sahen sich so authentisch in Zurückhaltung und Mäßigung ihres Erscheinungsbildes repräsentiert. Das entsprach einerseits der Idee vom natürlichen Charakter im 18. Jahrhundert, andererseits dem bürgerlichen Verhalten des Publikums in der Öffentlichkeit des 19. Jahrhunderts.[25]
Eine Avantgarde versuchte, der oberflächlichen Eindeutigkeit des Erscheinungsbildes und des symbolischen Kontextes zu entkommen und setzte auf die Äußerlichkeit des Gesichtes als vielsagende Hieroglyphe.

1 Robert Musil: Der Mann ohne Eigenschaften. Reinbeck 1972, S.457
2 Otto Buehler: Atelier und Apparat des Photographen. Weimar 1869, S.52
3 Beaumont Newhall: Geschichte der Fotografie. München 1989. Zur Visitkartenfotografie S.66. Zur Retouche S.72-73. Die retouchierten Bilder des deutschen Fotografen Franz Hanfstaengl erschienen so unglaublich, daß man einen Abzug mit Zyankali völlig ausbleichte, weil man nicht glauben konnte, daß er keine Tusche verwendet hätte, um den Abzug zu bemalen.
4 Otto Buehler: Atelier und Apparat des Photographen. S.56
5 Walter Benjamin: Kleine Geschichte der Photographie. S.54. In: ders.: Das Kunstwerk im Zeitalter seiner technischen Reproduzierbarkeit. Frankfurt 1988, S.45-64
6 ebenda
7 Otto Buehler: Atelier und Apparat des Photographen. S.56
8 a.a.O., S.52
9 a.a.O., S.53
10 Hans J. Scheurer: Zur Kultur und Mediengeschichte der Fotografie. Köln 1987, S.96ff
11 Anne McCauley: Of Entrepreneurs, Opportunists, and Fallen Women: Commercial Photography in Paris, 1848-1870. S.72. In: Peter Walch, Thomas Barrow (Hrsg.): Perspectives on Photography. Albuquerque 1986, S.67-98 Ähnlich kritisch zur historischen Aufarbeitung der österreichischen Fotografie des 19. Jahrhunderts äußert sich Timm Starl: Die Photographie ist eine Nothwendigkeit ... Die Atelierfotografie im 19. Jahrhundert. S.27. In: Otto Hochreiter, Timm Starl (Red.): Geschichte der Fotografie in Österreich. Bad Ischl 1983, S.26
12 Robert Musil: Der Mann ohne Eigenschaften. S.457
13 Timm Starl: Die Photographie ist eine Notwendigkeit ... S.25-52
14 Helmut Kreuzer: Die Boheme. Stuttgart 1968, S.141
15 a.a.O., S.142
16 a.a.O., S.146
17 a.a.O., S.148
18 Johann Kaspar Lavater: Physiognomische Fragmente zur Beförderung der Menschenkenntnis und Menschenliebe. Stuttgart 1984, S.377
19 a.a.O., S.381 auch bei Thomas Kleinspehn: Der flüchtige Blick. Reinbeck bei Hamburg 1991, S.79
20 Johann Kaspar Lavater: Physiognomische Fragmente zur Beförderung der Menschenkenntnis und Menschenliebe. S.382-383
21 Beaumont Newhall: Geschichte der Photographie. S.68
22 Mit dem Aufstieg der Persönlichkeit und der Passivisierung des Publikums in der Moderne beschäftigt sich die Studie Richard Sennetts: The Fall of Public Man. London, Boston 1993/1977, S.195ff
23 Hans J. Scheurer: Die Industrialisierung des Blicks. Zur Kultur und Mediengeschichte der Fotografie. Köln 1987, S.94
24 a.a.O., S.102
25 Richard Sennett: The Fall of Public Man. S.205ff

Die Porträtfotografie des 19. und beginnenden 20. Jahrhunderts bediente sich zahlreicher Kulissen und Versatzstücke, um die Dargestellten als Protagonisten einer scheinbar natürlichen Szenerie zeigen zu können.

Beliebt waren vor allem Garten- oder Parkszenen, bei denen die Porträtierten wahlweise an Eisen- oder Holzgittern, an Steinbalustraden und -sockeln und auf Treppen standen, bzw. auf kleinen Holz- oder Eisenbänken saßen und fallweise von üppigen Pflanzen- und Blumenarrangements und Blätterlauben umgeben waren. Weiters sah man sich gerne in Interieurkulissen, bei denen Innenarchitekturtapeten, Vorhänge, Eisentischchen, Säulenstümpfe und Ausblicke ins Freie den Eindruck vornehmer Lebensumstände evozierten, oder auf bestimmte Vorlieben der Dargestellten, etwa das Klavierspiel, hinwiesen. Brustbilder von Damen in Muff und Pelz oder Regencape und Schirm im - nachträglich retouchierten - Schneegestöber oder Gewitterschauer ließen Wetterillusionen entstehen.

11.1

11.1
Atelier des Fotografen Rudolf Lechner, Wien I., Graben 31
Fotoreproduktion nach: Druck, 10 x 12,2
Beschr. Mi. u.: "Lechner's photographisches Atelier."
HM, Inv. Nr. 51.120/7

11.2
Atelier des Fotografen Louis Zwickl, Wien I., Kohlmarkt 5
Fotoreproduktion
Wien, Österreichische Nationalbibliothek, Bildarchiv, 122.666/B/Cr P+B
Abbildung im Textteil

11.3

11.4

11.3
Friedrich Allmayer und Therese Freiin Beck vor Architekturkulisse
Atelier L. & V. Angerer, Wien
Fotografie auf Karton, 13,3 x 10,3 (16,2 x 10,9)
HM, Inv. Nr. 94.017/11

11.4
Peter Altenberg vor Kulisse mit alpiner Landschaft, um 1910
Fotografie, 17,4 x 11,9
HM, Inv. Nr. 104.231/4

11.5
Anton Amon vor Kulisse mit Fenster
Atelier M. Müller jun., Wien
Fotografie auf Karton, 15,1 x 9,7 (17 x 11,1)
HM, Inv. Nr. 94.074/7

11.6
Irma Amon mit Eisengitter vor Kulisse mit winterlichem Garten
Atelier Cabinet Portrait
Fotografie auf Karton, 14,8 x 10,3 (16,4 x 10,7)
HM, Inv. Nr. 94.076/54

11.7
Der Sekretär des Wiener Eislaufvereines Franz Biberhofer als Eisläufer in illusionistischer Winterlandschaft
Atelier Krziwanek, Wien, Bad Ischl
Fotoreproduktion nach: Fotografie auf Karton
15,2 x 10,4 (17,1 x 11,4)
HM, Inv. Nr. 54.838

11.8
Carl Costenoble mit zwei Hunden vor Holzgitter sitzend
Atelier N. Stockmann & F. Knozer, Wien
Fotografie auf Karton, 15,3 x 10,1 (16,4 x 11,2)
HM, Inv. Nr. 103.467/1

11.9
Elise Dittrich an einem Eisentischchen vor Architekturkulisse stehend
Atelier Cabinet Portrait
Fotografie auf Karton, 13,8 x 10,4 (16,6 x 11,2)
HM, Inv. Nr. 158.228

11.10
Josephine Gallmeyer mit Schirm und Hündchen vor Gartenkulisse mit Steintreppe stehend
Atelier Gustav Rau, Cannstatt
Fotografie auf Karton, 15,6 x 10 (16,4 x 10,5)
HM, Doubl. Nr. 1887/8

11.11

11.11
Anna Geisler an einer Steinbrüstung vor einer Gartenkulisse stehend
Atelier M. Müller jun., Wien
Fotografie auf Karton, 14,9 x 9,9 (16,9 x 11)
HM, Inv. Nr. 78.807/24

11.12
Catharina Gilbert an einem Geländer vor Gartenkulisse stehend
Atelier Fritz Luckhardt, Wien
Fotoreproduktion nach: Fotografie auf Karton, 18,8 x 9,2 (20,6 x 9,9)
HM, Inv. Nr. 56.060/155

11.13
Oskar Gimnig vor Eisengitter und Steinbalustrade stehend
Atelier Krziwanek, Wien
Fotografie auf Karton, 19,8 x 13,1 (21,3 x 13,8)
HM, Inv. Nr. 102.265/2

11.14
Gabi Grosz auf einem mit Blumen dekorierten "Thron" sitzend
Fotoreproduktion nach: Fotografie, 20,9 x 11,3
HM, Inv. Nr. 133.188/9

11.15
Fräulein Hahn in Weinblattlaube
Atelier Krziwanek, Wien, Bad Ischl
Fotografie auf Karton, 14,8 x 10,4 (16,2 x 11)
HM, Inv. Nr. 72.732/48

11.16
Else Hutterstrasser vor dem Operettenplakat "Wiener Blut"
Atelier Th. Jelinek, Wien
Fotografie auf Karton, 14,5 x 10 (16,4 x 10,8)
HM, Inv. Nr. 70.549/71

11.17
Carry Jagodic mit Pelzmuff in Schneegestöber
Atelier Mosinger, Agram
Fotografie auf Karton, 18,7 x 10,7 (19,3 x 10,9)
HM, Inv. Nr. 90.768/45

11.18
Herr Kästner mit Frau Wilhelmine als Brautpaar
Atelier Tschopp, Wien
Fotoreproduktion nach: Fotografie auf Karton, 13,9 x 10,5 (16,4 x 11,2)
HM, Inv. Nr. 46.983/2

11.19
B. B. Katzau mit Hündchen vor Gartenkulisse stehend
Atelier Kuntzemüller, Baden Baden
Fotoreproduktion nach: Fotografie auf Karton, 14,1 x 10,1 (16,6 x 10,8)
HM, Inv. Nr. 76.622/64

11.20
Töchter der Familie Köchert auf Baumstumpf bzw. Fensterbrüstung sitzend
Druck nach einer Fotografie, 17,6 x 13,1
HM, Inv. Nr. 44.048

11.21
Carl La Roche vor Interieurkulisse sitzend
Atelier Dr. Székely & C°, Wien
Fotografie auf Karton, 14,1 x 10,2 (16,4 x 10,7)
HM, Inv. Nr. 77.546/18

11.22
Hans Makart in Renaissancekostüm auf einem Pferd
Atelier Victor Angerer, Wien
Fotografie auf Karton, 15,2 x 9,9 (16,4 x 10,8)
HM, Inv. Nr. 132.401/1
Abbildung im Textteil

11.23
Frau Mayer vor Landschaftskulisse stehend
Atelier Wasserbauer, Wien
Fotografie auf Karton, 13,5 x 9,7 (16,2 x 10,7)
HM, Inv. Nr. 53.411

11.24
Fanny Mellin vor Holzgitter und Gartenkulisse stehend
Atelier N. Stockmann, Wien, Bad Ischl
Fotografie auf Karton, 14,2 x 10,1 (16,5 x 11,4)
HM, Inv. Nr. 76.566/167

11.25
Hermine Meyerhoff mit Schirmchen vor Meereskulisse
Atelier Julius Gertinger, Wien
Fotografie auf Karton, 13,8 x 10,2 (16,5 x 11,1)
HM, Inv. Nr. 73.315/168

11.26
Familie Moser vor einer Landschaftskulisse
Fotografie auf Karton, 16,4 x 13,1 (17 x 14)
HM, Inv. Nr. 77.327/23

11.27
Hansi Sarno-Niese mit Sepperl und Hanserl aus einem Fenster schauend
Fotoreproduktion, 17,8 x 12
HM, Inv. Nr. 133.441

11.28.1-2
Der Polarforscher Julius Payer in illusionistischer arktischer Landschaft, um 1895
Atelier Fritz Luckhardt, Wien
Zwei Fotoreproduktionen nach: Fotografien auf Karton, 9,2 x 5,8 (10,5 x 6,2), bzw. 9,2 x 5,8 (10,3 x 6,4)
HM, Inv. Nr. 72.969/28, bzw. Dep. Nr.13.235/319

11.29
Gräfin Elisabeth Potocka auf einem Pferd vor einer Landschaftskulisse
Fotoreproduktion nach: Fotografie auf Karton, 19,1 x 12,5 (19,9 x 13,1)
HM, Inv. Nr. 71.821/14

11.30
Carl Reimers auf einem Baumstumpf in einer Naturkulisse sitzend
Atelier Krziwanek, Wien, Bad Ischl
Fotografie auf Karton, 15,4 x 10,6 (16,7 x 11,3)
HM, Inv. Nr. 53.445

11.31
Margot Roger mit Muff im Schneegestöber
Atelier Krziwanek, Wien, Bad Ischl
Fotografie auf Karton, 14,4 x 10,4 (17 x 11,5)
HM, Inv. Nr. 53.528

11.32
Peter Rosegger vor Hochgebirgskulisse stehend
Fotografie, 13,7 x 8,8
HM, Inv. Nr. 188.554/80

11.33
Annie und Edina Sacher vor Steinbrüstung und Gartenkulisse
Atelier Julius Gertinger, Wien
Fotografie auf Karton, 14,4 x 10 (16,8 x 10,9)
HM, Inv. Nr. 103.200/5

11.34
Blanka Sammaruga mit Hund an einem Sockel sitzend
Atelier Dr. Skékely
Fotografie auf Karton, 14,9 x 10,4 (16,4 x 10,8)
HM, Inv. Nr. 133.423/3

11.35
Herr Schallnas im Wanderkostüm vor Berghütten- und Bergkulisse stehend
Atelier Strauss & Co, Wien
Fotografie auf Karton, 14,6 x 10,2 (16,5 x 10,5)
HM, Inv. Nr. 75.133/45

11.36

11.38

11.36
Franz Schilling als Eisläufer in einer Winterlandschaft
Atelier Anton Schistal, Wien
Fotografie auf Karton, 14,5 x 10 (16,5 x 10,4)
HM, Inv. Nr. 73.495

11.37
Antonie Schläger mit Schirmchen hinter einem Holzgitter stehend
Atelier M. Müller jun., Wien
Fotografie auf Karton, 15 x 9,7 (17 x 11,2)
HM, Inv. Nr. 71.643/25

11.38
Wenzel Seidl an einer Steinbrüstung vor Waldkulisse
Atelier M. Müller jun., Wien
Fotografie auf Karton, 14,3 x 9,9 (16,4 x 11,1)
HM, Inv. Nr. 67.958/26

11.39
Frau Seidl, sich in einem Spiegel betrachtend
Atelier S. Fleck, Wien
Fotografie auf Karton, 19,5 x 12,3 (21,7 x 13,1)
HM, Inv. Nr. 67.958/8

11.40

11.47

11.40

Ludwig Seiler und Ilma Seiler-Willborn auf einem Tandem vor einer Landschaftskulisse

Atelier Johann E. Hahny, Wien, Bad Vöslau
Fotografie auf Karton, 12,7 x 18,7
(13,5 x 21,2)
HM, Inv. Nr. 57.435/7

11.41

Graf Leonhard Starzensky im Jagdkostüm in Naturkulisse stehend

Atelier D. A. Karastoyanov, Sofia
Fotografie auf Karton, 13,8 x 9,7 (16,3 x 10,9)
HM, Inv. Nr. 71.821/8

11.42

Bertha Stein auf einer Treppe mit Eisengeländer

Atelier Louis Zwickl, Wien
Fotoreproduktion nach: Fotografie auf Karton, 15,1 x 10
(17,4 x 11,1)
HM, Inv. Nr. 108.310/24

11.43

Anna Steinling im Wanderkostüm vor Holzgitter und Gartenkulisse

Atelier F. Sargajolli, Bozen
Fotografie auf Karton, 14,5 x 10,2 (16,1 x 10,7)
HM, Inv. Nr. 90.474/2

11.44

Lina Stork auf einer Treppe vor Gartenkulisse stehend

Atelier Victor Angerer, Wien
Fotografie auf Karton, 19,1 x 9,4 (20,5 x 10)
HM, Inv. Nr. 71.641/7

11.45

Mathias Täncer auf einer Holzbank vor Waldkulisse sitzend

Atelier Ernst Pflanz, Marienbad
Fotografie auf Karton, 10,1 x 14,5 (10,5 x 16,4)
HM, Inv. Nr. 53.473

11.46

Johanna von Thelen mit Schirm und Hut an einem Eisengitter stehend

Atelier Blass & Brand, Chemnitz
Fotografie auf Karton, 19,8 x 12,9 (21,9 x 13,5)
HM, Inv. Nr. 76.566/267

11.47

Fery und Mary Vetsera in einer Gartenkulisse sitzend

Atelier K. Jagerspacher, Gmunden
Fotografie auf Karton, 13 x 9,9
(16 x 11,2)
HM, Inv. Nr. 94.017/2

11.62

11.48
Gräfin Vrints neben Säule und Vorhang stehend
Atelier J. Löwy
Fotografie auf Karton, 13,6 x 10 (16,3 x 10,8)
HM, Inv. Nr. 133,186/5

11.49
Frau Wessely mit Ihrer Tochter B. Petraschek und dem Enkel Carlo in Interieurkulisse mit Ausblick in einen Garten
Fotoreproduktion nach: Fotografie auf Karton, 14,7 x 10,5 (15,2 x 11,2)
HM, Inv. Nr. 132.504

11.50
Etelka Worisek auf Steinbrüstung sitzend
Atelier T. Alexander Fink
Fotografie auf Karton, 9,6 x 5,9 (10,4 x 6,7)
HM

11.51
Charlotte Wolter mit ihrer Nichte in einer Landhauskulisse
Atelier Székely, Wien
Fotografie auf Karton, 19 x 12,7 (21,8 x 13,5)
HM, Inv. Nr. 43.200/1

11.52
Georg Zachariades in Militärkostüm an einem Eisentischchen vor Waldkulisse stehend
Atelier M. Schwarz, Bukarest
Fotografie auf Karton, 13,5 x 9,8 (16,5 x 11,2)
HM, Inv. Nr. 73.487/2

11.53
Josefine Zampa mit Schirm und Hütchen vor Gewitterkulisse
Atelier Krziwanek, Wien, Bad Ischl
Fotografie auf Karton, 14,3 x 9,9 (16,7 x 11,2)
HM, Inv. Nr. 90.768/96

11.54
Marianne Ziehrer mit Fächer neben einem Stuhl in Interieurkulisse
Atelier Wilhelm Neuss, Wien, Bad Ischl
Fotografie auf Karton, 18,8 x 12,6 (21,3 x 13,7)
HM, Inv. Nr. 49.786/449

11.55
Scherzaufnahme: Carl Michael Ziehrer in Zivil- und Militärkleidung
Druck nach einer Fotografie, 14,4 x 9,3
HM, Inv. Nr. 72.814/9
Abbildung im Textteil

11.63

11.56
Unbekannte in Wanderkleidung vor Kulisse mit alpiner Szenerie
Atelier Emil Orb, Wien
Fotoreproduktion nach: Fotografie auf Karton, 9 x 6 (10,4 x 6,2)
HM, Inv. Nr. 76.529/86

11.57
Mädchen in Wanderkleidung vor Kulisse mit alpiner Szenerie
Atelier Emil Orb, Wien
Fotoreproduktion nach: Fotografie auf Karton, 8,2 x 6 (1,5 x 6,3)
HM, Inv. Nr. 76.529/81

11.58
Junger Mann in Wanderkostüm vor einem Holzgitter stehend
Atelier M. Moser, Bad Aussee
Fotografie auf Karton, 14 x 9,9 (16,4 x 11)
HM, Inv. Nr. 76.235/84

11.59
Knabe in Folklorekostüm vor Holzbank und Fensterkulisse stehend
Atelier J. Alexander Fink, Pressburg
Kolorierte Fotografie auf Karton, 14,4 x 10,1 (16,8 x 11)
HM, Inv. Nr. 48.310/79

11.60
Fritz Werner mit Frau im Fenster einer "Almhütte", einer begehbaren Kulisse im Atelier des Ischler Fotografen Karl Römer, um 1920/30
Fotoreproduktion
Bad Ischl, Photomuseum des Landes Oberösterreich

11.61
Zwei Männer in einem "Automobil", einer Kulisse im Garten des Ischler Fotografen Karl Römer, um 1920/30
Fotoreproduktion
Bad Ischl, Photomuseum des Landes Oberösterreich

11.62
Zwei Männer in einem "Flugzeug", einer Kulisse im Atelier des Ischler Fotografen Karl Römer, um 1920/30
Fotoreproduktion
Bad Ischl, Photomuseum des Landes Oberösterreich

11.63
Drei Knaben in der "Flugzeug"-Kulisse im Atelier des Ischler Fotografen Karl Römer, um 1920/30
Fotoreproduktion
Bad Ischl, Photomuseum des Landes Oberösterreich

Feuerwerke und Illuminationen

6.15
Diorama von Konstantinopel bei Tag, um 1840

6.15
Diorama von Konstantinopel bei Nacht mit Feuerwerk, um 1840

Walter Öhlinger

"EIN MEER VON LICHT STRAHLE AUS DIESER STADT"

Feuerwerke und Illuminationen in Wien

Von den grandiosen Feuerwerksschauspielen im Dienste der barocken Herrscherverherrlichung über den Einbau der friedlichen Pyrotechnik in die Schießübungen der bürgerlichen Artilleristen bis zu den Praterfeuerwerken der Dynastie Stuwer reicht die Geschichte der Feuerwerkskunst in Wien. Gemeinsam war diesen Darbietungen - und das unterscheidet sie von heutigen Feuerwerken - ihre dramatische Struktur, ihr szenischer Charakter: Die explodierenden Raketen, die entzündeten Feuer, vor allem aber die erleuchteten Gerüste und Bilder erzählten Geschichten. Sie rühmten die alten Götter und mit ihnen die Herrscher der Gegenwart, sie wiederholten die glorreichen Siege der Christen gegen die Türken oder nahmen sich die neuesten Theatererfolge zum Vorbild. Und weil diese flüchtigen Zeichen am Himmel einen Text bildeten, der gelesen und verstanden werden wollte, waren sie von gedrucktem Material begleitet: Plakate, Programme, bildliche Darstellungen erklärten und interpretierten das Gebotene. In der Summe sind uns diese schriftlichen Zeugnisse in einem Umfang überliefert, der uns paradoxerweise über die nur für wenige Augenblicke erlebbaren, nicht reproduzierbaren Illusionen der Feuerwerkskünstler mehr wissen läßt, als über vieles andere jener Zeiten.

"Von Himmeln Ent-Zindete Frolokhungs Flammen" ist der Bericht über das Feuerwerk, das 1666 in Wien zur kaiserlichen Hochzeit abgebrannt wurde[1], betitelt. Die Vermählung Kaiser Leopold I. mit der spanischen Infantin Margaretha Theresia war eine der größten Feiern des Barock: Vom 5. Dezember 1666, an dem die Braut in Wien eintraf, bis weit in das folgende Jahr hinein reihten sich musikalisch-theatralische Schauspiele und liturgische Feste, Tanzfeste und Empfänge, Schlittenfahrten und Jagden aneinander. Erst mit der Aufführung der verspätet fertiggestellten Festoper "Il pomo d'oro" zum Geburtstag der Kaiserin am 13. und 14. Juli 1668 fanden die Festivitäten einen Abschluß. Unerreichtes Vorbild dieses Festes war das Versailles Ludwig XIV. Anhand der Residenz des Sonnenkönigs läßt sich heute noch die Intention dieser barocken Inszenierungen erkennen: Die Architektur der Paläste und Gärten sollte ebenso wie die bis ins letzte Detail durchkomponierte Orchestrierung der Feste, deren Kulisse sie bildete, als Gesamtkunstwerk die Ordnung der Gesellschaft widerspiegeln. Eine Ordnung, in der der omnipotente Herrscher die Ausübung seiner Macht als Erfüllung einer Rolle definierte: Als "Sonne", das heißt als Zentrum und Bedingung des Lebens, wie der "Roi Soleil", als Teil einer von Gott mit universalem Herrschaftsanspruch begnadeten Dynastie, wie Kaiser Leopold.

So steht am Beginn des Feuerwerks, das die Hochzeitsfeiern am 8. Dezember 1666 eröffnete, die Beschwörung des Gottesgnadentums des Kaisers: Um die göttliche Freude über die Heirat anzuzeigen, eilt der Götterbote Merkur mit der Hochzeitsfackel zum Bräutigam. Dieser entzündet sie von einem Fenster der Hofburg aus, worauf fünfhundert aufsteigende Raketen unter dem Klang von Trompeten, Posaunen und Pauken, vom Krachen zahlloser Kanonenschüsse begleitet, dem Himmel die Freude der Erde übermitteln. Die mit dem Fortbestand der Dynastie verbundenen Friedenshoffnungen, aber auch die kluge Hauspolitik an Stelle von Eroberungskriegen, thematisiert die nächste Szene: Zur Linken wird der zwanzig Meter hoch aufgebaute Berg Aetna entzündet, in ihm sieht man Vulkan und Zyklopen Schwerter schmieden. Doch der herbeifliegende Amor zerbricht sie und schmiedet an ihrer Stelle den Vermählungsring, um

Die drei Akte des Feuerwerks zur kaiserlichen Hochzeit 1666 in Zusammenschau

mit ihm himmelwärts zu entschweben. Daraufhin entflammt zur Rechten der Berg Parnaß, wo die Musen den Liebesgott preisen. Und wieder begleitet der Klang von Trompeten und Pauken die Raketen, die aus beiden Bergen zum Himmel steigen.

Die enge familiäre Verbindung der spanischen mit der österreichischen Linie des Herrscherhauses, die Grundlage eines transterritorialen, auch die Länder der Neuen Welt umfassenden Herrschaftsanspruches ist, feiert der zweite Akt: Hymen, der Ehegott, entzündet die beiden, auf zwei Portalen montierten Herzen, die die Buchstaben L (Leopoldus) und M (Margaretha) tragen. Aus dem Aetna stürzen Centauren mit brennenden Keulen hervor, als Halbmenschen den unzivilisierten Wilden gleich, die die überseeischen Gebiete bevölkern. Sie werden aber von Herkules in die Flucht geschlagen. Und wieder steigen hunderte Raketen empor - diesmal aus zwei Kastellen mit den Buchstaben VH (Vivat Hispania) und VA (Vivat Austria), die die beiden Linien des Hauses als Zentren einer Ellipse symbolisieren. Das Krachen der Raketen wird von hundert Böllerschüssen begleitet, während im Hintergrund das Monogramm VLVM (Vivat Leopoldus, Vivat Margaretha) aufleuchtet.

Schließlich wird im dritten Akt der Bund zwischen Kaiser und Volk erneuert: Im Gott Hymen gewidmeten Tempel, der den Hintergrund der als Bühne dienenden Bastei bildet, entzündet ein von Jupiter gesandter Adler das Feuer. Ihm folgt über der Kuppel des Tempels der brennende, "aus Liebe zu den Seinigen sich selbst verzehrende" Vogel Phoenix. Die beiden Feuer, das Licht der Treue des Volkes zu seinem Herrscher und das der "brennenden" Liebe des Souveräns zu seinem Volk, bestätigen sich gleichermaßen gegenseitig. Und nun findet das Schauspiel seinen Abschluß und Höhepunkt mit einer vermutlich bis heute unübertroffenen Konzentration pyrotechnischer Explosionen: Aus allen Säulen des Tempels, aus den Statuen und den Pyramiden, die seine Dächer schmücken, zischen 73.000 Raketen hervor, dreihundert weitere lassen die Habsburgische Weltformel A.E.I.O.U. am Firmament aufleuchten, dazu krachen unzählige Böller, Granaten, Musketen und Kanonen, bis 30 Kartaunenschüsse das Schauspiel beschließen.

Dieses Feuerwerksschauspiel war das größte, aber bei weitem nicht das einzige, das man in Wien in der an kirchlichen und weltlichen Inszenierungen so reichen Zeit des Barocks bestaunen konnte. So wurde bei der zweiten Hochzeit Leopolds 1673 die Feuerwerkspantomime "Der Irrgarten Daedali" gezeigt; nachdem auch seine zweite Gemahlin bald nach der Hochzeit starb, gab die dritte Vermählung Leopolds Gelegenheit, "Des Prometheus Fackel" als Feuerwerk zu präsentieren. Man war bereit, für die flüchtigen Schauspiele der Pyrotechniker einen ungeheuren Aufwand an Zeit, Geld und Arbeit aufzubieten. Die berühmtesten Architekten ihrer Zeit entwarfen Scheinarchitekturen aus vergänglichem Material, als Kulissen für Theater, Oper und Feuerwerk ebenso wie als Triumphpforten oder als Trauergerüste, wie man sie nach dem Tod des Herrschers in den Wiener Kirchen aufstellte. 1710 holte Leopold die Architektenfamilie Galli-Bibiena als "Theatralarchitekten" an den Wiener Hof. Sie gehörten zu jenen italienischen Universalkünstlern, deren Art, Feste - auch Feuerwerke - zu dekorieren und zu inszenieren, sich in Paris, aber auch in Deutschland bald durchgesetzt hatte. Wobei auch im oben beschriebenen Feuerwerk von 1666 noch typisch deutsche Feuerwerkstraditionen sichtbar sind: Im Handgemenge der Centauren mit Herkules

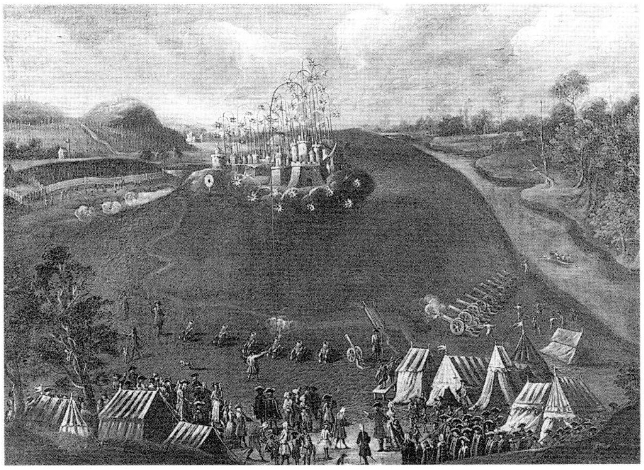

12.12
Artillerieschießübungen mit Feuerwerk in der Spittelau, 1732

wird die Vorliebe der deutschen Feuerwerker für Kampfszenen aufgegriffen und die beiden Kastelle erinnern an die älteste Form des deutschen Feuerwerks, das "Feuerwerksschloß": Dabei wurde ein Festungsturm in den Mittelpunkt gerückt, und das Feuerwerk als Schlacht um diese Festung inszeniert.

"Es ergetzet und verletzet"
lautet der Titel eines Stichs aus dem Jahre 1670, der die Darstellung eines Artillerieeinsatzes neben die eines Feuerwerks stellt und damit auf die zwei Seiten der Pyrotechnik hinweist. Ein Zusammenhang, der die Feuerwerkskunst Europas seit ihren Anfängen begleitet: Nicht nur, daß das erste Zeugnis eines Feuerwerksschauspiels aus demselben Jahr - 1379 - stammt, aus dem uns auch der erste militärische Einsatz von Raketen überliefert ist, stets behandelten die frühen Handbücher der Pyrotechniker aus dem 15. und 16. Jahrhundert sowohl die friedliche als auch die kriegerische Seite.[2] Und bei der Wahl der Themen für die Feuerwerke lag die Nachahmung einer Schlacht natürlich nahe, konnten doch so die Bomben und Raketen im Schauspiel jene Rolle einnehmen, die ihnen im militärischen Einsatz zukam.

Auch in der Wiener Feuerwerkstradition gibt es die Verbindung beider Seiten: Die "Lust- und Ernstfeuerwerke" des 17. und 18. Jahrhunderts waren eine Verbindung von militärischer Übung und unterhaltsamem Schauspiel. Als im Dreißigjährigen Krieg die Schweden bis knapp vor Wien vorstießen, ließ die Stadt fünf Bürger bei der kaiserlichen Stadtguardia im Geschützrichten unterweisen. Während der Türkenbelagerung von 1683 gab es bereits 100 Büchsenmeister und 12 Feuerwerker, die im Rahmen der städtischen Bürgerwehr eine Artillerie-Kompanie formierten. Sie wurden vom städtischen Zeugwart in seiner Funktion als "Stückmeister" (nach "Stück", einem alten Wort für Geschütz) ausgebildet. In den Jahren nach 1683 rüstete die Stadt ihre wehrhaften Bürger neu aus: Die Verluste an Geschützen deckte man durch Beutestücke aus dem Spanischen Erbfolgekrieg, später auch durch die Produktion eines 1738 errichteten Gußhauses.[3] Für die Kompagnie der Artilleristen, die während der Belagerung große Verluste erlitten hatte, wurden zwölf neue Feuerwerker und fünfzig Büchsenmeister rekrutiert, die zur Jahresfeier der Entsatzschlacht vom 12. bis 16. September 1684 bei einem großen Preisschießen in der Spittelau eine Probe ihres Könnens gaben. Dieses Ereignis, das natürlich zahlreiche Schaulustige anlockte, wurde wiederholt und bald zur alljährlichen Einrichtung.

Für diese Schießübungen errichtete man immer aufwendigere Scheinarchitekturen. 1732 wurde bei der größten Inszenierung dieser Art ein von Antonio Galli-Bibiena entworfenes, 11 Meter hohes, 22 Meter langes und 30 Meter tiefes "Barbarisches Raub-Nest, Castell oder Festung" in Brand geschossen: "Diese Festung war zugleich mit Sturmfässern, Schlägen, Hand- und Haubitzgranaten, beiderseits mit Sturmkränzen, Sturmlanzen, wie auch Wurfkollen, dann vorwärts mit Raketen, links und rechts aber unter der Erde mit sehr großen Minenfässern, dann in der Mitte mit einem Erdwurf versetzet. Da nun diese so zahlreiche Versetzung ihre Wirkung machte, verursachten die so vielen Granaten und Mordschläge ein heftiges Feuer und Krachen [...] daß der ganze Probplatz erschütterte. [...] Da nun die Festung ganz in Grund geschossen war, nahm das Lustfeuerwerk seinen Anfang, und zwar mit einer Girandola von 250 Raketen, welcher verschiedene andere Stücke folgten.[...]

Stuwers Gerüst auf der Feuerwerkswiese im Prater

Bey der Zurückkehr des allerhöchsten Hofes, welcher seine vollkommene Zufriedenheit dadurch bezeiget, daß er den Herrn Burgermeister, die anwesenden Rathsherren, den Stuckhauptmann, und die Feuerwerker zum Handkuß gelassen, wurden, wie bey der Ankunft die Stücke gelöset. Während der Feuerwerksprobe haben sich 2 Chöre Trompeten und Pauken, wie auch die Feldmusik hören lassen. Auch ist dieses Feuerwerk unter vielen 1000 Menschen glücklich abgelaufen, und von jedermann gerühmet worden."[4]

Die Entwicklung der militärischen Schießübungen der Wiener Bürger zu großen barocken Inszenierungen unter Einbeziehung der Architektur und der friedlichen Pyrotechnik war vor allem das Werk des städtischen Zeugwartes Anton Ospel. Er ist uns heute nicht so sehr in dieser Funktion ein Begriff, sondern als Architekt vor allem des Bürgerlichen Zeughauses am Platz Am Hof. Der 1677 in Vorarlberg geborene Ospel hatte im Gefolge des späteren Kaisers Karl VI. in Spanien Kenntnisse über Artilleriewesen und Festungsbau erworben, die ihn dazu befähigten, neben seiner regen Bautätigkeit ab 1722 die Stelle als Zeugwart mit der damit verbundenen Aufgabe der Ausbildung der Bürgerartillerie auszuüben. Seine guten Leistungen dabei trugen ihm 1735 den vom Hofkriegsrat verliehenen Titel "stuckhaubtmann" ein.[5] Mit einer "Feuerwerks-Prob", für die er ein "Algerisches Raub-Schiff" errichten ließ, gab Anton Ospel 1722 seine erste Probe in der Inszenierung einer öffentlichen Artillerieschießübung.

"Etwas Besonderes auf dem neuen Platze"

So kündigte Johann Georg Stuwer 1777 das erste Feuerwerk auf der Feuerwerkswiese im Prater in der Gegend der heutigen Stuwerstraße an.[6] Ein knappes Jahrhundert lang bildete diese Wiese mehrmals jährlich den Schauplatz großartiger Feuerwerke, auf die hinzuweisen kein zeitgenössischer Reiseführer versäumte. Der aus der Gegend von Ingolstadt stammende Stuwer hatte 1773 erstmals seine Künste in Wien gezeigt und war damit zum Konkurrenten Peter Paul Girandolinis geworden, der seit Ende der sechziger Jahre zunächst am Tabor und im Augarten, dann auch im Prater seine Feuerwerke abbrannte. Zwischen Stuwer und Girandolini, später zwischen Stuwer und dem Grazer Joseph Mellina, entbrannte ein erbitterter Wettstreit um die Gunst des Publikums, aus dem Stuwer als Sieger hervorging. Nun waren die Zuseher nicht mehr Statisten eines legitimatorischen Rituals oder Zaungäste einer militärischen Übung, sondern umworbenes Publikum, dessen Schaulust in bare Münze verwandelt werden sollte: 1 fl. 40 kr. mußte man 1775 zahlen, wollte man den Darbietungen Stuwers auf der "noblen Galerie" folgen, 1 fl. kostete der Eintritt auf die zweite Galerie, 20 kr. auf die dritte. Ab 1782 waren Stuwer und seine Nachkommen die alleinigen Herren der Feuerwerkswiese, wo das etwa 50 Meter hohe und 125 Meter breite Gerüst für die Hauptdekoration der wechselnden Feuerwerksdarbietungen permanent aufgestellt blieb.

Dieses große Gerüst und kleinere, für den Tag des Feuerwerks daneben aufgestellte "Fronten" trugen die Feuerwerkskörper und die Dekorationen: Mit feuerfester Lösung bestrichene, mit Lichtern bestückte Holzfiguren, vor allem aber bemalte Leinwände, die von hinten durch bengalische Feuer beleuchtet wurden. Giuseppe Galli-Bibiena hatte bereits zur Zeit Maria Theresias, anläßlich eines Feuerwerks zur Feier des Namenstages der Kaiserin, ein "Triumph-Gebäude" mit durchsichtigen Gemälden geschmückt. Stuwer machte solche mit

Lasurfarben auf ein mit verdünnter Schwefelsäure behandeltes Pergamentpapier gemalte Bilder zum Hauptbestandteil seiner Inszenierungen. Durch die Lichter an der Rückseite wurden die Zeichnungen auf der riesigen Leinwand des Hauptgerüstes wie auf einem Breitwandkino sichtbar. Das Abbrennen jeder "Front" und schließlich das Erleuchten des Hauptgerüstes entsprach einem Akt des Feuerwerksschauspiels: "In Wien sind unsere Feuerwerke schon Komödien geworden. Man teilt sie in Akte ein."[7], kommentierte die "Realzeitung" 1776 ein Stuwersches Feuerwerk.

Nicht nur der dramaturgische Ablauf erinnerte an das Theater. Dominierten in den ersten Jahrzehnten neben Schlachtenbildern (in denen die aktuellen Ereignisse des Türkenkriegs Josef II. pyrotechnisch verwertet wurden) vor allem mythologische und antike Stoffe, nahm sich Stuwer bald auch zeitgenössischer literarischer Vorlagen an. Darunter waren nicht nur die in dieser Zeit beliebten Kasperlstücke, sondern auch der Faust-Stoff, den Johann Georg Stuwer und später sein Sohn und Nachfolger Anton Stuwer mehrfach verwerteten. Daß das Publikum dabei vor allem effektvolle Szenen - etwa eine entsprechend inszenierte Höllenfahrt - interessierten und weniger der geistige Gehalt des Dramas, wird auch an einem anderen Goethe-Stoff deutlich, dessen sich die Feuerwerkskünstler bemächtigten: Hatte Mellina schon 1781 "Werthers Zusammenkunft mit Lottchen" gebracht, kündigte Stuwer 1796 "Unterhaltungen im Elysium bei Ankunft des Werthers und Lottchen" an.

Stuwers "Werther" wurde zu einem der erfolgreichsten seiner Feuerwerksstücke. Es begann mit "Antiken Feuerwerkscaprizzen", setzte fort mit "Egyptischen Centifolien und Blumen-Knospen" - so die Titel der ersten Fronten -, kam dann mit "Werthers fröhliche Täge", "Werthers getrennte Vereinigung" und "Werthers Zusammenkunft mit Lottchen bey seiner Ruhestatt" zum eigentlichen Thema, bis schließlich die Hauptdekoration Werther und Lotte in "Gefühlden des Elysiums" zusammenführte. Um Werthers "Schwärmen" für Lotte in die Bildsprache des Feuerwerks umzusetzen, ließ Stuwer aus der hölzernen Wertherfigur Schwärmer in den Himmel sprühen. Mittels Feuerwerkskörpern gelang es, einen brennenden Kirschbaum darzustellen, der Feuerblüten auf das Paar streute, sich grün entfaltete und schließlich voller roter Kirschen verglühte. Auch das transparente Gemälde auf dem Hauptgerüst, das in Form eines Tempels das Elysium, in dem sich das Paar wiedersieht, darstellte, blieb nicht unbewegt: Die mit einem aus Lichtern gebildeten "Flitterhemd" bekleidete Lotte schnitt Werther von einem Laib Brot eine Schnitte ab und erhielt ihrerseits vom Geliebten einen "vier Schuh hohen Blumenstrauß". Während sich der deutsche Aufklärer Friedrich Nicolai in seinem Reisebericht über diese Interpretation von Goethes Roman entsetzt zeigte, berichtet Adolf Bäuerle, der als Zehnjähriger das Schauspiel miterlebt hatte: "Das Publikum, unter ihm der gesamte Hof, Kaiser und Kaiserin, konnte vor lauter Lachen gar nicht applaudieren."[8]

Zunächst einmal, ab 1794 mehrmals jährlich zwischen Mai und September, wobei das Annenfest am 26. Juli ein fixer Termin war, kündigten Stuwers Trommler in den Straßen Wiens ein Feuerwerk an. Ihre an die Uniform der Artillerie erinnernde Kleidung, bestehend aus blauem Frack, blauen Hosen mit roter Einfassung und Helm mit rotem Busch, war möglicherweise eine Reminiszenz an den militärischen Ursprung der Pyrotechnik. Nicht immer konnte die Ankündigung ein-

12.18
Stuwersches Wasserfeuerwerk im Belvederegarten am Namenstag des Kaisers, 1832

gelöst werden: Das Wetterpech der Stuwers war sprichwörtlich, manche Vorstellung mußte deshalb mehrmals verschoben werden. Schließlich verkaufte man sogar "Versicherungsbillets", die rechtzeitig den Besuch der Ersatzvorstellung garantierten. Wenn das Wetter mitspielte, strömten zehntausende Wiener in Richtung Feuerwerkswiese, denn, wie Johann Pezzl in seinen "Skizzen von Wien" schrieb: "Die Feuerwerkstage sind die schönsten Tage des Praters."[9]

Neben seiner Feuerwerkskunst versuchte sich Johann Georg Stuwer auch als Pionier der Luftfahrt: Bereits 1785 kündigte er dem Publikum den damals sensationellen Nervenkitzel einer Ballonfahrt an. Aber wie so oft machte das Wetter Stuwer einen Strich durch die Rechnung: Der Wind war zu heftig - angeblich verbot der Kaiser selbst den Aufstieg des Heißluftballons. Im selben Jahr gelang es Stuwer, einen bemannten Ballon, zu dessen Insassen auch sein Sohn Kaspar zählte, steigen zu lassen. Als sich jedoch bei einem dritten Versuch die Besatzung des Luftschiffes nur mit Mühe an ein Donauufer retten konnte, gab Stuwer seine aeronautischen Experimente auf.

Nach dem Tod Johann Georg Stuwers 1802 setzte sein Sohn Kaspar die Tradition der Praterfeuerwerke in der für diese Vergnügungen eher ungünstigen Zeit der Franzosenkriege fort. Als Kaspar 1819 starb, waren seine Kinder noch minderjährig, sodaß das Stuwersche Familienunternehmen bis 1825 an den Professor für Zeichenkunst an der k.k. Ingenieurakademie Franz Müller verpachtet wurde, der sich, folgt man zeitgenössischen Berichten, als brillianter "Professor der Feuerwerkskunst"[10] erwies. Anton Stuwer, ein Sohn Kaspar Stuwers, der die Familientradition von 1826 bis 1857 fortführte, folgte in Technik und Thematik seiner Feuerwerksschauspiele seinem Vater und Großvater: Auch er setzte Theatererfolge seiner Zeit in pyrotechnische Bilder um, wozu sich die Welt der Zauberstücke Ferdinand Raimunds besonders eignete. So gab er am Annentag 1836 "Das Mädchen aus der Feenwelt oder Der Bauer als Millionär". Und wie Johann Georg griff auch Anton Stuwer aktuelle Themen auf: Im Revolutionsjahr 1848 brannte er am 7. Mai ein Feuerwerk mit dem Titel "Die Feier der Wiedergeburt Österreichs" ab. "Österreichischer Glücksstern", "Der Nationalgarde", "Der Universität" und "Den Frauen Wiens" waren die vier Fronten betitelt, die Hauptdekoration war der Nationalgarde, Preßfreiheit und Konstitution gewidmet. Außer im Prater zeigte Stuwer seine Künste auch an anderen Schauplätzen: Ab 1832 gab es am 4. Oktober, dem Namenstag des Kaisers, ein Wasserfeuerwerk an den Brunnen des Belvedere, das hohe Eintrittspreise zu einem exklusiven Vergnügen des Adels und der reichen Bürger machten. Außerdem inszenierte Stuwer Seegefechte als Wasserfeuerwerke auf dem großen Donauarm am Stadtgut.

Anton Stuwers gleichnamiger Sohn, der ab 1858 das Familienunternehmen leitete, setzte technische Neuerungen ein: Nicht nur, daß er die Feuerwerke "wie durch Zauberei" elektrisch zündete, er bediente sich auch der neuen Chemikalien, die dem Lichterglanz der explodierenden Raketen eine bis dahin unbekannte Farbigkeit und Leuchtkraft verliehen. Schon in der ersten Hälfte des Jahrhunderts hatten neuentdeckte Nitrate[11] vermocht, was der klassische Salpeter nicht konnte, nämlich farbige Flammen zu erzeugen. Sei es, daß sie die beigemengten Eisen- und Stahlspäne und die Holzkohle stärker erhitzten und so zu farbigeren Funken reizten, sei es, daß sie selber in farbigen Flammen verbrannten. Als "bengalisches Feuer" hatten entsprechende Mischungen schon die Stuwerschen Hauptdekorationen hinterleuchtet. Nun übertrafen die Funken von Aluminium und Magnesium den Glimmer der Metalle und Metallsalze, die man früher beigemengt hatte, bei weitem.

Die neuen technischen Möglichkeiten blieben nicht ohne Folgen für den Inhalt der Feuerwerksstücke: Anton Stuwer wählte mit Vorliebe Themen, die ihm erlaubten, die neuen Errungenschaften der Pyrotechnik auszuspielen: Naturkatastrophen, sensationelle Naturerscheinungen, Vulkanausbrüche - auch in Verbindung mit dem schon zur Barockzeit beliebten mythologischen Thema "Vulkans Werkstätte" - gehörten zum Repertoire. Als Zwischenspiele präsentierte er eigene Erfindungen wie die "Fallschirmrakete" oder setzte Feuermaschinen in Gang, die kompliziert aufgebaute "Sonnen" aus Farben und Funken entstehen ließen. Oft verzichtete er auf ein spezielles Thema und widmete ganze Programme pyrotechnischen Neuerungen: "Kunstausstellung auf dem Gebiet der Pyrotechnik" oder "Geister und Spectakelnacht pyrotechnischer Besonderheiten".

Die Wiener Weltausstellung von 1873 verdrängte Stuwer von seinem angestammten Platz im Prater. Um den Ausstellungsgebäuden Platz zu machen, mußte er schon im Jahr davor sein Gerüst abbrechen. Verbittert darüber, nahm er 1876 mit einem Feuerwerk von den Wienern Abschied, der jedoch kein endgültiger war: Gelegentlich - vor allem an hohen Festtagen des Kaiserhauses - konnte man in Wien noch ein Stuwersches Feuerwerk bestaunen, bis sich Anton Stuwer in den späteren achtziger Jahren endgültig auf die Erzeugung pyrotechnischer Artikel beschränkte. Nicht nur im wörtlichen Sinn mußten Stuwer und seine pyrotechnischen Künste dem technischen Fortschritt und dem ihm errichteten "Industriepalast" weichen: Die Elektrizität, schon bei der Eröffnung der Weltausstellung in Form einer effektvollen Beleuchtung der Rotunde gefeiert, ließ die Lichter der Feuerwerke verblassen. "Wie sollte denn auch dies schnell vergängliche Augenspiel es mit der allgegenwärtigen Beherrscherin unserer Nächte, der Elektrizität aufnehmen?"[12], fragte die Zeitschrift "Alt-Wien" 1891.

Feuerwerke in Wien nach Stuwer blieben simple optische Attraktionen als Ergänzung zu Volksfesten. Erst in den achtziger Jahren unseres Jahrhunderts versuchte der Wiener André Heller mit seinem "Feuer-Theater" in Lissabon, Düsseldorf und Berlin wieder an die Tradition der erzählenden, symbolträchtigen Feuerwerke Stuwers anzuknüpfen. Und er bewies, daß die alten pyrotechnischen Künste auch heute noch faszinieren können: Jeweils rund eine Million Zuseher drängten sich, um die "Flammenrevuen" und "Pyroskulpturen" zu bestaunen.

Lichter der Großstadt

Die Elektrizität als neue Lichtquelle übertraf bei ihren ersten vielbewunderten Einsätzen das Staunen, das die explodierenden Lichter der Pyrotechniker hervorrufen konnten. Als allnächtliches großstädtisches Lichtermeer konnte sie jedoch der Faszination, die ein Feuerwerk auch heute noch zu erwecken vermag, keinen Abbruch tun. Ein anderes, den Feuerwerken verwandtes Vergnügen wurde durch das allgegenwärtige Licht der Städte jedoch entzaubert: Die Illumination, die Beleuchtung und Dekoration einzelner Bauten wurde vom singulären, festlichen Ereignis zum Alltag.

12.6
Das Palais Harrach als Dogenpalast: Illumination der Freyung anläßlich der Vermählung Franz Joseph I., 1854

Aus Anlaß der Erbhuldigung, am Geburtstag des Monarchen, bei seiner Hochzeit, zur Geburt eines Thronfolgers, um einen fremden Fürsten zu empfangen, stets wurden die Triumphbögen, die Feuerwerke, die Festtheater auch durch Illuminationen ergänzt. Denn Licht hatte nicht nur tiefe symbolische Bedeutung, es war auch Statussymbol:[13] Die Zahl der Kerzen bestimmte den "Rang" einer Trauerfeier, einer Hochzeitsliturgie oder eines Meßopfers. Die Öllampen erlaubten den barocken Hofgesellschaften, ihre Aktivitäten bis spät in die Nacht auszudehnen, während die einfachen Leute mühselig und vor allem sparsam mit Kienspänen, Kerzen und Petroleum hantieren mußten. Als das Gaslicht im frühen 19. Jahrhundert in die Fabriken einzog, wurde auch für die Unterschichten der Tag länger - allerdings als verlängerter Arbeitstag.

Der Einsatz von Licht im öffentlichen Raum war Brennpunkt politischer und sozialer Konflikte: Als 1687 der Kaiser die Illumination aller Gassen und Plätze Wiens anordnete und damit die Straßenbeleuchtung in Wien einführte,[14] wollten die Bürger die Kosten nicht tragen. Sie vermuteten hinter dem Argument der Hebung der öffentlichen Sicherheit und Sittlichkeit das Repräsentationsbedürfnis des Adels. Wohl nicht zu unrecht, denn das "lichtscheue Gesindel" trieb sich ohnehin eher in den weiterhin unbeleuchteten Vorstädten herum und wurde auch durch die schwachen, von Ruböl und Waltran gespeisten Lampen kaum abgeschreckt. Die Sicherheit zu erhöhen, gelang vermutlich der verbesserten Beleuchtung, die Joseph von Sonnenfels als Direktor der kaiserlichen Illuminationsanstalt ab 1766 in Wien einführte, und die erstmals auch die Vorstädte - allerdings nur in Nächten ohne Mondlicht - erhellte. Doch nach wie vor wurden die Laternen als Machtinsignien interpretiert: Die Straßenbeleuchtung unterstand der Polizei, wer im frühen 18. Jahrhundert eine Lampe zerschlug, wurde mit dem Abhauen der Hand bestraft.[15] Umgekehrt wurde das "Laternisieren", das Aufhängen von verhaßten Vertretern der Macht an Straßenlaternen, zu einem Schlagwort der Revolutionen von 1789 bis 1848. Und so sah Wien in der Nacht vom 13. zum 14. März 1848 eine Illumination besonderer Art: Aus den Gaskandelabern des Glacis, die alle zerstört worden waren, flammte mannshoch das Gas heraus und tauchte die Stadt in ein gespenstisches Licht.

Künstliches Licht hatte also auch soziale und politische Bedeutung und der verschwenderische Umgang mit den teuren Lichtquellen demonstrierte Reichtum und Macht. Lichtdekorationen waren Bestandteil der Barockspektakel des 17. und 18. Jahrhunderts. Als Kaiser Franz am 16. Juni 1814 im Triumph in Wien einzog, erstrahlten die Palais des Adels und die Häuser der wohlhabenden Bürger festlich dekoriert im Lichterglanz. Damals verwendete man noch Öllampen. Gaslichter kamen in Wien erstmals 1818 probeweise in der Walfisch- und Krugerstraße zum Einsatz. Am 24. April 1854, dem Tag der Hochzeit Kaiser Franz Josephs mit Elisabeth, verwendete man sie für die wahrscheinlich großartigste Festbeleuchtung, die Wien je gesehen hat: Farbige Gaslichter bildeten die Namenszüge des Hochzeitspaares, beleuchteten "mit transparenten Lustern und Ballons" die Plätze Wiens, schmückten, zu Kränzen verbunden, die Monumente der Stadt und erleuchteten die "transparenten Kioske", die man am Platz Am Hof errichtet hatte. Beim Volksfest, das man fünf Tage später im Prater veranstaltete, ergänzte auch schon elektrisches Licht die Gaskandelaber, die die Hauptallee säumten: In der Mitte des Praterrondeaus erstrahlte eine große elektrische Sonne.[16]

Anläßlich der Vermählung von Kronprinz Rudolph mit Stephanie von Belgien 1881 konnte die "Neue Freie Presse" schon vom Wetteifer von Gas- und elektrischem Licht berichten: "Auf dem Praterstern, auf dem Schwarzenbergplatze, vom Palais des Erzherzog Albrecht, von der französischen Botschaft, von der Spitze des Stephansturms, vom Carltheater und von vielen anderen Häusern werden elektrische Sonnen ihr blendendes Licht über Häuser und Straßen gießen und dem Gas arge Concurrenz machen. Doch ist dafür gesorgt, daß auch letzteres nicht zu Schaden werde; es wird eben durch die Masse wirken. Die Gasgesellschaft hat in den letzten Wochen mehrere tausend Installationen vollendet und wird durch flammende Kronen, Sterne, Sonnen, Adler, Räder und in hundert anderen Formen Abwechslung in die Lichtflut bringen."[17]

Was hier als "elektrische Sonnen" bezeichnet wird, waren Lichtbogenlampen. Als extrem lichtstarke Lampen waren sie als normale Straßenbeleuchtung kaum geeignet, sondern dienten vor allem dazu, große Plätze auszuleuchten und Lichteffekte zu erzielen: 1879 wurden im Volksgarten und am Schillerplatz solche "Jablochkoffsche Kerzen", wie man die Differentialbogenlampen nach ihrem Erfinder nannte, installiert. Später erleuchteten je zwei Bogenlampen die Bahn des Wiener Eislaufvereins und - vor und nach jeder Vorstellung - den Platz vor dem Carltheater. Kaufleute und Hoteliers entdeckten sie bald als Werbeträger, der mit dem strahlenden Licht auch die Aufmerksamkeit des Publikums auf ihre Lokalitäten lenkte.

Als 1900 zahllose Bauten Wiens anläßlich des siebzigsten Geburtstags des Kaisers im Lichterglanz erstrahlten, hatte die Erfindung der Kohlenfadenglühlampe - 1879 durch den Amerikaner Thomas A. Edison und den Engländer Joseph Swan unabhängig voneinander entwickelt - den Einsatz der Elektrizität als Lichtquelle revolutioniert. Nun zeichneten Ketten von Glühbirnen die Initialen und Jubeldaten des Monarchen, Reichsadler, Blumen und Himmelskörper in das nächtliche Dunkel.

Zu dieser Zeit hatten elektrische Straßenbeleuchtung, beleuchtete Schaufenster und Leuchtreklamen die Großstadt bereits erobert. Lichterglanz war geradezu ein Synonym für großstädtisches Leben geworden. Vor diesem allgegenwärtigen Licht konnten sich temporäre Beleuchtungsdekorationen nur mehr schwer abheben. Die Festbeleuchtung des Wiener Rathauses zur Fertigstellung des Kraftwerkes Opponitz am 2. Jänner 1925 wurde noch von hunderttausenden Schaulustigen bestaunt. Auch die Nationalsozialisten konnten mit dem geschickten Einsatz von Licht - in Wien zur Feier des "Anschlusses" Österreichs - viele Menschen beeindrucken. Doch auf die propagandistischen "Lichtdome" folgte die Verdunkelung der Kriegsjahre und spätestens, als nach der Beseitigung der unmittelbaren Nachkriegsnot die Lichter wieder angingen, bedeutete Licht nicht mehr Fest, sondern Alltag. Allenfalls in den nächtlichen Anstrahlungen von Baudenkmälern oder in den Lichtergirlanden des Weihnachtsgeschäfts leuchtet uns noch eine Erinnerung an die einst großartigen Festilluminationen entgegen.

1 Zum Wiener Feuerwerk von 1666 vgl. Georg Kohler: Die Rituale der fürstlichen Potestas. Dresden und die deutsche Feuerwerkstradition. In: Die schöne Kunst der Verschwendung. Fest und Feuerwerk in der europäischen Geschichte. Hrsg. von Georg Kohler unter Mitarbeit von Alice Villon-Lechner. Zürich und München 1983, S.101-134, S.111ff

2 Vgl. Georg Kohler: Der große Augenblick und seine Spuren. Vorwort zu einer Geschichte der Verschwendungskunst. In: Die schöne Kunst der Verschwendung, S.7-16, S. 8

3 Vgl. Ortwin Gamber: Das Wehr- und Sicherheitswesen in Wien vom Barock bis zum Klassizismus. In: Das Wiener Bürgerliche Zeughaus. Barock und Klassizismus. Katalog zur 9. Sonderausstellung des Historischen Museums der Stadt Wien. Wien 1962, S.7-15, S.11-12

4 Anton von Geusau: Geschichte der Haupt- und Residenzstadt Wien in Österreich, in einiger Verbindung mit der Geschichte des Landes; von den ältesten bis auf gegenwärtige Zeiten. Vierter und letzter Theil. Wien 1793, S.265-266

5 Vgl. Renata Mikula: Das Bürgerliche Zeughaus von Anton Ospel. In: Das Wiener Bürgerliche Zeughaus. Rüstungen und Waffen aus 5 Jahrhunderten. Katalog zur 49. Sonderausstellung des Historischen Museums der Stadt Wien im Schloß Schallaburg bei Melk. Wien 1977, S. 62-66, S.62

6 Zu den Feuerwerken der Dynastie Stuwer im Prater vgl.: Alexandra Reininghaus: Feuermärchen und Festkondukte. Die k.u.k. Lustfeuerwerkerei in Wien vom Biedermeier zur Belle Epoque. In: Die schöne Kunst der Verschwendung. S.143-160, sowie: Hans Pemmer, Nini Lackner: Der Prater. Von den Anfängen bis zur Gegenwart. Neu bearbeitet von Günter Düriegl und Ludwig Sackmauer. Wien, München 1974, S.51-72

7 K.k. allergn. priv. Realzeitung, Wien 1776, 42. Stück

8 zitiert nach Reininghaus: Feuermärchen, S.146-147

9 Johann Pezzl: Skizze von Wien, 4. Heft, Wien 1803, S.572

10 Friedrich August Kanne: Humoristisches Panorama von Wien. Brünn 1820, 1. Heft, S 67

11 Zum Kaliumnitrat, dem klassischen Salpeter, kamen als neue Oxydatoren zunächst Kaliumchlorat, dann Ammoniumperchlorat, Kaliumperchlorat (ergibt violette Flammen), Sodiumnitrat (gelbe), Bariumnitrat (grüne und weiße) und Strontiumnitrat (rote) hinzu.
Vgl. Markus Mäder: Zur Technik der Pyrotechnik. Und ob das Feuer aus dem Osten kommt. In: Die schöne Kunst der Verschwendung, S.187-213, S.208-209

12 Alt-Wien. Monatszeitschrift für Wiener Art und Sprache, Jg. 1891/92, zitiert nach Reininghaus: Feuermärchen. S.158

13 Zur Geschichte der Straßenbeleuchtung und der mit ihr verbundenen sozialen und politischen Implikationen vgl. Roman Sandgruber: Strom der Zeit. Das Jahrhundert der Elektritzität. Linz 1992, S.27-56

14 Margit Altfahrt, Karl Fischer: "Illuminations-Anfang der Stadt Wien". Zur Einführung der Straßenbeleuchtung im Jahre 1687. In: Wiener Geschichtsblätter 42, Jg. 1987, S.167-170, S.167

15 a.a.O., S.169

16 Cajetan Schiefer, Rudolf Niernsee: Zur Erinnerung an die wichtigsten Momente der von Seite der Comune Wiens aus Anlass der A. H.: Vermählung [...] eingeleiteten öffentlichen dekorativen und Illuminations Veranstaltungen und Festlichkeiten. (Album mit einer Serie von Aquarellen und kalligraphierten Begleittexten). Wien 1854.

17 Neue Freie Presse vom 8.5.1881, zitiert nach Sandgruber: Strom der Zeit. S.40

Feuerwerke waren schon ein fester Bestandteil barocker Feiern. In entsprechenden Kulissen und durch theatralische Elemente ergänzt, bildeten Raketen und Feuer Bilderfolgen, die unter Rückgriff auf die antike Mythologie in allegorischer Form den Monarchen verherrlichten.

Die "Lust- und Ernstfeuerwerke", wie sie im 17. und 18. Jahrhundert in der Wiener Spittelau stattfanden, waren mit friedlichen pyrotechnischen Vorführungen verbundene Schießübungen der Artilleristen. Aufwendige Scheinarchitekturen - Burgen, Schlösser oder Schiffe darstellend - gingen als Höhepunkt der Inszenierungen in Flammen auf.

Fast ein Jahrhundert lang, von 1777 bis 1873, zeigte die Feuerwerkerdynastie Stuwer auf der Feuerwerkswiese im Prater ihre Künste. Mit pyrotechnischen Mitteln konnten Städte, Paläste, Gärten, Tempel und ganze Handlungsabläufe dargestellt werden.

Der triumphale Einzug des Kaisers, sein Geburtstag, seine Hochzeit und ähnliche Gelegenheiten waren Anlaß, Gebäude und Plätze der Stadt mit Lichtern zu dekorieren. Öllampen, später Gaslichter und schließlich elektrische Glühlampen verwandelten die Fassaden markanter Gebäude und formierten am nächtlichen Himmel Symbole, Initialen oder Jubeldaten des Monarchen.

12.1

Beleuchtung des Bürgerlichen Zeughauses anläßlich der Rückkehr Franz I. nach Wien, 1814

Fotoreproduktion nach: kolorierter Kupferstich,
Pl.: 22 x 18,1, Bl.: 26,8 x 21,8
Bez. re. o.: "Wien, bey H. F. Müller Kunsthändler am Kohlmarkt."
Beschr. u.: "Beleuchtung des bürgerl. Zeughauses. Nach der glorreichen Zurückkunft Sr. Majestät des allgeliebten Kaysers Franz I. nach Wien am 16 ten Junius 1814."
HM, Inv. Nr. 97.351

Nachdem Napoleon im April 1814 kapituliert hatte, österreichische Truppen im Mai in Venetien und der Lombardei eingezogen waren und am 3. Juni Tirol wieder an Österreich zurückgegeben worden war, zog Kaiser Franz am 16. Juni im Triumph in Wien ein. Am Glacis vor dem Kärtnertor wurde eine Triumphpforte errichtet und am Abend erstrahlten die Palais des Adels, aber auch städtische Bauten, im Lichterglanz. Dabei wurden nicht nur die Fenster durch zahlreiche Kerzen erleuchtet, sondern ganze ephemere Architekturen als Lichtträger errichtet.

12.2

Beleuchtung des Schottenklosters anläßlich der Rückkehr Franz I. nach Wien, 1814

Fotoreproduktion nach: kolorierter Kupferstich, 22 x 18,6
Bez. re. o.: "Wien, bey H. F. Müller Kunsthändler am Kohlmarkt."
Beschr. u.: "Beleuchtung des Schottengebäudes. Nach der glorreichen Zurückkunft [...]"
HM, Inv. Nr. 96.664

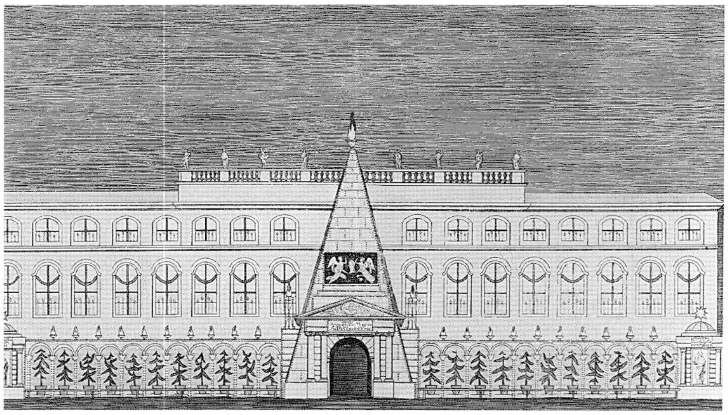

12.3

12.4

12.3

Beleuchtung des Palais Odescalchi anläßlich der Rückkehr Franz I. nach Wien, 1814

Fotoreproduktion nach: kolorierter Kupferstich,
Pl.: 23,7 x 37,3, Bl.: 27,9 x 43,8
Bez. re. u.: "Wien bey H. F. Müller Kunsthändler am Kohlmarkt."
Beschr. u.: "Beleuchtung des fürstl. Odescalchi'schen Pallastes. Nach der glorreichen Zurückkunft [...]"
HM, Inv. Nr. 108.465

12.4

Fest im Garten des Grafen Pallfy in Hernals mit Beleuchtung des Palais und Feuerwerk, 1834

Franz Wolf
Fotoreproduktion nach: kolorierte Kreidelithographie, 32,6 x 41,2
Bez. li. u.: "N. d. nat. gez. u. lith. v. Fr. Wolf."
Beschr. u. deutsch, französisch: "Ausserordentliches Fest, Im gräfl: Palffyschen Garten in Hernals unter dem Titel der Sommernachts=Traum Veranstaltet von Jos. Lanner am 31ten August 1834.", li. u.: "Journal pitoresque."
HM, Inv. Nr. 185.602/2

12.5

Illumination des Platzes Am Hof anläßlich der Vermählung Franz Josephs I., 1854

Cajetan Schiefer und Rudolf Niernsee
Fotoreproduktion nach: Gouache auf Untersatzpapier,
43,2 x 55,7 (53,9 x 74,7)
Bez. li. u.: "Cajetan Schiefer K.k. Architect u. Stadtbau=Director.", re. u.: "Rudolf Niernsee Oberingenieur der Stadt Wien."
Beschr. Mi. o.: "Am Hof.", Mi. u.: "Blatt III."
HM, Inv. Nr. 75.859/4

Anläßlich der Hochzeit Kaiser Franz Josephs mit Elisabeth am 24. April 1854 erstrahlte Wien im Lichterglanz: Die Stadtverwaltung hatte am Platz Am Hof bei der "frey in verschiedenen Farben beleuchteten Mariensäule" "zwey, je 8 Klafter im Durchmesser haltende transparente Kioske" errichten lassen, den Kohlmarkt "mit transparenten Lustern und Ballons" beleuchtet und mit einem "frey stehenden mit einem aus Gasflammen gebildeten Dornbusch gezirten" Kandelaber versehen, sowie den Brunnen auf der Freyung beleuchtet und "mit Blumen geschmückt, und hiran auch das k. bairische Hauswappen und das Wiener Wappen in Gaslicht dargestellt". Am imposantesten war jedoch die Beleuchtung des Palais Harrach, dessen Hauptfassade durch Lichterketten als Dogenpalast gestaltet war.

12.7

12.9

12.6
Illumination der Freyung anläßlich der Vermählung Franz Josephs I., 1854

Cajetan Schiefer und Rudolf Niernsee
Fotoreproduktion nach: Gouache auf Untersatzpapier, 38,2 x 47,7 (54,1 x 74,4)
Bez. li. u.: "Cajetan Schiefer K.k. Architect u. Stadtbau=Director.", re. u.: "Rudolf Niernsee Oberingenieur der Stadt Wien."
Beschr. Mi. o.: "Freiung", Mi. u.: "Blatt V."
HM, Inv. Nr. 75.859/6
Abbildung im Textteil

12.7
Fahrt des Kaiserpaares durch die beleuchtete Prater-Hauptallee anläßlich der Vermählung Franz Josephs I., 1854

Cajetan Schiefer und Rudolf Niernsee
Fotoreproduktion nach: Gouache auf Untersatzpapier, 45,1 x 62 (54,8 x 74,8)
Bez. li. u.: "Cajetan Schiefer K.k.Architect u. Stadtbau=Director.", re. u.: "Rudolf Niernsee Oberingenieur der Stadt Wien."
Beschr. Mi. o.: "Prater.", Mi. u.: "Blatt VIII."
HM, Inv. Nr. 75.859/9

Im Zuge der Hochzeitsfeierlichkeiten feierte man am 29. April im Prater ein volkstümliches Fest. Transparent beleuchtete Tanzsalons, Gaskandelaber und Gehänge mit farbig beleuchteten Ballons verwandelten den Prater in ein Lichtermeer. Das Blatt zeigt das Kaiserpaar bei der Fahrt durch die Hauptallee.

12.8
Illumination der Direktion der Städtischen Straßenbahnen anläßlich des 60-jährigen Regierungsjubiläums Franz Josephs I., 1908

Fotoreproduktion nach: Fotografie auf Karton, 12 x 17,2 (18,1 x 24,1)
HM, Inv. Nr. 33.642/2

Als anläßlich des 60-jährigen Regierungsjubiläums Kaiser Franz Josephs am 1. Dezember 1908 die Tradition der Festbeleuchtungen wieder aufgegriffen wurde, konnte man dabei bereits elektrisches Licht verwenden. Wie die Fotos zeigen, beleuchteten die Städtischen Straßenbahnen nicht nur die Fassade ihres Direktionsgebäudes (Wien IV., Favoritenstraße 9), sondern auch Straßenbahnwaggons, indem sie Glühlampen die Initialen des Kaisers, die Jahreszahlen 1848 und 1908 sowie den Doppeladler bzw. Embleme der Verkehrsbetriebe bilden ließen.

12.9
Illumination von drei Straßenbahnwaggons anläßlich des 60-jährigen Regierungsjubiläums Franz Josephs I., 1908

Fotoreproduktion nach: Fotografie auf Karton, 9,6 x 16,9 (18 x 24,1)
HM, Inv. Nr. 33.642/5

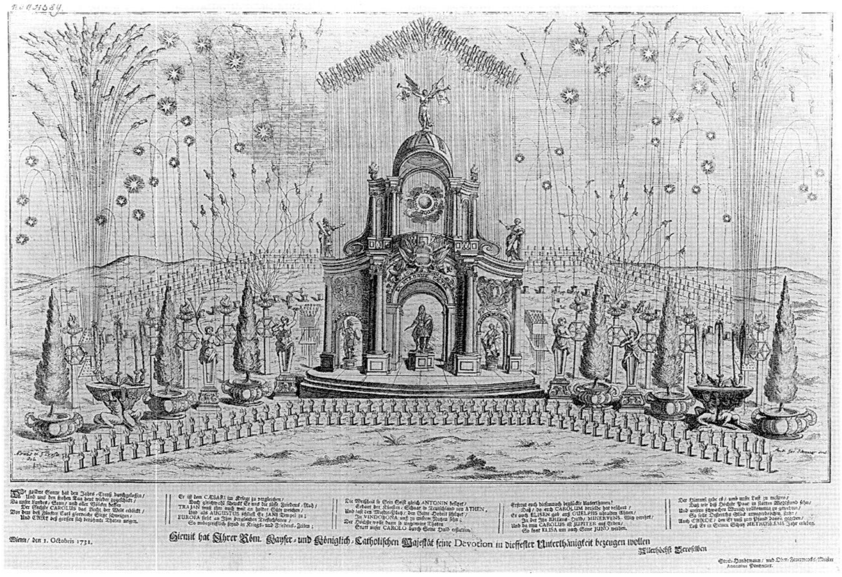

12.11

12.10

Illumination des Obelisken auf dem Aspernplatz anläßlich des 60-jährigen Regierungsjubiläums Franz Josephs I., 1908

Rudolf Lechner
Fotoreproduktion nach: Fotografie auf Karton,
20 x 15,4 (24,7 x 18,5)
Bez. re. u. (Prägestempel): "1908 [...] R. Lechner, Wien, I."
HM, Inv. Nr. 33.557/3

12.11

Feuerwerk anläßlich des Geburtstags Karls VI., 1731

Andreas und Josef Schmuzer nach Kraus und Presla
Fotoreproduktion nach: Kupferstich und Radierung,
Pl.: 44,1 x 74,7, Bl.: 53,7 x 79,2
Bez. li. u.: "Kraus & J. Presla deli.", re. u.: "An & Jos. Schmuzer scul." Beschr. u.: "Die goldene Sonne hat den Jahrs=Creyß durchgeloffen [...] Hiemit hat Ihrer Röm. Kayser = und Königlich = Catholischen Majestät seine Devotion in dieffester Unterthänigkeit bezeugen wollen Allerhöchst deroselben", li. u.: "Wienn / den I. Octobris 1731.", re. u.: "Stuck=Haubtmann / und Ober=Feuerwercks=Meister Antonius Pentzneter."
HM, Inv. Nr. 21.589

12.12

Artillerieschießübung mit Feuerwerk in der Spittelau, 1732

Fotoreproduktion nach: Öl auf Leinwand, 56,5 x 74,3
HM, Inv. Nr. 31.467
Die Artillerie-Kompanie der städtischen Bürgerwehr gab alljährlich im Rahmen eines großen Preisschießens in der Spittelau eine Probe ihres Könnens ab. Als Ziele für diese Schießübungen wurden, besonders nachdem 1722 der Architekt Anton Ospel als städtischer Zeugwart die Ausbildung der Artilleristen übernommen hatte, immer aufwendigere Scheinarchitekturen errichtet, und auch die friedliche Pyrotechnik miteinbezogen. Diese "Lust- und Ernst-Feuerwerksproben" wurden zu großen Schauspielen und machten Feuerwerke zu den populärsten Wiener Vergnügungen. 1732 wurde bei der größten Inszenierung dieser Art ein dafür errichtetes Kastell in Brand geschossen.
Abbildung im Textteil

12.13

Feuerwerk zu Ehren des Hl. Nepomuk, 1732

Fotoreproduktion nach: Kupferstich, 25,7 x 36,8 (beschnitten)
Beschr. u.: "Dieses Ehren und Kunst Feüer wird gehalten den 12 Juny 1732 bey dem Schäntzel auf dem Wasser, zu Ehren des H. Johannes von Nepomuck"
HM, Inv. Nr. 199.481

12.14

Feuerwerk zu Ehren Josephs II., 1765 (?)

Georg Balthasar Probst
Fotoreproduktion nach: kolorierter Kupferstich,
Pl.: 30,9 x 42,1, Bl.: 31,7 x 44,2
Bez. li. u.: "Med. Fol.° N.° 53", re. u.: "Cum Gratia et Privilegio Sac: Caes: Majestatis. Georg Balthasar Probst, excud. A. V."
Beschr. o. (in Spiegelschrift): "Réprésentation d'un superbe feu d'artifice", u. lateinisch, französisch, italienisch, deutsch: "Pyrotechnicae repraesentationis splendidissimae typus. [...] Vorstellung eines sehr Prächtigen Feuerwercks."
HM, Inv. Nr. 199.467

12.16

12.15

Entwurf zu einem Stuwerschen Feuerwerk zu Ehren der Kaiserin Carolina Augusta und Kaiser Franz I., 1817

Fotoreproduktion nach: Tuschfeder aquarelliert, 54,5 x 75,5
Beschr. auf der Rückseite (handschriftl.): "Erfindung"
HM, Inv. Nr. 89.540

1774 brannte der aus Ingolstadt stammende Johann Georg Stuwer sein erstes Feuerwerk in Wien ab. Ab den achtziger Jahren, nachdem er sich gegen italienische Konkurrenten erfolgreich durchgesetzt hatte, war die Feuerwerkskunst in Wien vor allem mit seinem Namen verbunden. 1799 bis 1819 setzte sein Sohn Kaspar die Tradition der Stuwerschen Feuerwerke fort. Die Jahre 1821 bis 1858, als Anton Stuwer, ein Sohn Kaspars, die Geschäfte der Familie führte, waren die Glanzzeit des Wiener Feuerwerks. Sein gleichnamiger Sohn mußte 1873 im Zuge der Umgestaltungen für die Weltausstellung mit seinen Darbietungen vom Prater in die Hietzinger "Neue Welt" übersiedeln und beschränkte sich schließlich auf die Herstellung pyrotechnischer Artikel.

12.16

Entwurf zu einem Stuwerschen Feuerwerk, 1820

Fotoreproduktion nach: Tuschfeder aquarelliert,
54,6 x 75
Bez. li. u.: "A.", re. u.: "Stuwer 1820."
Beschr. li. u.: "Original = Entwürfe von Stuwer's Feuerwerk, Wien 1820"
HM, Inv. Nr. 13.666/1

12.17

Feuerwerk im Prater, um 1820

Eduard Gurk (?)
Fotoreproduktion nach: kolorierte Aquatintaradierung,
14,5 x 19,4
Bez. Mi. u.: "À Vienne chez Tranquillo Mollo."
Beschr. Mi. o.: "Prater.", u. deutsch, französisch: "Der Feuerwerksplatz. No.32."
HM, Inv. Nr. 43.544

Seit Peter Paul Girandolini 1771 dort seine ersten Feuerwerke vorführte, war der Prater immer wieder Schauplatz vielbesuchter pyrotechnischer Inszenierungen. Wenn Johann Georg Stuwer oder einer seiner Nachkommen auf dem Feuerwerksplatz, einer Wiese in der Gegend der heutigen Stuwerstraße, seine Feuerwerke abbrannte, strömten zehntausende Wiener in den Prater. Ein großes Gerüst ermöglichte es, nicht nur Städte, Paläste, Gärten oder Tempel, sondern auch ganze Handlungsabläufe mit pyrotechnischen Mitteln darzustellen: Schlachten, Naturkatastrophen, mythologische und antike Stoffe, literarische Vorlagen u. v. a. waren Themen der Feuerwerke. Als Anton Stuwer, der Urenkel Johann Georg Stuwers, mit seinem Feuerwerksgerüst 1873 Weltausstellungsgebäuden weichen mußte, verlor der Prater eine seiner größten Attraktionen.
Abbildung im Farbteil

12.18

Wasserfeuerwerk in Wien, 1832

Franz Wolf
Fotoreproduktion nach: kolorierte Kreidelithographie,
29,8 x 44,4
Bez. li. u..: "Nach d. Natur v. F. Wolf.", re. u.: "Ged. im lith. Inst. in Wien."
Beschr. Mi. u.: "Wasserfeuerwerk in Wien am 4ten October 1832", li. u.: "Journal pitoresque"
HM, Inv. Nr. 82.095
Abbildung im Textteil

Durchgängig verwendete Literatur

Bürgersinn und Aufbegehren - Biedermeier und Vormärz in Wien 1815 - 1848. Katalog zur 109. Sonderausstellung des Historischen Museums der Stadt Wien. Wien 1987

Czeike, Felix: Historisches Lexikon Wien. Wien 1992ff

Friedell, Egon: Kulturgeschichte der Neuzeit. Bd.2, München 3. Auflage 1980

Groner, Richard: Wien wie es war. Neu bearbeitet und erweitert von Felix Czeike. Wien, München 1965

Hajós, Géza: Romantische Gärten der Aufklärung. Englische Landschaftskultur des 18. Jahrhunderts in und um Wien. Wien, Köln 1989

Kaiser Franz Joseph von Oesterreich oder der Zerfall eines Prinzips. Katalog zur 64. Sonderausstellung des Historischen Museums der Stadt Wien. Hermesvilla, Lainzer Tiergarten. Wien 1981

Katalog Deutsches Filmmuseum Frankfurt am Main: Perspektiven. Zur Geschichte der filmischen Wahrnehmung. Dauerausstellung 1: Vom Guckkasten zum Cinématographe Lumière. Frankfurt am Main 1986

Kindsein in Wien. Zur Sozialgeschichte des Kindes von der Aufklärung bis ins 20. Jahrhundert. Katalog zur 159. Sonderausstellung des Historischen Museums der Stadt Wien. Hermesvilla, Lainzer Tiergarten. Wien 1992

Oettermann, Stephan: Das Panorama. Die Geschichte eines Massenmediums. Frankfurt am Main 1980

Pemmer, Hans und Lackner, Nini: Der Prater. Von den Anfängen bis zur Gegenwart. Neu bearbeitet von Günter Düriegl und Ludwig Sackmauer. Wien, München 1974

Pemmer, Hans und Lackner, Nini: Der Wiener Prater einst und jetzt. Leipzig, Wien 1935

Pisko, Franz Joseph: Licht und Farbe. Eine gemeinfaßiche Darstellung der Optik. München 1876

Reininghaus, Alexandra: Feuermärchen und Festkondukte. In: Georg Kohler (Hrsg.): Die schöne Kunst der Verschwendung. Fest und Feuerwerk in der europäischen Geschichte. Zürich, München 1988

Schneider, Norbert: Stilleben. Köln 1994

Schwarz, Werner Michael: Kino und Kinos in Wien. Eine Entwicklungsgeschichte bis 1934. Wien 1992

Sehsucht. Das Panorama als Massenunterhaltung des 19. Jahrhunderts. Katalog der Kunst- und Ausstellungshalle der Bundesrepublik Deutschland. Bonn 1993

Sternberger, Dolf: Panorama oder Ansichten vom 19. Jahrhundert. Frankfurt am Main 1974

Storch, Ursula: Das Pratermuseum. 62 Stichwörter zur Geschichte des Praters. Wien 1993

Spezielle Literaturhinweise finden sich bei den Katalogtexten.

Abkürzungen

a.a.O.	am angegebenen Ort
B	Breite
Bd.	Band
Beschr.	Beschriftung
Bez.	Bezeichnung
Bl.	Blatt
Dat.	Datierung
Dm	Durchmesser
H	Höhe
HM	Historisches Museum der Stadt Wien
Hrsg.	Herausgeber
illustr.	illustriert
Inv. Nr.	Inventar Nummer
L	Länge
li.	links
Lit.	Literatur
M	Modesammlung
Mi.	Mitte
o.	oben
Pl.	Platte
re.	rechts
Rl.	Rückenlänge
S.	Seite
Sign.	Signatur
T	Tiefe
u.	unten
U. I. Nr.	Uhrenmuseum Inventar Nummer
vgl.	vergleiche
WStLB	Wiener Stadt- und Landesbibliothek

Fotonachweis

Seite 61	Österreichisches TheaterMuseum
Seite 64	Österreichisches TheaterMuseum
Seite 65	aus: Detta und Michael Petzet: Die Richard Wagner Bühne König Ludwigs II. München 1970, S.237
Seite 83	nach einer Vorlage aus dem Besitz von Prof. Walter Kolm-Veltée
Seite 91 li.	aus: Jurgis Baltrusaitis: Imaginäre Realitäten. Fiktion und Illusion als produktive Kraft. Köln 1984, S.130
Seite 91 re.	aus: Virgilio Vercelloni: European Gardens: an historical Atlas. New York 1990, S.146
Seite 92	aus: Minique Mosser und Georges Teyssot: Die Gartenkunst des Abendlandes. Von der Renaissance bis zur Gegenwart. Stuttgart 1993, S.260
Seite 93 o.	aus: Virgilio Vercelloni: European Gardens, S.49
Seite 93 u.	aus: Jurgis Baltrusaitis: Imaginäre Realitäten, S.292

Farbabbildungen

1.14
Schwebende Jungfrau, Plakat für Zauberkünstler, um 1915

1.24
Deckel eines Zauberkastens für Kinder, Mitte des 19. Jahrhunderts

3.13
Francesco Angelo Rottonara
Bühnenbildentwurf zu "Die Tragödie des Menschen", 1892

5.5
Johann Ziegler nach Laurenz Janscha
Ruine in Schönbrunn, 1785

6.25
Franz Wolf
"Eine Nacht in Venedig" im Wiener Augarten, 1834

6.10.3
Hubert Sattler
Cosmorama "Das Dampfboot Meteor im Sturm", 1846

6.45
Leopold Carl Müller
Arabisches Mädchen, Wasser tragend, um 1875/80

6.38
Franz Wolf nach Johann Nepomuk Höchle
"Der Ashanté in der Akademie der bildenden Künste in Wien", 1834

4.50
"Lebende Blumen", Filmplakat, 1906

7.11

Johann Knapp

Blumenstilleben, 1818

7.7.1

Joseph Trentsensky nach Ignaz Stenzel
Vorlageblatt für ein Fruchtstück, um 1830

6.22
Franz Heinrich
"America" im Neuen Elysium, um 1840

12.17
Eduard Gurk (?)
Feuerwerk im Prater, um 1820

5.46
Leopold Stoll
Fruchtstück aus Wachs, um 1840/50

4.31.1-2

Zwei Laterna magica-Bilder für die Projektion von Nebelbildern, um 1880

5.57-59, 5.61
Künstliche Vögel, Blumen und Früchte, um 1900